Die Fischerprüfung

Das Standardwerk von Lothar Witt

Ein Buch der Zeitschrift **Blinker**

JAHR TOP SPECIAL VERLAG HAMBURG

Bibliografische Information Der Deutschen Bibliothek
Die Deutsche Bibliothek verzeichnet diese Publikation in der Deutschen Nationalbibliografie, detaillierte bibliografische Daten sind im Internet über http:dnb.ddb.de abrufbar.

Copyright ©
2. überarbeitete Auflage 2002

JAHR TOP SPECIAL VERLAG
GmbH & Co. KG
Jessenstraße 1
D-22767 Hamburg
Telefon 040/38906-0
Telefax 040/38906-302

Redaktion:
Karl Koch, Michael Szameit

Titelgestaltung und Layout:
Klaus Kuisys

Titelfoto:
Wolfgang Hauer

Illustrationen:
Rainer Jahnke, Susi Gellersen

Druck und Bindung: OAN, Offizin Andersen Nexö, Leipzig

ISBN 3-86132-667-1

Inhaltsverzeichnis

Vorwort .... *Seite* 7

1. Allgemeine Fischkunde

▼ 1. 1. Einleitung .... *Seite* 9

▼ 1. 2. Körperbau .... *Seite* 10
Körperbereiche, Körperformen, Skelett, Flossen und Flossenstellungen, Maul und Maulformen, Zähne, Barteln, Schuppen und Schleimhaut, Färbung

▼ 1. 3. Sinnesorgane .... *Seite* 29
Seitenlinie, Augen, Temperatursinn, Geruchssinn, Gehör und Gleichgewichtssinn, Geschmackssinn, Gehirn

▼ 1. 4. Innere Organe .... *Seite* 34
Atmung und Blutkreislauf, Blut, Herz, Leber und Gallenblase, Magen und Darm, Milz, Geschlechtsorgane, Schwimmblase, Nieren

▼ 1. 5. Fortpflanzung .... *Seite* 39
Laichwanderungen, Laichplätze und -gewohnheiten, Laichzeiten, Entwicklung

▼ 1. 6. Fischkrankheiten .... *Seite* 41
Symptome, Außenparasiten, Fischsterben

2. Spezielle Fischkunde

▼ 2. 1. Allgemeines .... *Seite* 44

▼ 2. 2. Fischarten .... *Seite* 45
Aale (Flußaal, Meeraal)
Barschartige (Flußbarsch, Kaulbarsch, Zander)
Seltene Barscharten (Schrätzer, Streber, Zingel)
Salmoniden (Bachforelle, Meerforelle, Seeforelle, Lachs, Huchen, Bachsaibling, Regenbogenforelle, Äsche)
Coregonen (Blaufelchen, Kleine Maräne, Schnäpel)
Stinte
Karpfenfische (Karpfen, Karausche, Giebel,

Goldfisch, Goldorfe, Schleie, Sichling, Aland, Döbel, Hasel, Rotfeder, Rotauge, Nase, Rapfen, Barbe, Gründling, Brassen, Güster, Zährte, Zope, Zobel, Schneider, Moderlieschen, Bitterling, Laube, Elritze)
Groppen
Schmerlen (Steinbeißer, Bartgrundel, Schlammpeitzger)
Stichlinge (Dreistachliger Stichling, Zwergstichling)
Hecht, Aalquappe, Wels, Katzenwels, Aalmutter
Neunaugen (Bachneunauge, Flußneunauge, Meerneunauge)
Dornhai, Störe
Plattfische (Scholle, Flunder, Steinbutt)
Heringsartige (Hering, Maifisch, Finte)
Hornhecht, Makrele
Dorschartige (Dorsch, Köhler, Wittling)

▼ **2. 3. Krebse** .... Seite 94
Flußkrebs, Wollhandkrabbe

3. Gerätekunde

▼ **3. 1. Allgemeines** .... Seite 96

▼ **3. 2. Ruten** .... Seite 97
Steckruten, Teleskopruten, Wurfgewicht, Aktion, Rutenringe

▼ **3. 3. Rollen** .... Seite 100
Stationärrollen, Multirollen, Fliegenrollen, Achsrollen

▼ **3. 4. Schnüre** .... Seite 103
Monofile Schnüre, geflochtene Schnüre, Knotenfestigkeit, Abrieb, Dehnung, Tragkraft, Farbe

▼ **3. 5. Haken** .... Seite 105
Hakenaufbau, Öhrhaken, Plättchenhaken, Widerhaken, Arten und Größen

▼ **3. 6. Posen** .... Seite 106
Aufgabe, Typen

▼ **3. 7. Wirbel** .... Seite 108
Aufgabe, Funktion, Größen

▼ **3. 8. Kunstköder** .... Seite 109
Blinker, Spinner, Wobbler, Plastikköder, Pilker

3. 9. Hilfsmittel .... Seite 110
Unterfangkescher, Schlagholz, Hakenlöser, Maßband, Messer

3. 10. Fliegenangelei (Kurzeinführung) .... Seite 112
Zielfische, Fliegenruten, Trockenfliegen, Naßfliegen, Streamer, Fliegenschnur, Gewichtsklassen, Schnurtypen

4. Gewässerkunde und Naturschutz

4. 1. Lebensraum Wasser .... Seite 118
Wasserkreislauf, wasserbestimmende Faktoren (Klima, Sauerstoffgehalt, Wassertemperatur, Säuregrade, Nährstoffe)

4. 2. Kleinstlebewesen im Wasser .... Seite 126
Nahrungskreislauf, Bakterien,
Plankton (pflanzliches Plankton, tierisches Plankton)

4. 3. Pflanzen am und im Wasser .... Seite 131
Uferpflanzen, Wasserpflanzen (Schilfgürtel, Seerosengürtel, Laichkrautgürtel)

4. 4. Tiere am und im Wasser .... Seite 142
4. 4. 1. Würmer und Weichtiere
Würmer, Muscheln, Schnecken
4. 4. 2. Insekten
Libellen, Eintagsfliegen, Steinfliegen, Köcherfliegen, Mücken,
Schwebfliegen, Wasserläufer, Wasserkäfer, Wasserskorpion
4. 4. 3. Kleinkrebse
Bachflohkrebs, Wasserassel, Karpfenlaus
4. 4. 4. Lurche
Froschlurche (Grasfrosch, Wasserfrosch, Erdkröte),
Schwanzlurche (Feuersalamander, Kammolch, Teichmolch)
4. 4. 5. Kriechtiere
Schildkröten (Europ. Sumpfschildkröte, Amerikan. Rotwangenschildkröte),
Schlangen (Würfelnatter, Kreuzotter, Ringelnatter)
4. 4. 6. Vögel
Watvögel (Weißstorch, Schwarzstorch, Graureiher, Rohrdommeln, Kranich),
Schwimmvögel (Schwan, Graugans, Schwimmenten, Tauchenten),
Eisvogel, Rallen (Wasserhuhn, Teichhuhn),
Kormoran, Haubentaucher, Möwen, Greifvögel (Milan, Fischadler)
4. 4. 7. Säugetiere
Fledermäuse, Wasserspitzmaus, Bisam, Wasserratte, Fischotter, Waschbär

▼ 4. 5. Gewässertypen und -regionen . . . . Seite 173
4. 5. 1. *Natürliche Fließgewässer*
Forellenregion, Äschenregion, Barbenregion, Brassenregion, Brackwasserregion
4. 5. 2. *Künstliche Fließgewässer*
Kennzeichen und Auswirkungen, Kanäle, Schleusen und Wehre
4. 5. 3. *Stehende Gewässer*
Natürliche Seen (Brassensee, Hecht-Karpfen-Schleiensee, Coregonensee, Forellensee), künstliche Seen (Talsperren, Baggerseen)

▼ 4. 6. Hege und Pflege der Gewässer . . . . Seite 184
Die zehn Gebote für den umweltbewußten Angler

5. Gesetzeskunde

▼ 5. 1. Alles, was Recht ist . . . . Seite 186
Sportfischerprüfung, Fischereischein, Erlaubnisschein, Rechte und
Pflichten, Geltungsbereich, Gewässerpacht, Fischereiaufsicht,
verbotene Fangmethoden, Hälterung, E-Fischerei, Schonzeiten, Mindestmaße,
Fischnacheile, Einsetzen und Umsetzen, Betretungsrecht,
fangfertiges Gerät, Schonbezirke, Meldepflicht bei Fischsterben, Küstenfischerei

▼ 5. 2. Der Fischereischein . . . . Seite 193
Tabellen: Mindestalter für Fischereischein und Jugendfischereischein,
Geltungsdauer der Fischereischeine

▼ 5. 3. Schonzeiten und Mindestmaße . . . . Seite 194
Wichtige Auszüge aus den Fischereigesetzen in Tabellenform

6. Frage und Antwort

Prüfungsfragen . . . . Seite 201

Die richtigen Antworten . . . . Seite 312

Literaturverzeichnis . . . . Seite 313

Index . . . . Seite 315

Vorwort

Jahrzehntelange Erfahrungen im Bereich der Biologie und Chemie sowie als Angler und Ausbilder im Landessportfischerverband Niedersachsen e.V. bewogen mich, einen Leitfaden mit neuen Ideen für eine verbesserte Ausbildung künftiger Angler zu erstellen. Folgende Grundgedanken bestimmen den Inhalt dieses Buches:

1. Der Angler soll erkennen, daß er mit seinem Handeln einen Eingriff in die Vorgänge der Natur unternimmt. Sie können besonders dann von ihm negativ beeinflußt werden, wenn er Lebenszusammenhänge im und am Wasser nicht richtig einschätzt. Der Fisch steht in unmittelbarer Beziehung zur Welt des Anglers. Deshalb sind Fische mit ihren Anpassungserscheinungen an mehr oder weniger festgelegte Umweltbedingungen und die Artenkenntnis der erste wesentliche Bestandteil des Buches. Schon hier soll dem interessierten Leser deutlich werden, daß die Erhaltung der Arten mit der Erhaltung spezifischer Umweltbedingungen unmittelbar verknüpft ist.

2. In dem Kapitel zur Gewässerkunde wird Wasser als Lebensraum mit untrennbaren Beziehungen zwischen Klima, Boden, Pflanzen, Tieren und Einflüssen des Menschen dargestellt. Teilweise zu spätes oder inkonsequentes menschliches Handeln hat eine große Zahl von Pflanzen und Tieren an den Rand des Aussterbens gebracht. Daraus ergibt sich die enge Verbindung der Gewässerkunde mit dem Naturschutz. Fische sind nur Teil eines Gewässers, und so wird dem Leser der Nahrungskreislauf im Wasser mit einer auf ein solches Mindestmaß reduzierten Zahl von Pflanzen, Tieren und Mikroorganismen dargeboten, daß dem Angler ein verantwortungsvolles Handeln möglich wird.

3. Die Gerätekunde und die Gesetzeskunde sind auf das zum waidgerechten Angeln notwendige Maß eingegrenzt.

4. Um sich zielgerichtet ein umfangreiches Wissen aneignen zu können, sind wesentliche Textstellen markiert und haben einen direkten Bezug zu einem sich anschließenden Frageteil mit 493 Fragen, denen wiederum wiederholend und vertiefend Informationen entnommen werden können.

5. Die Abbildungen haben nicht nur den Sinn, dem Leser besonders die Tierwelt wie auf dem Präsentierteller nahe zu bringen. Vielmehr soll gleichzeitig das hohe Maß der Anpassung an die Umwelt erkannt werden, was sich in Körperbau und Tarnung der Tiere ausdrücken kann. Im Fragenteil soll die Anschauung durch Abbildungen gewahrt bleiben und dem Lehrgangsteilnehmer gezieltes Lernen leichter machen.

6. Alle Ausführungen in diesem Buch können eigene Erfahrungen nicht ersetzen. Wenn Sie als Anfänger großes Glück haben, werden Sie in erster Zeit von einem Angelkollegen am Wasser begleitet und eingewiesen. Sein Wissen kann Ihnen eine große Hilfe darstellen und Sie schnell zu einem erfahrenen, verantwortungsbewußten Petrijünger aufsteigen lassen.

Dieses Buch erhebt nicht den Anspruch auf Vollständigkeit. Zu vielfältig ist das Leben von Pflanzen und Tieren in unseren Gewässern. Trotzdem ist es in hohem Maße besonders für den Anfänger geeignet, einen breiteren Einblick in die Welt unserer Fische zu geben und kann manchem erfahrenen Angler in einigen Bereichen noch ein Ratgeber sein. Speziell soll dieses Buch Ihnen helfen, sich gezielt auf die Sportfischerprüfung der Landesverbände vorzubereiten, um sie mit hoher Qualifikation abschließen zu können.

Abschließend bedanke ich mich bei allen, insbesondere bei einigen Mitgliedern des ASV Forelle Lauenbrück e.V., die mich bei der Beschaffung von Fischen für fotografische Zwecke unterstützt haben.

Lothar Witt

Allgemeine Fischkunde

1. Allgemeine Fischkunde

1.1. Einleitung

Sie wollen Angler werden – eine gute Entscheidung. Dann müssen Sie Ihre Beutetiere, die Fische, kennenlernen. Und davon gibt es weltweit über 20.000 verschiedene Arten. Doch bekommen Sie jetzt keinen Schreck. Wenn Sie etwa siebzig Arten aus unserem Bereich kennen, zählen Sie sicherlich schon zu den gut vorgebildeten Anglern.

Die ersten Fische tauchten auf unserem blauen Planeten vor mehr als 400 Millionen Jahren auf. Es waren die ersten Tiere mit einer Wirbelsäule. Sie hatten schwere Knochenpanzer und sehr einfache Flossen. Daraus entwickelten sich Fische mit einem Skelett aus weichem Knorpel, wie Sie ihn vielleicht von den Gelenkstellen an Knochen kennen. Dieser Knorpel gab diesen Tieren auch einen passenden Namen: *Knorpelfische*. Einige der Knorpelfische haben bis in unsere heutige Zeit überlebt, dazu zählen zum Beispiel die Haie und Rochen. Doch diese Fische werden Ihnen in den deutschen Binnen- und Küstengewässern kaum an den Haken gehen.

Neben den Knorpelfischen haben sich im Laufe von Jahrmillionen die *Knochenfische* entwickelt. Dazu zählen beispielsweise die Karpfen, Barsche, Hechte, Zander, Forellen, Aale und viele andere mehr. Diese Gruppe der Knochenfische ist es, der Sie als Petrijünger nachstellen. Übrigens: St. Petrus gilt als der Schutzpatron der Fischer, deshalb auch der Gruß „Petri Heil" und die Bezeichnung *Petrijünger*.

Wir werden also den Schwerpunkt auf den deutschen Raum legen. Sollte Sie aber Ihr Anglerherz an Flüsse, Seen und Meere fernab der Heimat treiben, ist sicherlich eine spezielle Vorbereitung dafür notwendig.

Noch vor einigen Jahrzehnten gab es Lachse in unseren Flüssen, Glasaale zogen in dicken Bändern zu Millionen die Ströme und Flüsse aufwärts, Heringe wurden gering bewertet, in zu großen Massen kam dieser heute wieder geschätzte Speisefisch in Nord- und Ostsee vor. Jetzt gelten über 60 % der einheimischen Fischarten als vom Aussterben bedroht oder gefährdet (vergl. „Rote Liste"). Wie kann das sein?

Fische sind an ihren Lebensraum Wasser fest gebunden. In Millionen von Jahren haben sie sich dem Lebensraum im hohen Maße angepaßt: an Wassertemperaturen, Sauerstoffgehalt, Gewässergrund, Süß- und/oder Salz-

Allgemeine Fischkunde

wasser, Wassertiefen, Wasserpflanzen, Nahrungstiere, Nahrungspflanzen, Lichteinfall, Säuregrade, Strömung und vieles andere mehr. In wenigen Jahrzehnten haben wir Menschen diesen Lebensraum Wasser durch negative Einflüsse aus Industrie, Landwirtschaft und Haushalten so nachhaltig verändert, daß vielen Tieren ein Überleben unmöglich gemacht wurde.

Zur Zeit fordert diese Situation von jedem Angler die Hege und Pflege von Pflanzen, Tieren und Lebensraum im gleichen Maße wie das Recht, Fische zu fangen. Erhaltung der Arten und Lebensräume muß vorrangiges Ziel sein, wenn Sie möchten, daß auch Ihre Kinder noch angeln gehen können.

Um diese Ziele verwirklichen zu können, ist es für Sie unumgänglich, Kenntnisse über Körperbau, Sinnesorgane, Verhaltensweisen, Nahrung und Lebensraum der Fische zu erwerben.

▼ **1. 2. Körperbau**

Zum Erkennen von Fischen, die in ihrer Gestalt ja sehr unterschiedlich sein können – denken wir nur an Plattfische, Haie oder sogar Seepferdchen, sind genaue Bezeichnungen beim Körperbau eines Fisches wichtig.

Körperbau eines Fisches

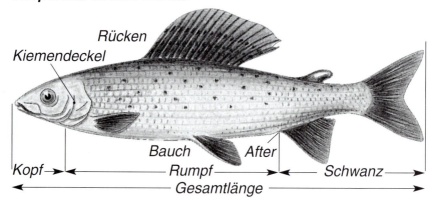

Körperbereiche
So teilen wir den Fischkörper in drei Bereiche ein:
Der *Kopf* reicht von der Maulspitze bis zum Ende der Kiemendeckel. Zum Kopf gehören Maul, Riechgruben (Nasenöffnungen), Augen, Kiemen mit Kiemendeckel und in den Schädelknochen geschützt liegend das Gehirn.

Allgemeine Fischkunde

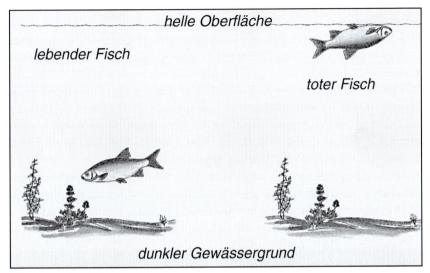

Tarnung im Wasser

Der *Rumpf* ist der Teil zwischen Kopf und After. Im unteren Bereich des Rumpfes liegen die inneren Organe wie Herz, Leber, Magen, Darm, Schwimmblase (nicht bei allen Fischen), Nieren, Milz, Keimdrüsen und anderes mehr.

Der *Schwanz*, am After beginnend, stellt das hintere Ende des Fischkörpers dar. Er leistet wichtige Dienste bei der Fortbewegung der Fische und steckt mit dem hinteren Teil der Wirbelsäule voller Muskelfasern.

Der obere Teil des Fischkörpers wird als *Rücken* bezeichnet (nicht so bei den Plattfischen, denn sie schwimmen auf der Seite) und ist meist deutlich dunkler gefärbt. Die untere Seite, der *Bauch*, ist dagegen meist hell. Dieses dient zur Tarnung der Tiere.

Der dunkle Rücken ist von oben für Fischfeinde gegen einen dunklen Hintergrund genauso schlecht auszumachen wie ein heller Fischbauch von unten gegen die helle Wasseroberfläche betrachtet. Und noch einen weiteren Vorteil bringt diese Färbung. Sehr kranke, sterbende oder tote Fische schwimmen mit dem Bauch nach oben im Wasser. Dadurch kehrt sich die Wirkung um: Aus der Tarnung wird ein auffälliges Signal, für die Freßfeinde dieser Tiere sofort zu erkennen. So werden sie eine leichte Beute – eine schnelle Entsorgung, die eine Verbreitung von Krankheiten oder eine Wasserverschlechterung durch Aas verhindert.

Allgemeine Fischkunde

Körperformen
Die Körperform eines Fisches kann uns deutliche Hinweise auf seine Lebensweise, seinen Lebensraum oder auch auf seinen Ernährungszustand geben.
Allgemein zeigen Fische einen stromlinienförmig gebauten Körper, der im Wasser möglichst wenig Widerstand aufweisen soll. So zeigen Fische, die schnell und ausdauernd schwimmen können, meist einen *spindel- oder torpedoförmigen Körperbau* (vergl. Makrele, Salmoniden. Salmoniden nennen wir die lachsartigen/lachsähnlichen Fische).
So leben sie auch in Gewässern, die schnelles Schwimmen möglich und ausdauerndes Schwimmen erforderlich machen: freies Wasser der Seen und Meere oder starke Strömung in Flüssen und Bächen. Der Körper ist langgezogen und im Querschnitt rund bis oval. Einen sehr hohen Rücken und

Forelle   Spindel- oder Torpedoform   Makrele

einen dazu verhältnismäßig kurzen, an den Seiten stark abgeplatteten Körper zeigt z. B. der Brassen. Mit seinem Rüsselmaul ist er ein typischer Vertreter der Pflanzenzonen stehender und fließender Gewässer. Er nimmt seine Nahrung wesentlich am Gewässergrund auf. Ihm ist es leicht möglich, sich mit der *hochrückigen Körperform* durch die Unterwasserpflanzenwelt der Uferzonen zu bewegen.

Hochrückige Form beim Brassen

Besonders Raubfische wie Hecht und Zander benötigen zum Beutefang kurzfristig hohe Geschwindigkeiten. Spitz zulaufender Kopf, sehr langge-

Allgemeine Fischkunde

streckter Körper mit ovalem Querschnitt befähigen sie dazu. Stoßartig können sie, unterstützt durch die deutlich nach hinten versetzte Rücken- und Afterflosse, auf ihre Beute schießen – das ist die *Pfeilform*. Allerdings läßt dieser Körperbau hohe Geschwindigkeiten über längere Zeit nicht zu, da sie zu kraftraubend sind.

Anpassung an die unterschiedlichsten Lebensräume zeigt die *Schlangenform*. Der Körper ist im Querschnitt meist rund und mit Flossensäumen ausgestattet. Diese Form befähigt auch zum schnellen Schwimmen am Gewässergrund, im Freiwasser oder auch in pflanzenbewachsenen Uferzonen. Selbst Schwimmen im dichtesten Kraut oder Wurzelwerk im Wasser oder ein Eindringen in nicht zu festen Grund ist möglich.

Pfeilform beim Hecht

Auffallende Anpassungserscheinungen sind bei Fischen festzustellen, die sich überwiegend in Bodennähe aufhalten. Die Bauchseite verläuft dabei als fast gerade Linie vom Kopf bis zum Körperende. Vom Maul als fast tiefstem Punkt des Kopfes steigt dieser zum Körper hin stetig an. In starker Strömung wird so der Fischkörper allein schon durch das fließende Wasser an den Boden gedrückt. Vereinzelt setzen Fische ihre Brustflossen sogar zum Abstützen am Boden ein, wie es beim Gründling zu beobachten ist.

Schlangenform beim Aal

Bodenform beim Gründling

Häufig sind zusätzlich bei diesen Arten noch Barteln festzustellen. Bei diesen beschriebenen Arten sprechen wir von der *Bodenform*. Eine extreme Anpassung an ein Bodenleben zeigen die Plattfische, wobei sich die Besonderheit dieser Arten in ihrer Entwicklung abspielt. Plattfische schlüpfen aus den Eiern und schwimmen, wie wir es von Karpfen, Forellen oder auch Hechten kennen, mit einem normal symmetrisch gebauten Körper. Es zeigen in diesem Jugendstadium beide Körperseiten eine gleiche Färbung, bis dann eine auffällige Veränderung der Körperform einsetzt: Der Fisch flacht ab, ein Auge dreht sich zur künftigen Oberseite, das Maul verschiebt sich. Die Unterseite wird weißlich, während sich die Oberseite in ihrer Färbung dem Grund angleicht. So verändert sind sie sogar in der Lage, ihren unsymmetrischen Körper mit Sand zu überdecken, um so – fast unsichtbar – auf Beute zu lauern oder ihren Feinden zu entfliehen.

Damit sind sechs *Standardformen* von Fischkörpern beschrieben, wie sie uns als Angler begegnen können. Es sind aber nicht alle Formen erfaßt. Denken wir nur an die zu den Fischen zählenden Seepferdchen, Kugelfische oder Kofferfische in tropischen Gewässern. Ebenso sind selbstverständlich auch *Übergangsformen*, z. B. zwischen hochrückiger Form und Torpedoform, anzutreffen. Doch alle erlauben sie dem Angler, Rückschlüsse auf den Lebensraum zu ziehen. Veränderungen des Lebensraumes können das Abwandern oder Aussterben der Fischart in diesem Bereich zur Folge haben.

Der Steinbutt ist ein Plattfisch

Skelett
Als Freizeitangler haben Sie häufig erst beim Verzehren eines Fisches direkt mit seinem Skelett und den Gräten zu tun. Und selbst wenn Sie keinen Fisch mögen, sollten wir uns kurz mit seinem Knochenaufbau beschäftigen.
Eine Aufgliederung in drei Bereiche ist leicht möglich:
Kopfskelett – Es setzt sich aus zahlreichen einzelnen, jedoch fest verbundenen Knochenplatten zusammen und schützt so, wie der Schädel bei uns Menschen, das Gehirn und einige Sinnesorgane. Die keilähnliche Schädelform erklärt sich aus dem „dichten" Lebensraum Wasser, durch den sich der Fisch mit dem Kopf voran bewegen muß. Welch starken Widerstand Wasser bieten kann, spüren Sie, wenn Sie es versuchen, sich im brusttiefen Wasser auf dem Grund gehend schnell vorwärts zu bewegen. Sicher ist Ihnen

Allgemeine Fischkunde

bekannt, daß uns ein Gegenstand erst dann sein wahres Gewicht spüren läßt, wenn er aus dem Wasser herausgehoben wird. Diesen Effekt werden Sie ebenfalls beim Angeln erleben, wenn Sie versuchen, einen größeren Fisch ohne Kescher zu landen: Die Rutenspitze kann brechen, die Schnur reißen - das läßt sich aber reparieren. Schlimmstenfalls verletzt ein herausgerissener Haken in solcher Weise das Tier, daß es verenden muß. Sie erkennen daraus, daß der Fisch vom Wasser „getragen" wird.

Die *Wirbelsäule* (Rumpfskelett) hat beim Fisch deshalb nicht die Stützfunktion wie bei Landtieren oder auch dem Menschen, weil der Fischkörper im Wasser nicht wie bei Landtieren belastet wird, sondern im Wasser schwebt. Vielmehr liegt ihre Aufgabe darin, der Muskulatur entsprechenden Halt zu bieten und ein ideales Muskelzusammenspiel zu ermöglichen. Die Wirbelsäule besteht aus einzelnen Wirbeln. Im vorderen Bereich trägt sie die Rippen zum Schutz der inneren Organe. Eng an die Unterseite der

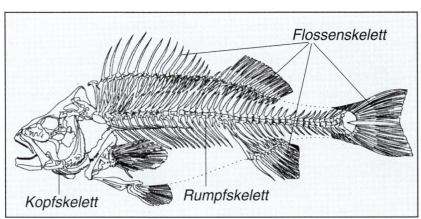

Skelett eines Barsches

Wirbelkörper angelagert, beginnend am Kopf, verläuft die Hauptader entlang der Wirbelsäule. Im Rückenmarkkanal, in besonderer Weise abgeschirmt, liegt der Hauptnervenstrang – das Rückenmark. Wird er durchtrennt, tritt sofort der Tod des Tieres ein.

Die Flossen werden vom *Flossenskelett* getragen (Flossenträger) und von Muskeln bewegt (gilt nicht für die Fettflosse). Die Flossenträger der Rücken- und Afterflosse sind spitz und lassen sich leicht vor dem Verzehr von Fischen sorgfältig entfernen. Fleischgräten stellen Fischesser häufig vor

Allgemeine Fischkunde

das größte Problem. Es sind keine wirklichen Skelettknochen, sondern Teile des Muskelsystems, die, klar in Reihen geordnet, zwischen den Muskeln liegen und normalerweise ohne große Probleme entfernt werden können, so daß Fischessen zum Genuß werden kann. Diese Fleischgräten kommen nach Fischart verschieden häufig und unterschiedlich verwachsen im Fisch vor. Typisch für viele Cypriniden ist die Y-Form. Bekannt für Grätenreichtum ist der Brassen, weshalb man ihn trotz schmackhaften Fleisches nicht sehr schätzt. Besonders grätenarm sind Aal, Wels, Barsch und Salmoniden.

Flossen und Flossenstellungen
Charakteristisches Merkmal der Fische sind die *Flossen*. Für die Bewegung im Wasser sind sie unerläßlich und so gebaut, daß sie keine starken Wasserwirbel erzeugen. Das macht das hohe Maß der Anpassung der Fische an das Wasser deutlich. Wasserverwirbelungen würden nämlich die Bewegungen des Fisches im Wasser erheblich bremsen. An einem Beispiel sollen einmal Stellung und Namen der Flossen erläutert werden. Da wir die Körperbereiche des Fisches bereits im Kapitel 1.2 kennengelernt haben, darf nun die Namensgebung kaum noch Schwierigkeiten bereiten. Auf dem Rücken befindliche Flossen nennen wir *Rückenflossen*, die am Schwanz heißt *Schwanzflosse*, stets hinter dem After finden wir die *Afterflosse*, am Bauch und an der Brust je zwei (deshalb auch paarige) Flossen, die *Bauchflossen* und die *Brustflossen*.

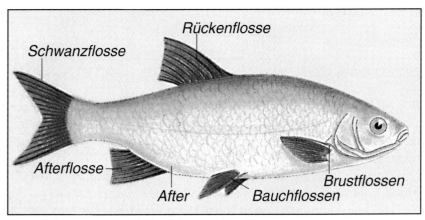

Bezeichnungen und Positionen der Flossen

Allgemeine Fischkunde

Schleie mit kurzer, abgerundeter Rückenflosse

Karpfen mit langer, eingebogener Rückenflosse

Beobachtet man einen Fisch im Wasser, so wird das Zusammenspiel der Flossen untereinander und mit dem Fischkörper schnell deutlich: Der Antrieb besonders zum schnellen Schwimmen erfolgt durch den gesamten Fischkörper, wobei die Schwanzflosse unterstützend wirkt. Dabei liegen alle anderen Flossen dicht am Körper an. Zur Steuerung und auch zum Bremsen werden die paarigen Flossen (Bauch- und Brustflossen) eingesetzt. Im ruhenden Zustand sind Rücken- und Afterflosse aufgerichtet. Ein Abkippen zur Seite des oft rundlichen Fischkörpers wird verhindert. Bei diesem Gleichgewichthalten ist die Schwanzflosse nicht unbeteiligt. Zusammengefaßt und vereinfacht sind die Aufgaben der Flossen die folgenden:

- *Schwanzflosse – unterstützt Antrieb und Gleichgewicht.*
- *After- und Rückenflosse – halten das Gleichgewicht (Stabilität).*
- *Bauch- und Brustflossen – dienen der Steuerung und dem Bremsen.*

Flossenform, Flossenanzahl und Flossenstellung sind bei den einzelnen Fischarten recht unterschiedlich ausgebildet, so daß die Flossen mit zur Unterscheidung der Arten herangezogen werden können. So ist die oben angegebene Beflossung typisch für die karpfenähnlichen Fische (*Cypriniden*): Karpfen, Schleie, Brassen, Rotauge, Rotfeder, Güster, Aland, Döbel, Hasel, Barbe, Nase, Gründling, Rapfen und viele andere mehr.
Zur Unterscheidung der Cypriniden (karpfenartige Fische) untereinander sind uns die Flossen ebenfalls eine große Hilfe. Verwandte des Brassens zeigen eine relativ große Afterflosse, und selbst die Flossen von Karpfen und Schleie sind recht unterschiedlich.
Forellenartige Fische (*Salmoniden*) haben im Vergleich zu den Cypriniden einen kleinen, aber deutlichen Unterschied: die zwischen Rücken- und

Allgemeine Fischkunde

Fettflosse einer Regenbogenforelle

Drei Rückenflossen beim Dorsch

Zwei Rückenflossen und eine sehr lange Afterflosse bei der Rutte

Flußbarsch: zwei Rückenflossen, erste mit Stachelstrahlen (Hartstrahlen)

Schwanzflosse befindliche *Fettflosse*. Diese Fettflosse unterscheidet sich klar in ihrem Aufbau von den anderen Flossen. Als ein kleiner, fetthaltiger, stark abgerundeter Hautlappen verhindert sie vermutlich mögliche Wasserwirbel im Bereich hinter der Rückenflosse. Allerdings taucht die Fettflosse ebenfalls bei einigen anderen Fischarten auf (siehe Katzenwels).

Dorschartige Fische sind leicht durch ihre drei Rückenflossen und zwei Afterflossen einzuordnen (Dorsch, Köhler, Wittling).

Die *Aalquappe* (Rutte), sie zählt ebenfalls zu den Dorschartigen, zeigt nur zwei Rückenflossen: die erste kurz, die zweite lang ausgezogen wie die Afterflosse.

Nur zwei Rückenflossen finden wir bei unseren heimischen *Barscharten* (Flußbarsch, Kaulbarsch, Zander, Zingel, Streber und Schrätzer). Besonders auffallend ist bei diesen Fischen der Aufbau der ersten Rückenflosse. Und wenn Sie schon einmal einen Barsch in der Hand gehabt haben, wissen Sie vielleicht schon um die Verletzungsgefahr an der Rückenflosse, die sich aus sogenannten *Hartstrahlen* aufbaut. Auch der erste Strahl der Bauchflossen des Barsches ist ein solcher Hartstrahl. Da sie zusätzlich noch spitz auslaufen, heißen sie in der Fachsprache auch *Stachelstrahlen*.

Allgemeine Fischkunde

Sägestrahl und gegliederte Weichstrahlen in der Rückenflosse des Karpfens. Die feinen Adern zeigen an, daß auch die Flossen durchblutet werden

Rücken- und Afterflosse als Flossensaum beim Steinbutt

Afterflosse als Flossensaum beim Wels

Flösseln bei der Makrele

Hier sei noch auf eine Besonderheit beim Flossenaufbau in der Rückenflosse der Karpfen hingewiesen. Am Anfang dieser Flosse steht ein *Sägestrahl* - auf seiner Rückseite sind klar kleine Zähnchen wie bei einer Säge sichtbar. Hier kann sich auch schon einmal das Netz des Unterfangkeschers verhaken. Der erste Strahl der Afterflosse ist ebenfalls ein Sägestrahl.

Die Anzahl der Strahlen in einer Flosse kann eine zusätzliche Hilfe zum Erkennen und Unterscheiden von Fischen sein. Bei den *Plattfischen* bilden Rücken- und Afterflosse meist einen langen Flossensaum, in dem die Schwanzflosse unverkennbar abgegrenzt ist.

Unser *Flußaal* besitzt nur noch einen nahtlos ineinander übergehenden *Flossensaum* von Rücken-, Schwanz- und Afterflosse, der aber gut für die Vorwärtsbewegungen geeignet ist und den Fisch durch wellenartiges Wedeln vorantreibt. Dem Flußaal fehlen die Bauchflossen. Zum schnellen Schwim-

Allgemeine Fischkunde

Flossenansatz beim Rotauge – Bauchflossen bauchständig

Flußbarsch mit brustständigen Bauchflossen

Rutte mit kehlständigen Bauchflossen

men setzt auch er seinen gesamten Körper ein. Bei *Makrelen*, als schnelle Schwimmer der Meere bekannt, sitzen zwischen der zweiten Rückenflosse und der Schwanzflosse und an der Unterseite des Schwanzstieles mehrere kleine Flossen, die *Flösseln* genannt werden.

Die Bauchflossen befinden sich bei vielen unserer einheimischen Fische (Salmoniden, Cypriniden) im Bereich des Körperschwerpunktes am Bauch unterhalb der Rückenflosse. In diesen Fällen sprechen wir von *bauchständigen* Bauchflossen. Fast in gleicher Höhe mit den Brustflossen sehen wir die Bauchflossen bei Flußbarsch, Kaulbarsch und Zander und sprechen jetzt von *brustständigen* Bauchflossen.

Befindet sich der Bauchflossenansatz noch vor den Brustflossen, wird die Flossenstellung als *kehlständig* bezeichnet. Eine solche Bauchflossenstellung ist typisch bei Dorschartigen (Dorsch, Rutte, Wittling, Schellfisch, Leng).

Daß Flossen nicht ausschließlich etwas mit Fortbewegung im Wasser zu tun haben müssen, zeigt der Einsatz der Brustflossen bei Fliegenden Fischen (*Gleiten durch die Luft*), beim Knurrhahn (*Abstützen und Kriechen auf dem Meeresgrund*). Bei lebend gebärenden Zahnkarpfen sind die Bauchflossen der Männchen zu *Fortpflanzungsorganen* umgebildet, die Hartstrahlen einiger Fische (Petermännchen) enthalten zur Verteidigung *Giftstoffe*, oder die Schwanzflosse der Salmoniden wird beim Laichen auf kiesigem Bachgrund durch kräftiges Schlagen zum *Erstellen von Laichgruben* eingesetzt. Alle diese Erläuterungen zum Thema „Flossen" sollen Ihnen helfen, Fische zu erkennen, einzuordnen und Rückschlüsse auf ihren Lebensraum und ihr Verhalten zu ziehen, um so die Kreatur Fisch nicht nur zu angeln, sondern auch besser hegen zu können.

Maul und Maulformen
Den Fischmäulern müssen Sie als Angler in mehrerer Hinsicht besondere Beachtung schenken:
- *Sie dienen zur Unterscheidung von Fischen.*
- *Sie können Hinweise auf den Lebensraum geben.*
- *Sie lassen Rückschlüsse auf die Ernährungsweise der Tiere zu.*

Das Fischmaul besteht in erster Linie bei unseren Angelfischen aus dem Oberkiefer und dem meist beweglichen Unterkiefer. Enden bei einem Fisch Ober- und Unterkiefer auf gleicher Höhe, so liegt ein *endständiges Maul* vor. Eine solche Maulform stellen wir oft bei großmäuligen Salmoniden, aber auch bei einigen Cypriniden wie Rotauge, Elritze, Schleie, Zope, Döbel und anderen fest.
Meist nehmen diese Tiere ihre Nahrung im freien Wasser auf oder

Oberständiges Maul des Rapfens

Endständiges Maul einer Bachforelle

Allgemeine Fischkunde

Unterständiges Maul beim Gründling

Rüsselmaul des Karpfens

gehen wie die Schleie sowohl auf den Grund als auch – im Sommer häufiger zu beobachten – an die Unterseite von Schwimmblattpflanzen auf Nahrungssuche.

Von einem *oberständigen Maul* sprechen wir bei Fischen, deren Maulöffung nach oben gerichtet ist. Deutlich oberständig ist es bei der Sprotte, dem Hering oder dem Hecht. Der Unterkiefer ragt dabei über den Oberkiefer hinaus. Selten gehen Arten mit oberständigem Maul an den Gewässergrund, um dort ihre Nahrung aufzunehmen, sondern sind vielmehr im freien Wasser oder gar in den wärmeren Jahreszeiten an der Wasseroberfläche auf Beute aus.

Überragt der Oberkiefer des Tieres den Unterkiefer, ist also die Maulöffnung nach unten gerichtet, handelt es sich um ein *unterständiges Maul*. Diese Maulform besitzen unter anderem Haie, deren Hauptnahrung Schnecken, Krebse, Muscheln und Tintenfische am Boden des Meeres sind. Wittling, Dorsch, Schellfisch in Nord- und Ostsee sind bekannt für ihre bodenständige Lebensweise. Barbe, Nase, Zährte, Brassen und Gründling bekommen Sie fast ausnahmslos mit dem Köder am Boden angeboten an den Haken. Tauchen sie an der Wasseroberfläche auf, kann das ein Anzeichen für

Allgemeine Fischkunde

Krankheit im Einzelfall oder bei mehreren Tieren für schlechte Wasserverhältnisse, zum Beispiel Sauerstoffmangel, sein.
Unter anderem weisen Karpfen, Brassen oder Gründling noch eine Besonderheit mit ihrem Maul auf: Es kann nach vorn wie ein kurzer Rüssel herausgestreckt werden. Wir nennen es ein ausstülpbares *Rüsselmaul*. Diese Maulform eignet sich besonders gut zur Nahrungsaufnahme auf sandigem oder auch schlammigem Gewässergrund. Häufig hinterläßt der Karpfen dabei regelrechte Fraßspuren im weichen Grund. Steigen beim Durchwühlen des Bodens nach Nahrung noch Blasen auf, kann der Fisch dem Angler dadurch seinen Standort verraten.

Zähne

Fische können nicht so wie wir Menschen kauen. Sie sind deshalb gezwungen, ihre Nahrung in einem Stück herunterzuschlucken (Hecht, Zander, Barsch) oder Stücke aus zu großer Beute herauszureißen (Haie, aber auch Raubaale). Bei Raubfischen entdecken wir auf den Kiefern Zähne, die zum Halten der Beute von Bedeutung sind (Hecht, Zander, Barsch, großmaulige Salmoniden). Sehr deutlich treten diese Zähne bei Hecht und Zander hervor. Hier sprechen wir von den *Hundszähnen*. Beim Angeln können sie durchaus einen Schnurbruch verursachen; deshalb sind in solchen Fällen zum fischwaidgerechten Raubfischangeln stärkere Schnüre und Stahlvorfächer zu wählen.
Im Maul des Hechtes oder Welses sind oben und unten eine Vielzahl kleiner nach hinten gerichteter

Hundszähne beim Zander

Hechelzähne beim Hecht

Feine Zähnchen auf dem Pflugscharbein im Oberkiefer eines Lachses

Allgemeine Fischkunde

Anzahl der Barteln bei einigen Fischarten

Dorsch (1)

Wels (6)

Schleie (2)

Quappe (1)

Barbe (4)

Bachschmerle (6)

Karpfen (4)

Gründling (2)

Allgemeine Fischkunde

Zähne zu erkennen. Wir nennen diese bürstenartigen Zähne *Hechelzähne*. Bei großmäuligen Salmoniden können Zähne zusätzlich zur Unterscheidung von Arten nützlich sein. Im oberen Teil des Maules dieser Tiere sitzt eine kleine Knochenplatte, das *Pflugscharbein*. Auf dem Pflugscharbein sind Zähne artspezifisch verschieden angeordnet (ein oder auch zwei Längsreihen, Querreihen).

Im Maul unserer karpfenartigen Fische sind allgemein auf den Kiefern keine Zähne festzustellen. Das schließt aber für den Angler nicht aus, daß z. B. Karpfen auch mal einen Kleinfisch als Beute wählen (dieses gilt besonders für größere Cypriniden). Jedoch besteht die Nahrung meist aus Würmern, Larven, Kleinkrebsen, Schnecken und Muscheln der Gewässer, die sie, falls erforderlich, mit sogenannten *Schlundknochenzähnen* (umgebildetes 5. Kiemenpaar) tief im Maul zerdrücken können. Ihre Anordnung ist ein Unterscheidungsmerkmal bei Cypriniden. Dazu müßten wir das Tier aber töten und diese Knochen freilegen. Als Sportfischer müssen wir jedoch den Fisch bereits an seinen äußerlichen Merkmalen erkennen.

Barteln

Wels, Rutte, Dorsch, Karpfen, Schleie, Gründling, Barbe oder unsere Schmerlen tragen am Maul Bartfäden, die *Barteln*. Anzahl, Anordnung und Größe ist dabei arttypisch, so daß die Barteln zum Erkennen der Fische herangezogen werden können. Barteln dienen den Tieren zum Schmecken und Abtasten des Bodens. Deshalb kann es nicht verwunderlich sein, wenn diese Organe häufig bei bodenständigen Fischarten auftreten.

Schuppen und Schleimhaut

Nicht zu vergessen als ein deutliches äußeres Körpermerkmal der Fische sind in vielen Fällen die *Schuppen*. Doch nicht alle besitzen ein Schuppenkleid. So fehlt es beispielsweise beim Wels und der Koppe. Aale haben sehr kleine Schuppen. Sie stecken in der Lederhaut der Tiere und sind mit einer lebenswichtigen Schleimschicht überzogen, die wiederum durch spezielle Schleimzellen ständig erneuert werden kann. Die *Schleimhaut* macht den Fischkörper im Wasser in hohem Maße gleitfähig, schützt vor Bakterien und Schimmelpilzen. Ist die Schleimhaut zerstört, kann das den qualvollen Tod des Fisches zur Folge haben (Verpilzung). Deshalb Fische, die nicht mitgenommen werden sollen, ***nie mit trockenen Händen anfassen!!*** Schuppen sitzen unterschiedlich fest in der Lederhaut. Der Hering verliert

Allgemeine Fischkunde

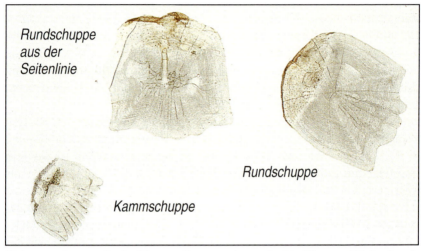

Schuppenformen (helle Ringe – Sommerringe; dunkle Ringe – Winterringe)

Schuppe in der Lederhaut (Karpfen)

bereits bei kleineren Stößen einige Schuppen, beim Barsch sind sie dagegen nur mühsam zu entfernen. Als Freizeitfischer müssen wir uns wesentlich mit zwei Schuppentypen auseinandersetzen: *Kammschuppen* (Barsche, Zander) und *Rundschuppen* (Salmoniden, Cypriniden, Hecht). Sie lassen sich leicht unterscheiden, in dem man mit der Hand vom Kopf zum Schwanz über die schindelartig angeordneten, nach hinten gerichteten Schuppen auf dem Fischkörper streicht: Rauh wie eine Feile empfinden wir das Schuppenkleid bei den Barschen und beim Zander mit ihren Kammschuppen, während es sich bei den anderen Fischen relativ glatt anfühlt.

Kammschuppen sind an dem nach hinten gerichteten Ende mit winzigen kleinen Dornen versehen, die den Rundschuppen fehlen. Diese Dornen zerstören die Schleimhaut anderer Fische bei Körperberührung. Deshalb sollen Fische mit Kammschuppen nicht gemeinsam mit anderen Fischen in einem Behälter transportiert werden.

Halten wir eine Schuppe gegen Licht, sind dunkle und helle Ringe, ähnlich

Allgemeine Fischkunde

wie die einer Baumscheibe, sichtbar. Ihre Entstehung ist leicht erklärt: Schuppen wachsen entsprechend der Ernährung des Tieres. In günstigen Zeiten steht viel Nahrung zur Verfügung, und die Schuppe bildet eine größere, helle Zuwachszone. Dieses ist in der Regel im Sommer der Fall – die hellen Ringe nennen wir deshalb *Sommerringe*. Zu Zeiten, in denen wenig Nahrung aufgenommen wird (Winter), entsteht nur eine kleine, dunkle Zone – *Winterringe*. Eine Altersbestimmung des Fisches durch Zählen der Sommer- oder Winterringe ist deshalb möglich. Ähnliche *Wachstumsringe* zeigen noch der Kiemendeckelknochen und die Wirbelkörper.

Die Anzahl der Schuppen auf der *Seitenlini*e vom Kopf bis zum Schwanz ist bei den Fischarten sehr regelmäßig. In Zweifelsfällen kann die Zahl der Schuppen auf der Seitenlinie mit zur Bestimmung von Fischen herangezogen werden.

Schuppen stecken zum Teil tief wie in Taschen in der *Lederhaut* der Fische. An Stellen verlorener Schuppen können neue nachwachsen.

Färbung

In den Schuppen ist oft ein Stoff (*Guaninkristalle*) eingelagert, der das Licht stark spiegelt. Dadurch erhalten sie einen silbernen Glanz. Doch zeigen uns Fische häufig – besonders zur Laichzeit – eine prächtige Färbung in Schwarz-, Blau-, Grün-, Rot-, Braun- oder auch Gelbtönen. Sie entstehen durch *Farbzellen* in der Haut, wobei wir vier Typen zu unterscheiden haben: Schwarz-, Rot-, Gelb- und Glanzzellen.

Die *Glanzzellen* weisen wie die Schuppen Guanin

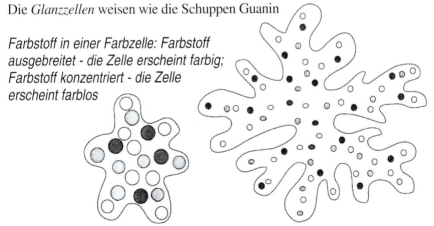

Farbstoff in einer Farbzelle: Farbstoff ausgebreitet - die Zelle erscheint farbig; Farbstoff konzentriert - die Zelle erscheint farblos

auf. Schwarz, Rot, Gelb stellen die Grundfarben in der Farbzelle, woraus sich alle anderen Färbungen durch Überlagerung ergeben. Sehr auffällig ist die Fähigkeit der Fische, sich schnell farblich der Umgebung anzupassen. Die Steuerung solcher Färbungen läuft bei den meisten unserer Fische über das Auge, welches die Umgebung erfaßt und diese Reize mit Hilfe von Nervenbahnen an die Farbzellen weiterleitet. Dort kann der Farbstoff in der Zelle konzentriert (die Zelle wirkt farblos) oder ausgebreitet (die Zelle erscheint farbig) werden. Erblinden Fische, zeigen sie meist eine sehr dunkle Körperfärbung. Allerdings sind Arten bekannt, die trotz Erblindung Farbwechsel vollziehen können. In diesen Fällen ist das Zwischenhirn bei der Farbwechselsteuerung beteiligt.

Laichausschlag beim Rotauge

Die teilweise prächtigen Färbungen einiger Fische zur Laichzeit (*Laichfärbung*) werden nicht über das Auge, sondern durch Hormone gesteuert. Zur Paarungszeit tritt überwiegend bei den Männchen der Cypriniden *Laichausschlag* auf. Hier zeigen sich zeitlich auf die Laichzeit begrenzt griesartige Verhornungen von der Maulspitze bis zum Schwanz, je nach Fischart mehr oder weniger intensiv und zahlreich auf der Haut und teilweise auf den Flossen. Von Maränen und Felchen ist der Laichausschlag auf beiden Geschlechtern bekannt. Einige Arten (z.B. Gründling, Elritze, Perlfisch) haben diese Erscheinungen noch weit über die Laichzeit hinaus.

Körperform, Flossen, Maulstellungen, Barteln, Schuppen, Seitenlinie und Färbungen sind für uns Angler wichtige äußerliche Merkmale zum Erkennen eines Fisches. Zu beachten bleibt aber, daß die Körperform der gleichen Art Unterschiede durch Ernährung (Zwergwuchs, im Vergleich zum Körper relativ großer Kopf) oder Lebensraum (Karpfen in stark strömenden Gewässern sind meist hochrückiger als ihre Artgenossen in Seen und Teichen) zeigen können. Auch Färbungen können erheblich schwanken, wobei gesunde Fische allgemein durch intensivere Färbungen auffallen. Nun kann es unseren Ansprüchen heute nicht mehr genügen, Arten nur zu unterscheiden, um sie richtig in der Fangstatistik eintragen zu können. Es reicht ebenfalls nicht, Fische in Gewässer einzusetzen, um sie in der Folgezeit wieder zu angeln. Ein verantwortungsvoller Schwerpunkt neben dem Fang liegt für uns im Bereich der Hege und Pflege aller Arten, die von Natur aus in diesem Gewässer ihren Lebensraum haben! Dazu sind Kenntnisse über Verhaltensweisen und Wohlbefinden erforderlich. Der Gesundheitszustand eines Fisches ist von normalen Funktionen der Organe eines Tieres abhängig. Alle Organe können durch Krankheiten oder äußere Einflüsse geschädigt werden. Zum Glück sind Fischkrankheiten nicht auf den Menschen übertragbar.

▼ 1. 3. Sinnesorgane

Mit den Sinnesorganen nehmen Fische ihre Umwelt wahr. Zur Orientierung dienen überwiegend *Ferntastsinn* (vergl. nächste Seite), *Gesichtssinn* (Augen) und *Geruchssinn* (Nase).

Augen
Die Leistungsfähigkeit der Augen ist je nach Art sehr variabel. Häufig sehen Fische mit großen Augen (Hecht, Zander, Barsch, Dorsch) recht gut, die dagegen mit kleinen Augen (Wels, Aal, Schleie) lieben die Dämmerung oder sind nachts aktiv und können schlechter sehen. Unseren

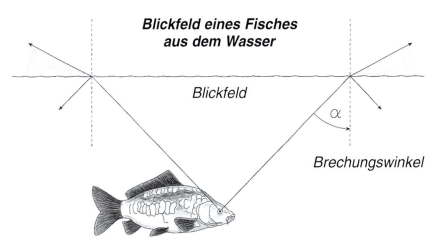

Blickfeld eines Fisches aus dem Wasser

Blickfeld

α

Brechungswinkel

Allgemeine Fischkunde

Seitenlinie beim Aland

heimischen Fischen fehlen Augenlider, sie sind somit nicht in der Lage, die Augen zu schließen, können sie aber zum Sehen bewegen. Im Normalzustand ist das Fischauge auf Nahsicht eingestellt. Doch läßt der Aufbau des Auges mit seiner kugelförmigen Linse ebenfalls Fernsicht zu. Daß Fischen das Erkennen von Farben möglich ist, bestätigt allein schon das Auftreten von Laichfärbungen (besonders intensiv bei einigen Salmoniden und den Stichlingen). Fische sind zusätzlich in der Lage, begrenzt aus dem Wasser herauszusehen. Dieses zwingt den Angler, will er nicht entdeckt werden, sich am Ufer klein zu halten und auffällige, farbige Bekleidung zu vermeiden.

Seitenlinie
Ein für viele Fische typisches äußeres Merkmal ist eine auf beiden Körperseiten vom Kopf zum Schwanz verlaufende Linie, die *Seitenlinie*. Je nach Art kann sie ein recht unterschiedliches Aussehen haben. So erscheint sie beim Schneider als schwarze Doppellinie, der Dorsch hat sie hell zur ersten Rückenflosse hin ansteigend, beim Rotauge fällt sie vom Kopf zu den Bauchflossen hin ab, die Bachforelle zeigt sie gerade in der Mitte verlaufend, und beim Hering ist sie gar nicht sichtbar. Hinter der Seitenlinie verbirgt sich ein empfindliches Tastorgan, das *Seitenlinienorgan* (Fern-

tastsinn). Wir alle wissen, daß ein Stein, der ins Wasser geworfen wird, Wellen erzeugt. Diese Druckwellen setzen sich im Wasser fort und werden vom Fisch mit seinem Ferntastsinn wahrgenommen. So registriert er in seiner Nähe im Wasser durch andere Tiere oder Hindernisse entstehende Druckwellen, die aber auch vom Ufer aus durch Erschütterungen (festes Auftreten) ins Wasser gelangen können. Das Seitenlinienorgan ist also eine wichtige Orientierungshilfe der Fische im Wasser.

Temperatursinn
Daß Fische sehr unterschiedlich auf Wassertemperaturen reagieren, ist Ihnen sicherlich bekannt, denn wer geht schon im Winter zum Angeln auf Aal oder Karpfen. Diese Fische sind träge geworden durch die niedrige Temperatur – sie nehmen zu dieser Zeit keine oder kaum Nahrung auf. Hechte und Salmoniden dagegen sind selbst im Winter zu angeln. Grundsätzlich paßt sich die Körpertemperatur der Fische der Wassertemperatur an, doch starke, plötzlich auftretende Temperaturschwankungen können umgehend den Tod der Tiere zur Folge haben. Setzen Sie also nie Fische vom kalten ins warme Wasser oder umgekehrt, geben Sie ihnen die Möglichkeit, sich ganz allmählich an veränderte Temperaturen zu gewöhnen. Sie empfinden bereits Unterschiede von weniger als einem Zehntel Grad. Sehr gute Wachstumsbedingungen mit intensiver Futteraufnahme liegen für Karpfen bei ca. 23° C, Regenbogenforellen bei ca. 17° C und Aale bei ca. 20° C. Trotzdem kann nicht davon ausgegangen werden, daß z.B. Regenbogenforellen ständig eine Temperatur von 17° C haben sollten. Für das Ablaichen, die Laichentwicklung oder das Wachstum der Fischbrut können häufig völlig andere Temperaturen von Vorteil sein. Dazu wären aber gesonderte Informationen einzuholen.

Geruchssinn
Erstaunlich gut ist bei vielen Fischen das Riechvermögen. Zu erkennen ist das Geruchsorgan an zwei kleinen Öffnungen (bei Neunaugen nur eine) vor den Augen (*Riechgruben, Riechkanäle*). Dem Aal werden in diesem Bereich dem Hund vergleichbare Leistungen zugeschrieben. Mittels dieses Organs können die Tiere Nahrung suchen, sich orientieren, Artgenossen im Schwarm oder sogar Feinde feststellen. Es ist anzunehmen, daß der Geruchssinn bei der Rückkehr der Lachse in ihre Laichgewässer eine bedeutende Rolle spielt.

Allgemeine Fischkunde

So kommen beim Fischfang mit der Angel Lockmittel zum Einsatz. Andererseits können abstoßende Gerüche Fische vergrämen. Weniger gut sind die Riechfähigkeiten beispielsweise beim Hecht, der sich mehr auf seinen Gesichtssinn verläßt. Das erklärt, warum er leicht mit dem Blinker zu fangen ist.

Riechgruben und Geschmacksknospen bei einer Schleie

Gehör und Gleichgewichtsorgan
Sie stehen wie im menschlichen Ohr in engem Zusammenhang. Beim Fisch handelt es sich dabei um ein äußerlich nicht sichtbares inneres Organ. Es liegt oberhalb der Kiemen im Schädelknochen geschützt und befähigt zu gutem Hören. In diesem Zusammenhang sei erwähnt, daß eine beachtliche Zahl von Fischarten Töne erzeugen kann. Selbst die Unterscheidung verschiedener Töne ist nachgewiesen. Lautes Gebaren am Gewässer kann entsprechendes Verhalten (Flucht, aber auch Neugier!) der Fische zur Folge haben.
Im gleichen Organ, dem Gehör, befindet sich der Gleichgewichtssinn, der dem Fisch anzeigt, in welcher Schwimmlage er sich befindet.

Geschmackssinn
Anders als beim Menschen ist der Geschmackssinn bei den Fischen ausgeprägt, denn er ist bei den Beutetieren des Anglers keineswegs auf die Zunge beschränkt. Fische schmecken zwar ebenfalls mit *Geschmacksknospen*, sie sind aber auf dem gesamten Fischkörper bis hin zum Schwanzende zu finden, was bedeutet, daß Fische mit dem gesamten Körper schmecken können. Insbesondere trifft dieses für Cypriniden und Welse zu. Am häufigsten sind Geschmacksknospen an den Lippen, den Barteln und am Kopf zu finden. Fische sind in der Lage, festzustellen, woher die Geschmacksreize im Wasser kommen. Dabei können sie nicht nur ausgezeichnet schmecken, sondern verschiedene Geschmacksstoffe auch unterscheiden. Diese Fähigkeit ist deutlich besser als beim Menschen ausgeprägt: teilweise mehr als hundertfach. Als Petrijünger sollten Sie deshalb stets bedenken, daß Sie mit Geruchs- und Geschmacksstoffen Fische zwar anlocken, aber gleichwohl auch vergrämen können.

Allgemeine Fischkunde

Gehirn

Bei allen Wirbeltieren, beim Menschen und so auch bei Fischen, ist das Gehirn die zentrale Schaltstelle für alle Lebensvorgänge im Körper. Gleichzeitig muß es Reize aus der Umgebung aufnehmen, auswerten und entsprechende Reaktionen auslösen. Das Fischhirn zeigt fünf unterschiedliche Bereiche, die *Lappen* genannt werden, wobei jeder spezielle Sinnesleistungen übernimmt. Gehirn, Rückenmark und Nervenleitungen bilden eine wohl aufeinander abgestimmte Einheit zur Steuerung. Das *Großhirn*, hauptsächlich verantwortlich für Intelligenzleistungen, ist beim Fisch kaum ausgeprägt. Mit dem *Mittelhirn* vollzieht der Fisch

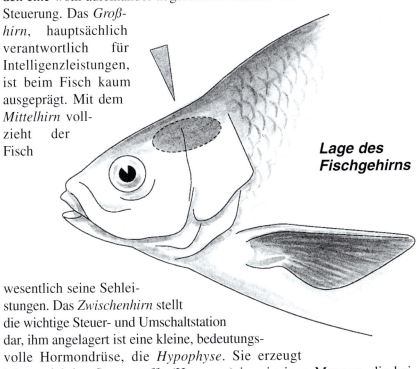

Lage des Fischgehirns

wesentlich seine Sehleistungen. Das *Zwischenhirn* stellt die wichtige Steuer- und Umschaltstation dar, ihm angelagert ist eine kleine, bedeutungsvolle Hormondrüse, die *Hypophyse*. Sie erzeugt lebenswichtige Steuerstoffe (Hormone) in winzigen Mengen, die beispielsweise das Fortpflanzungsverhalten des Tieres auslösen und steuern, während das *Kleinhirn* Körperbewegungen aufeinander abstimmt und das Gleichgewicht erhält. Das Gehirn liegt gut geschützt im Schädel, von dort aus verläuft als wichtigste Nervenleitung das *Rückenmark* durch die Wirbelsäule wie in einer Röhre eingebettet. Verletzungen des Rückenmarks haben schwere Lähmungen oder den Tod zur Folge.

Soll ein Fisch wirksam betäubt oder getötet werden, kann man das durch einen relativ kräftigen Schlag auf das Gehirn (Kopf) auslösen. Dieser Schlag muß den Fischkopf zwischen Augen und Kopfende treffen. Danach ist das Tier durch einen Herzstich zum Ausbluten zu bringen.

1. 4. Innere Organe

Atmung und Blutkreislauf
Unsere einheimischen Fische atmen fast alle mit ihren *Kiemen*. Sie werden bei einem Blick in das geöffnete Fischmaul und durch Anheben der *Kiemendeckel* als leuchtend rote Organe sichtbar. Ist ein Tier an Sauerstoffmangel verendet, erscheinen die Kiemen blaßrot. Bei genauer Betrachtung fällt links und rechts eine Vierteilung im Aufbau dieses Organs auf. Träger der feinen, an der Luft schnell austrocknenden roten *Kiemenblättchen* ist ein knöcherner *Kiemenbogen*. Zum Atmen muß der Fisch Wasser aufnehmen, das er an den Kiemenblättchen vorbei durch den Kiemendeckel wieder herausdrückt. Einige Haie pressen Wasser durch die Kiemen, indem sie mit geöffnetem Maul schwimmen. Strömt das sauerstoffreiche Wasser an den Kiemenblättchen entlang, entziehen sie den Sauerstoff, der dann ins Blut gelangt. Schmutz- und Nahrungsteilchen werden an der Innenseite der vier Kiemenpaare von *Kiemenreusen* (Reusenzähnen) abgefangen. Anzahl und Größe der Reusenzähnchen variieren je nach Fischart.

Kiemen beim Hecht

Allgemeine Fischkunde

Auf eine besondere Atmungstechnik der Aale sei hier nur hingewiesen. Sie können beispielsweise in feuchtem Torfmoos bei kühler Witterung deutlich länger als einen Tag ohne Wasser auskommen.

Blut

Das Blut von Aal und Wels ist giftig und schleimhautreizend. Sie sollten beim Ausnehmen dieser Fische darauf achten, daß Sie an den Händen keinerlei Verletzungen haben, um mögliche Entzündungen zu vermeiden. Fischblut gerinnt ca. zehnmal schneller als Menschenblut und kann so Wunden schnell wieder verschließen. Wollen Sie sich einen Überblick zu den inneren Organen eines Fisches verschaffen, wählen Sie sich am besten einen Raubfisch als Untersuchungsobjekt. Fleischfresser haben bekanntlich einen wesentlich kürzeren Darmtrakt als Pflanzenfresser.

Schneiden Sie beispielsweise eine Regenbogenforelle – sie ist leicht im Handel erhältlich – vom After beginnend zwischen den Bauch- und Brustflossen hindurch bis zum Kopf auf. Klappen wir die Bauchlappen zur Seite weg, sind bereits fast alle inneren Organe sichtbar. Mehr Innenleben zeigt das Rotauge durch sein längeres Darmsystem (vergleiche Abb. unten).

Herz

Direkt am Kopf – noch vor den Brustflossen – liegt dunkelrot das *Fischherz* (Einstichstelle zum Abstechen eines Fisches, damit er ausbluten kann).

Innere Organe des Rotauges: *1 + 2- Schwimmblase (zweikammrig); 3- Geschlechtsorgane; 4- Darm; 5- Leber; 6- Herz; 7- Kiemen; 8- Nieren*

Allgemeine Fischkunde

Es pumpt ständig sauerstoffarmes Blut durch seine Kammer zu den Kiemen zur Sauerstoffanreicherung. Gleichzeitig werden dort das Gas Kohlenstoffdioxid und Wasser als Rückstände abgegeben. Von deutlich großen Adern verzweigt sich das Adernetz bis in feinste Äderchen hin in die Flossenenden. Zwei wichtige *Hauptschlagadern* verlaufen, wenn alle inneren Organe entfernt werden, klar erkennbar auf der Bauchseite an der Wirbelsäule.

Leber und Gallenblase
Unter anderem wird das Blut zur Entgiftung zur *Leber* geleitet. Sie liegt in der Nähe des Herzens als große, im gesunden Zustand dunkelrote bis bräunliche, bei Hecht, Aalquappe und Dorsch hellrote Drüse. Unmittelbar an der Leber sehen wir eine hellere Blase, die mit einer gelbgrünlichen Flüssigkeit gefüllt ist: die *Gallenblase* mit dem sehr bitteren *Gallensaft*. Wird die Gallenblase beim Ausweiden des Fisches zerstört, kann das zu erheblichen Geschmacksverlusten führen. In solchen Fällen ist der betroffene Bereich sofort sehr gründlich mit reichlich Wasser abzuspülen. Eine prall gefüllte, große Gallenblase ist meist die Folge einer stark verringerten Nahrungsaufnahme.

Magen und Darm
Unter der Leber verläuft die *Speiseröhre* des Fisches vom *Schlund* zum *Magen*. Der Magen sieht bei der Forelle recht zottig aus. Sein Inhalt kann für uns Angler aber aufschlußreich sein und Hinweise auf den im Augenblick idealen Köder (besonders beim Fliegenfischen) geben, denn der aufgeschnittene Magen fördert zutage, welche Nahrungstiere in den letzten Stunden bevorzugt vom Fisch erbeutet wurden. Mit dem Ende des Magens beginnt der *Darm*, in dem der Nahrung die Nährstoffe entzogen und dem Körper zugeführt werden. Im Verdauungstrakt auftretende Schmarotzer (Bandwürmer, Kratzer) können die Gesundheit und das Wachstum des Tieres in hohem Maße negativ beeinflussen.

Milz
Tief dunkelrot, fast schwarz erscheint uns ein kleineres längliches Organ gleich hinter dem Magen am Darmtrakt, die *Milz*. Es ist ein Organ, das bei allen Wirbeltieren vorhanden ist. Die Milz ist in den Blutkreislauf eingeschaltet, erzeugt Abwehr- und Blutstoffe und erfüllt Speicher- und Abwehrfunktionen.

Allgemeine Fischkunde

Geschlechtsorgane

Zur Laichzeit sind die *Keimdrüsen* (Eier/Eizellen/Rogen – Weibchen oder *Rogner*; Samenzellen/Milch – Männchen oder *Milchner*) voll entwickelt und füllen bei einigen Arten einen großen Teil der Bauchhöhle aus. Äußerlich erscheinen die Fische mit prallem Bauch. Anzahl, Größe, Farbe und teilweise die Form der Eier können sehr unterschiedlich ausfallen. Allgemein ist festzustellen, daß Friedfische, die viele Freßfeinde haben und weder Brut noch Eier bewachen, meist sehr hohe Eizahlen aufweisen, um ihre Art zu erhalten (Karpfen pro Kilogramm Körpergewicht bis zu 200 000 Eier). Niedriger liegt die Eizahl bei einigen Raubfischen (Forellen bis über 2000 Eier, Hecht ca. 30 000 Eier pro Kilogramm Körpergewicht). Eizahlen unter hundert finden wir bei Fischen mit Brutpflege (Stichlinge) oder solchen, bei denen sich die Eientwicklung im Körper vollzieht (Dornhai). Auch sind 1 000 000 Eier/kg Körpergewicht beim Aal verständlich, laichen sie doch nur einmal im Leben, und ihre Larven müssen lange Wege mit hohen Verlusten zu ihren Lebensräumen zurücklegen, da die Elterntiere des Europäischen Flußaals 4000 bis 5000 km lange Laichwanderungen bis in die Sargassosee vor der nordamerikanischen Küste unternahmen.

Rogen der Regenbogenforelle

Milch des Herings

Schwimmblase

Bei einigen unserer Knochenfische fällt die Schwimmblase über dem Darmtrakt allein schon durch ihre Größe auf. Sie ist bei den karpfenartigen Fischen *zweiteilig* – Forellen, Hecht, Zander, Barsch und bei den Dorschartigen *einteilig* und fehlt bei Neunaugen, Haien, Mühlkoppe und Makrelen völlig. Zwei wichtige Aufgaben erfüllt die mit einem luftähnlichen Gas gefüllte Schwimmblase:
● Sie reguliert den Druckausgleich entsprechend der Wassertiefe.

Allgemeine Fischkunde

Einteilige Schwimmblase (Forelle)

Zweiteilige Schwimmblase (Rotauge)

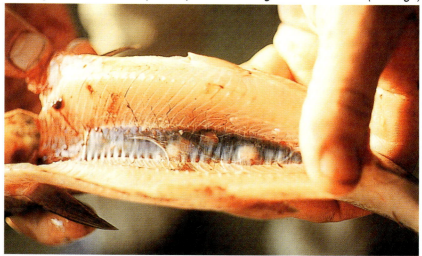
Kranke Niere (helle Flecken) einer Regenbogenforelle

● Sie regelt das Körpergewicht des Fisches so, daß das Tier im Wasser ohne Anstrengungen schweben kann.

Da sich der Luftdruck unseres Wetters bis ins Wasser auswirkt, ist von einer Beeinträchtigung der Schwimmblase durch die Wetterlage auszugehen. Dabei soll niedriger Luftdruck die Fangaussichten verbessern.

Nieren

Über der Schwimmblase werden, langgestreckt und tiefbraun an der Wirbelsäule liegend, die *Nieren* sichtbar, die in keiner Weise mit der uns bekannten Nierenform Ähnlichkeiten aufweisen. Sie beginnen am Kopf und gehen zum Ende der Bauchhöhle in die *Harnleiter* über. Häufig enden sie dann in einem Ausgang unmittelbar hinter dem After. Im kopfnahen Teil der Nieren (*Vordernieren*) wird unter anderem Blut für den Fisch erzeugt, während der hintere Bereich (*Rumpfnieren*) als Ausscheidungsorgan tätig ist. Das Blut wird von den Nieren gereinigt, und seine Schadstoffe werden gemeinsam mit Wasser (Urin) ausgeschieden. Die täglich von einem Fisch ins Wasser ausgestoßene Urinmenge kann dabei mehr als ein Sechstel seines Körpergewichtes betragen. Es gilt also besonders in kleinen Behältnissen mit mehreren Fischen zu bedenken, daß die Urinabgabe die Wasserqualität verschlechtert. Ein ständiger Wasseraustausch ist in solchen Fällen erforderlich.

Für den Verzehr sind die Nieren aus Geschmacksgründen nicht geeignet. Sie lassen sich relativ leicht beim Ausnehmen mit dem Daumennagel entfernen.

1. 5. Fortpflanzung

Laichwanderungen
Recht unterschiedlich sind die Laichgewohnheiten unserer einheimischen Fische. Allgemein suchen sie zunächst für sie geeignete und bewährte Laichplätze auf. Das kann unterschiedlich lange *Laichwanderungen* zur Folge haben: Meerforellen und Lachse kehren aus den Meeren zurück bis in die Quellgebiete der Flüsse (Wanderfische), Stinte kommen aus dem Meer in die Mündungsgebiete, Barsche, Hechte und viele Cypriniden suchen pflanzenreiche Uferzonen auf. Aale hingegen verlassen die Binnengewässer und ziehen in die Sargassosee.

Laichplätze und -gewohnheiten
Wir unterscheiden zunächst zwei Hauptgruppen: die *Freiwasserlaicher*, die ihre Eier frei schwebend in das Wasser abgeben und die *Substratlaicher*, die den Laich an feste Gegenstände (z.B. Steine, Kies, Kraut) im Wasser heften.
Die klebrigen Eier der *Krautlaicher* (Karpfen, Hecht, Schleie, Rotfeder, Brassen, Güster) haften an Wasserpflanzen, wo sie sich entwickeln. Der Flußbarsch legt seine Eier in Bändern an Pflanzen ab. Andere schlagen mit dem Schwanz flache Gruben in den kiesigen Grund, um dort zu laichen oder heften ihre Eier an Steine. Diese Gruppe bezeichnen wir als *Kieslaicher* (Forellen, Huchen, Barbe, Nase, teilweise auch Zander und Rapfen). Die

Allgemeine Fischkunde

Meeresfische Dorsch, Schellfisch, Köhler, Makrele, aber auch Blaufelchen (Süßwasserfisch) geben die Eier ins freie Wasser ab - *Freiwasserlaicher*. Dabei können die Eier auf den Grund sinken (Felchen) oder an die Oberfläche steigen und auch von Strömungen abgetrieben werden (Dorsch).

Laichzeiten

Die Laichzeiten liegen je nach Art fast über das ganze Jahr verteilt. Schon im Herbst beginnen Bach- und Seeforelle mit ihrem Laichgeschäft. Die Laichzeit kann sich dabei durchaus je nach Standort und Witterung bis in die Wintermonate verschieben (Lachs, Saiblinge, Blaufelchen, Rutte). Die eben erwähnten Arten zählen wir alle zu den *Herbst- und Winterlaichern*. Im Frühjahr von März bis Mai folgen die *Frühjahrslaicher* wie Hecht, Zander, Regenbogenforelle, Äsche, Stint, Aland, Nase und andere. Ausgesprochene *Sommerlaicher* ab Monat Juni finden wir in Karpfen, Schleie, Brassen, Güster, Barbe, Wels oder Gründling.

Entwicklung

Die Entwicklungszeit der Eier bis zum Schlüpfen der Jungfische ist temperaturabhängig und je nach Art verschieden. Sie wird in Tagesgraden angegeben. Beträgt beispielsweise die Wassertemperatur 17° C, so sind nach zwei Tagen 2 x 17° C = 34 *Tagesgrade*, nach fünf Tagen 5 x 17° C = 85

Jungfisch (Forelle) mit Dottersack

Allgemeine Fischkunde

Tagesgrade erreicht. Für die Entwicklung der Regenbogenforelleneier werden ca. 380 Tagesgrade angegeben. Bei einer Wassertemperatur von 8° C benötigen die Eier zur Entwicklung 380 : 8 = 47,5 *Tage*.
Für Bachforellen gelten ca. 420 Tagesgrade, Äschen 200 Tagesgrade, Hechte bis 140 Tagesgrade und für den Sommerlaicher Karpfen nur bis 80 Tagesgrade. Frisch geschlüpfte *Jungfische* können sich in den ersten Tagen noch nicht selbst ernähren. Ihnen hängt deshalb zu dieser Zeit auf der Bauchseite ein sackähnliches Gebilde an. Es ist mit Nährstoffen für den Jungfisch gefüllt, wird *Dottersack* genannt und schrumpft durch den Nährstoffverbrauch in wenigen Tagen weg. Bis dahin hat sich der Fisch zur Freßfähigkeit entwickelt (*Dottersackstadium*).
Dieser Abschnitt soll Ihnen als Angler vergegenwärtigen, daß Fische mit ihrer Vermehrung und Entwicklung an feste Bedingungen ihrer Umwelt gebunden sind. Nur so ist eine natürliche Arterhaltung gewährleistet. Ständiger Besatz ist dazu keine Alternative. Daraus entsteht für Sie die Pflicht, Laichplätze für die natürliche Vermehrung zu erhalten oder wieder zu erstellen. Laichzeiten sollen Sie als *Schonzeit* der Fische betrachten. Tragen Sie als Angler nichts zur Arterhaltung der Fische bei, werden Sie schon in naher Zukunft mangels Fisch ihr Hobby aufgeben müssen.

1. 6. Fischkrankheiten

Wo Leben ist, treten gleichzeitig Krankheiten auf, so auch bei Fischen. Als Angler haben Sie verschiedene Möglichkeiten, Krankheiten zu erkennen. Von allen wildlebenden Tieren ist uns ihre Scheu vor den Menschen bekannt – sie fliehen, wenn wir ihnen zu nahe kommen. Das gleiche Verhalten zeigen Fische. Bemerkt uns der Fisch und ergreift keine Flucht, kann dieses schon ein Anzeichen für eine Krankheit sein. (Diese Situation gilt nicht für Fische in Teichen oder an Plätzen, wo der Mensch durch ständiges Füttern die Tiere an sich gewöhnt hat!) Dreht sich dabei der Fisch ständig in die Seitenlage, oder zeigt er sogar die helle Bauchseite, ist meist schon das Verenden des Tieres anzunehmen. Fischkrankheiten stellen zwar grundsätzlich keine Gefahr für den Menschen dar, für andere Fische kann jedoch höchste *Ansteckungsgefahr* gegeben sein. Erreger für eine Fischkrankheit können sich in jedem Wassertropfen befinden! Eine Übertragung durch Wasser, Netze aller Art, Stiefel, Gefäße, Besatz, Köderfische oder auch Wasservögel ist deshalb möglich!

Allgemeine Fischkunde

Symptome

Nicht selten sind blutunterlaufene Stellen bei kränklichen Fischen auf der Haut oder den Flossen sichtbar, intensive Färbungen der Haut sind gewichen, erhöhte Schleimproduktion kann auftreten. Anfänglich legen Fische, die sich nicht wohl fühlen, ihre Flossen eng an den Körper an. In fortgeschrittenen Stadien können deutliche Entzündungen der Haut, des Afters, Verpilzungen oder bereits Geschwüre am Körper festgestellt werden.

Gesunde Fische sollten leuchtend rote Kiemen aufweisen. Wie beim Menschen können auch die Augen des Fisches Hinweise auf mögliche Krankheiten geben. Hervortretende Augen (*Glotzaugen*) können Krankheitsanzeiger sein. Ferner ist der *Augendrehreflex* zu prüfen. Bringen wir einen Fisch von der Normallage in die Seitenlage, sollte die Blickrichtung der Augen unverändert bleiben – der Fisch „schielt". Bleibt dieser Reflex aus, besteht begründeter Krankheitsverdacht (vergl. nebenstehende Abbildungen). Auf innere Krankheiten soll hier nicht eingegangen werden.

Augendrehreflex beim gesunden Fisch in Seitenlage

Kein Augendrehreflex beim kranken oder toten Fisch in Seitenlage

Außenparasiten

Die Diagnose von Fischkrankheiten ist nicht immer einfach. Leichter lassen sich Außenparasiten erkennen. *Fischegel, Karpfenlaus* und *Kiemenkrebs* sind relativ deutlich auf der Haut, den Flossen oder den Kiemenblättchen festzustellen. Unter Forellen (besonders in Teichen) und Aalquappen kann eine durch einen Wurm ausgelöste Krankheit auftreten, der *Wurmstar*. Dabei wandert eine winzige Larve in das Auge und kann dort über Monate leben. Das Auge schwillt durch Bildung von Flüssigkeit an und wird erheblich geschädigt.

Allgemeine Fischkunde

Fischsterben

Fischkrankheiten lassen sich von meist massenhaftem Fischsterben aller Fische unterscheiden, da sich die Krankheiten häufig auf eine Fischart, manchmal sogar nur auf eine Altersgruppe der Art beschränken und im Anfangsstadium nur an einzelnen Tieren zu beobachten sind. In beiden Fällen – bei Fischkrankheiten und Fischsterben – sollten Sie Ihren Vereinsvorstand (Gewässerwart), den Fischereiberechtigten oder die Polizei (nur bei Fischsterben) informieren, damit entsprechende Maßnahmen ergriffen werden können.

Karpfenlaus auf einer Rotfeder   *Karpfenläuse (leicht vergrößert)*

Fischegel auf einer Forelle

2. Spezielle Fischkunde

▼ 2. 1. Allgemeines

Im vorangegangenen Kapitel haben wir vieles über den Körperbau unserer Fische erfahren und sollten nun in der Lage sein, alle Körperteile des Fisches richtig zu erkennen und zu benennen. So können Mißverständnisse im voraus vermieden werden.

Nun sollen Sie Fische kennenlernen und sich ihre Namen einprägen. Zur Erleichterung sind alle Fische in originalen Abbildungen zu sehen. Als Angler haben Sie meist erst nach dem Fang die Möglichkeit, die Tiere genau zu betrachten und zu erkennen. In einigen Fällen sind Verwechslungen leicht möglich, zum Beispiel bei *Aland, Döbel und Häsling*. Wir sollten in der Lage sein, den Fisch an Hand äußerer Merkmale richtig zu erkennen (bestimmen), wenn er am Ufer auf einem nassen Tuch vor uns liegt oder in einem Eimer schwimmt. Es hilft uns auch nicht der Hinweis auf eine helle Leber oder ein schwarzes Bauchfell, weil dazu der Fisch getötet werden müßte. Haben wir dann den Fisch falsch eingeordnet, kann er nicht mehr zurückgesetzt werden. Wenn Sie aber einen Fisch geangelt und selbst in der Hand gehalten haben, werden Sie ihn künftig viel leichter korrekt einordnen können.

Schwer wird die Unterscheidung, wenn es auf natürliche Weise oder auch durch unglücklichen Besatz zu Beständen kommt, die sich untereinander gekreuzt haben (bei uns nur bei einigen Karpfenverwandten möglich).

Auch der *Fangplatz* könnte in einzelnen Fällen Hinweise auf die Fischart geben. Kaum werden Sie den Häsling (Hasel) in der Brassenregion an den Haken bekommen und ebenso unwahrscheinlich den Aland in der Forellenregion. Besonders schwer wird die Unterscheidung bei sehr jungen Fischen. Körperfarben und -formen sind oft noch abweichend von den ausgewachsenen Tieren. Die *Färbung* kann nicht immer zur eindeutigen Bestimmung herangezogen werden – Laichzeiten, Wasserqualität oder Ernährung können in solchen Situationen nicht nur den Anfänger in Schwierigkeiten bringen. In den nachfolgenden Fischbeschreibungen wird deshalb der Schwerpunkt auf wenige, äußere Erkennungsmerkmale und den Lebensraum gelegt, um eine schnelle und sichere Fischbestimmung möglich zu machen. Praktische eigene Erfahrungen und Beobachtungen sind aber auch für die Aneignung des Wissens in diesem Kapitel am hilfreichsten. Die Reihenfolge der Beschreibungen der Fische ergibt sich aus ihrer Ähnlichkeit. So haben Sie die Möglichkeit, die Fische unmittelbar zu vergleichen, um die unterschiedlichen Merkmale direkt zu betrachten und sich zu merken.

Zu den Fischen erfolgt für die Arten, bei denen eine Bestandsgefährdung durch jahrelange Beobachtungen festgestellt wurde, zum Abschluß der Artbeschreibung ein kurzer entsprechender Hinweis. Dieser bezieht sich auf die „Rote Liste der gefährdeten Wirbeltiere in Deutschland". Fünf Gefährdungsgrade werden festgelegt:

1. Arten sind nachweisbar ausgestorben, ausgerottet oder über mindestens zehn Jahre nicht mehr festgestellt worden: *ausgestorben oder verschollen*.
2. Arten, die nur noch vereinzelt, in kleinen Beständen vorkommen oder bei denen ein anhaltend extremer Rückgang der Art festgestellt wurde: *vom Aussterben bedroht*.
3. Arten mit kleinen Beständen oder deutlichem Rückgang im Verbreitungsgebiet oder regional vollständigem Verschwinden: *stark gefährdet*.
4. Arten mit kleinen Beständen oder regionalem Bestandsrückgang oder lokalem vollständigem Verschwinden: *gefährdet*.
5. Arten mit nur noch geringem Vorkommen, die zwar momentan noch nicht gefährdet sind, deren Ausrottung jedoch durch unbedachte lokale Eingriffe wegen ihrer Seltenheit möglich ist: *potentiell gefährdet*.

Beachten Sie bitte, daß in der „Roten Liste" regionale Faktoren berücksichtigt sind. So kann beispielsweise der Huchen im Norden Deutschlands nicht ausgestorben sein, weil er eben nur im Donaueinzugsbereich lebt.

Versteht sich der Angler auch als Naturschützer, zählt es mit zu seinen Hauptaufgaben, sich für die Erhaltung der Arten massiv einzusetzen.

2. 2. Die Fischarten

Aale

Flußaal (Anguilla anguilla) – mit seinem typischen *schlangenförmigen*, runden Körper einer der bekanntesten Fische (beliebter Speisefisch). Die Männchen bleiben meist kleiner (bis zu 50 cm), die Weibchen können dagegen mehrere Pfunde schwer und über 130 cm lang werden. Der Kopf

2. Spezielle Fischkunde

Flußaal

Breitkopfaal und Spitzkopfaal

der Aale ist entweder spitz zulaufend (*Spitzkopfaal*) oder breit (*Breitkopfaal*). Dabei bleibt der Spitzkopfaal meist ein Kleintierfresser, der Breitkopfaal wird häufig zum Raubaal. Die Augen des Aales sind klein. Die Kiemenspalten sind unauffällig klein wie auch seine Schuppen. After-, Schwanz- und Rückenflossen bilden einen geschlossenen Flossensaum, die *Bauchflossen fehlen*. Erst im vierten Lebensjahr gelangen sie als 6 - 8 cm lange, durchsichtige Glasaale aus ihren Laichgebieten vom Sargasso-Meer kommend in unsere europäischen Gewässer. Als Steigaale ziehen sie jetzt die Flüsse und Ströme hinauf

Meeraal

und nehmen in dieser Zeit eine graue bis grünliche Färbung an. Nun beginnen sie, intensiv Nahrung aufzunehmen (Larven, Schnecken, Krebstiere, Muscheln, Lurche und auch Fische). Die Bauchseite färbt sich gelb (*Gelbaal*). Bis zu zehn Jahren bleibt er in unseren Gewässern, dann färbt sich bei dem nun ausgewachsenen Aal die Bauchseite weiß bis silbrig glänzend. Dieser *Blankaal* nimmt keine Nahrung mehr zu sich und wandert unaufhaltsam dem Meer entgegen. Die *Augen des jetzt laichreifen Aales vergrößern sich deutlich*, ebenso seine Sexualorgane. Er wandert bei uns meist im *Spätsommer* ab zum *Sargasso-Meer* und wird dort nach dem Laichen sterben. Aale sind überwiegend nachts aktiv und besitzen einen *ausgezeichneten Geruchssinn*. Sie leben am Gewässergrund und sind somit vom Angler mit einer Grundangel zu fangen. Vorsicht jedoch bei *Aalblut – es ist giftig und schleimhautreizend*! Das Gift verliert aber seine Wirkung, wenn es über +60° C erhitzt wird. In den letzten Jahren wird ein sehr starker Rückgang der Aalbestände registriert. Der intensive Fang von Glasaalen (auch zum Verzehr!) trägt sicherlich zu dieser Situation bei! Ferner breitet sich der *Schwimmblasenwurm*, ein Innenparasit, immer mehr aus. Er ist in Zukunft sicher eine starke Belastung für die Aale.

Meeraal (Conger conger) – ist für uns kaum von Bedeutung, da diese Tiere in unseren Meeresbereichen der Nord- und Ostsee weitgehend fehlen. Vielmehr werden sie im nördlichen und südlichen Atlantik sowie im Mittelmeer angetroffen. Auch sie unternehmen Laichwanderungen, können bis zu acht Millionen Eier legen und bis über 2,5 m lang werden. *Der Rückenflossensaum beginnt, im Gegensatz zum Flußaal, dicht über dem Brustflossenansatz. Ihm fehlen ebenfalls die Bauchflossen.* Am Meeresgrund leben sie gern versteckt von Tintenfischen, Krebsen und Fischen. Ihr Fleisch wird sehr geschätzt.

Barschartige

Flußbarsch (Perca fluviatilis) – bei uns in fast allen klaren und sauberen Gewässern meist als *Schwarmfisch* anzutreffen. Auffällig sind seine *zwei Rückenflossen*, die erste ist mit *Stachelstrahlen* versehen und hat am Ende einen *schwarzen Fleck*. Die zweite, von der ersten abgesetzten Rückenflosse besteht aus Weichstrahlen. Für den Angler unangenehm stechende Stachelstrahlen finden wir zusätzlich je einen zu Anfang der *bruststständigen Bauchflossen* und zwei in der Afterflosse. Am Kiemendeckel ist deutlich ein

2. Spezielle Fischkunde

Flußbarsch

Kaulbarsch

Zander

spitz auslaufender Dorn zu erkennen, der auch als Unterscheidungshilfe für den Zander dient (ihm fehlt dieser Dorn). Der häufig schön gefärbte Flußbarsch zeigt auf dem Rücken dunkle Querbänder, einen steil ansteigenden Rücken und rauhe *Kammschuppen*. Bauch- und Afterflossen weisen eine rote Färbung auf. Bei uns erreicht der Barsch nur selten Längen über 35 cm und legt als *Frühjahrslaicher* seine Eier in Bändern an Sträuchern und Kraut im Wasser ab. Barsche schmecken sehr gut und sind mit Wurm, Spinner oder kleinem Fisch leicht an den Haken zu bekommen.

2. Spezielle Fischkunde

Kaulbarsch (Gymnocephalus cernua) – Als Angelfisch ist der Kaulbarsch unbedeutend, zumal er selten länger wird als 25 cm, sein Fleisch ist jedoch recht schmackhaft. Häufiger ist er im Norden Deutschlands und hier besonders im Ostseebereich anzutreffen. Ähnlichkeiten mit dem Flußbarsch zeigen die zwei *Rückenflossen*. Auch beim Kaulbarsch besitzt die *erste Rückenflosse Stachelstrahlen*, jedoch keinen *schwarzen Fleck*, und sie geht absatzlos in die zweite Rückenflosse mit Weichstrahlen über. Sein teilweise *mit dunkleren Flecken* unregelmäßig bedeckter Körper weist rauhe *Kammschuppen* auf. Er bevorzugt als Kleintierfresser klare, tiefe Seen. Kaulbarsche sind auch nachts aktiv und besitzen neben den *brustständigen Bauchflossen* zwei *Stachelstrahlen in der Afterflosse* und einen spitzen Dorn am Kiemendeckel.

Zander (Stizostedion lucioperva) – zählt zu den *echten Barschen*, obgleich er eine hechtähnliche Gestalt aufweist. Als Jungfisch kann er mit dem Flußbarsch verwechselt werden. Der *spitz zulaufende Kopf* zeigt ein *großes, endständiges Maul mit kräftigen Fangzähnen*. Bemerkenswert ist das Auge des Zanders: Bei direktem Lichteinfall sieht es milchig-gläsern aus – das brachte dem Fisch den Spitznamen „Mister Glasauge" ein. Die Amerikaner nennen ihn *Walleye* – auf deutsch: Glasauge. Die erste *Rückenflosse ist mit Stachelstrahlen* ausgestattet, die zweite mit Weichstrahlen, beide sind mit schwarzen, in Längsreihen angeordneten Flecken versehen. Ein kräftiger, spitzer Dorn am Kiemendeckel wie beim Flußbarsch fehlt. Die Brust-, Bauch- und Afterflossen sind grau bis gelb gefärbt, die *Bauchflossen stehen brustständig*. Die rauhen *Kammschuppen* des Zanders können beim Transport mit anderen Fischen zur Verletzung der Schleimhaut führen (deshalb Zander und Barsche nicht mit anderen Fischen transportieren). Zander lieben leicht trübe, hinreichend tiefe, langsam fließende und stehende Gewässer mit ausreichendem Sauerstoffgehalt (mindestens 3,5 mg/l) und sandigem oder kiesigem Untergrund. Zur Laichzeit (April/Mai) ziehen sie ins flache Wasser und heften die Eier in Klumpen an Gestrüpp oder Wasserpflanzen (der Laich des Zanders ist sehr robust und kann auch transportiert werden). Sie können dem Zander selbst in der Dämmerung und nachts mit Würmern, Köderfischen, Spinnern, Wobblern, Blinkern, Twistern oder Fischfetzen mit Posenangel oder Schleppangel nachstellen.

2. Spezielle Fischkunde

Seltene Barscharten

Ausschließlich im Donaugebiet kommen drei weitere Barscharten vor. Mit dem Flußbarsch und dem Kaulbarsch haben sie gemeinsame Merkmale, die für unsere barschartigen Fische typisch sind: zwei Rückenflossen, die erste mit Stachelstrahlen versehen, bruststänige Bauchflossen und ein spitzer Dorn ragt deutlich aus dem Kiemendeckel.

Schrätzer

(Gymnocephlus schrätzer) – Der Körper des Schrätzers ist langgestreckt, der spitz zulaufende Kopf trägt ein endständiges Maul, die erste und zweite Rückenflosse gehen ohne Absatz ineinander über. Die gelblichen Seiten sind mit dünnen schwarzen, teilweise unterbrochenen Längsstreifen versehen, die Seitenlinie ist nicht vollständig erkennbar. Der Schrätzer erreicht maximale Längen von 30 cm. Seine Laichzeit liegt im April/Mai. Er lebt bevorzugt in Flüssen mit sandigem bis kiesigem Grund und ist im Bestand stark gefährdet.

Schrätzer

2. Spezielle Fischkunde

Streber
(Zingel streber) – Der Streber zeigt als barschartiger Fisch einen extrem gestreckten, sehr schlanken Körper mit vier bis fünf dunklen Querbändern auf grünbrauner Körpergrundfarbe. Der Schwanzstiel ist auffallend lang und dünn. Seine Rückenflossen sind deutlich voneinander abgesetzt, die erste Rückenflosse ist mit nur acht bis neun Stachelstrahlen im Vergleich zu den anderen Barschen sehr kurz. Der Streber, bis ca. 20 cm Körperlänge, ist nachts aktiv. Hauptnahrung sind Kleinkrebse, Insektenlarven, Kleinfische und Würmer. Mit den Bauch- und Brustflossen kann er sich auch in starker Strömung an Steinen halten. Er laicht von März bis April und gilt als vom Aussterben bedroht.

Streber

Zingel

Zingel
(Zingel zingel) – Sein langgestreckter Körper mit langem Schwanzstiel ist bis hin zur Schwanzflosse unregelmäßig mit unterschiedlich großen hellen und schwärzlichen Flecken bedeckt. Die erste Rückenflosse mit ca. 14 Stachelstrahlen ist deutlich von der zweiten abgesetzt. Mit Körperlängen von bis zu 50 cm wird er wesentlich größer als Streber und Schrätzer. Er bevorzugt tiefere Fließgewässerabschnitte mit sandigem bis kiesigem Grund, wo er sich auch überwiegend nachts von Fischbrut und Jungfischen ernährt. Er laicht von März bis April auf steinigem Grund. Vom Aussterben bedroht.

Weitere Barscharten wie **Sonnenbarsch, Schwarzbarsch und Forellenbarsch** wurden (leider) aus *Nordamerika* unter anderem im Bereich des Oberrheins, im südlichen Europa und Kärnten eingeführt. Typisches Erkennungsmerkmal ist, daß ihre *erste Rückenflosse mit den Stachelstrahlen deutlich niedriger ausfällt als die zweite Rückenflosse.*

2. Spezielle Fischkunde

Salmoniden
(Lachsartige Fische) – besitzen ein deutliches, unveränderliches Kennzeichen: eine kleine strahlenlose Flosse zwischen Rücken- und Schwanzflosse – die *Fettflosse*. Salmoniden lassen sich wieder in kleinmaulige (Maränen, Renken, Felchen, Äsche) und großmaulige (Lachs, Huchen, Forellen, Saiblinge) unterteilen. Bei den großmauligen Salmoniden dient als weiteres wichtiges Unterscheidungsmerkmal das *Pflugscharbein*, eine kleine bezahnte Knochenplatte im Oberkiefer. Salmoniden bevorzugen *klares, sauberes, sauerstoffreiches und kühles Wasser*, gelten als beliebte Speisefische und sind für den Fischer eine hochgeschätzte Beute. Allgemein haben sie ein schmackhaftes, grätenarmes Fleisch.

Bachforelle
(Salmo trutta) – *sauerstoffbedürftige Salmonidenart kühler, klarer und sauberer Fließgewässer*, sie lebt räuberisch, ist aber *standorttreu*. Das Maul ist tief bis hinter die Augen gespalten. Die für Salmoniden typische *Fettflosse* ist meist rot gezeichnet. Auf der Rückenflosse erkennen wir quer verlaufende dunkle Bänder. Der spindelförmige Körper zeigt ihre Anpassung an starke Strömungen. Ihre Körperfärbung kann der Umgebung entsprechend variieren. Die *Bauchseite* zeigt sich häufig *goldig bis gelb*. An den Seiten fallen *schwarze Flecken und rote mit weißer Umrandung* auf. Beliebte Standplätze sind überhängende Uferstellen. Zur Laichzeit im Oktober bis Dezember wandert sie stromaufwärts, schlägt Laichgruben in den kiesigen Untergrund und legt ihre fast erbsengroßen Eier an den Grund heftend ab. Die Jungfische sind deutlich durch ihre dunklen Jugendflecken an den Körperflanken gekennzeichnet. Nach drei bis vier Jahren sind sie wieder fortpflanzungsfähig. Bestand gefährdet.

Meerforelle
(Salmo trutta trutta) – ist dort, wo sie mit dem Lachs gemeinsam vorkommt, besonders als Jungfisch leicht zu verwechseln. Sie hat ein ähnliches Laichverhalten mit Abwanderungen ins Meer und Rückkehr zum Laichen in die Flußoberläufe wie der Lachs. Die Meerforelle zeigt *am Kiemendeckel leichte Ausbuchtungen, das Auge liegt, bei einer gedachten Linie von der Maulspitze bis zum hintersten Punkt des Kiemendeckels, zum Ansatz des Seitenlinienorgans am Kopf, zum größten Teil oberhalb dieser Linie. Das Pflugscharbein der Meerforelle weist eine Quer- und zwei Längsreihen Zähne auf.* Bei der

2. Spezielle Fischkunde

Bachforelle

Meerforelle

Meerforelle zeigt die *Fettflosse im Jugendstadium eine rote, später eine schwarze Färbung*, und die Flanken tragen unterhalb der Seitenlinie bei diesem Fisch mehr schwarze Punkte als beim Lachs (vergl. Lachs). Dort, wo Meerforellen nicht mehr die Möglichkeit haben, nach dem Laichen ins Meer abzuwandern, entwickeln sie sich erstaunlicherweise zu Bachforellen. Ähnliches gilt auch für Bachforellen, die als Jungfisch aus den Bächen ins Meer wandern und sich so zu Meerforellen umwandeln.

Seeforelle
(Salmo trutta lacustris) – In Berg- und Gebirgsseen kommt es vor, daß Bachforellen teilweise aus den Fließgewässern in vorhandene Seen abwandern. Dort entwickelt sich dann eine Seeform der Bachforelle, die Seeforelle. Dabei ändert sich zunächst die Farbe: Die Forellen werden *gleichmäßig silbrig* am Körper. Es bildet sich eine *Vielzahl kleiner schwarzer Punkte*, während dabei die für die Bachforelle typischen roten Punkte verschwinden. Im Seewasser wächst die Seeforelle rasch heran und wird mit Größen von über 130 cm und 30 kg angegeben. Zum Laichen ziehen Seeforellen wieder in die Flüsse und legen ihre Eier gemeinsam mit den Bachforellen in den kiesigen Grund. *Im Fluß verbleibende Seeforellen entwickeln sich wieder wie Bachforellen*. So kann man die Seeforelle auch als Süßwasserform der Meerforelle betrachten. Ihre Nahrung besteht aus Würmern, Insektenlarven, Kleinkrebsen und Fischen. Sie gilt als stark gefährdete Art.

Seeforelle

Lachs
Salm (Salmo salar) – Zwei Dinge haben den Atlantischen Lachs (Lachse kommen sonst auch im Pazifischen Ozean und, seit der Jahrhundertwende in Argentinien und Neuseeland ausgesetzt, auf der südlichen Halbkugel vor) bekannt gemacht: sein schmackhaftes, grätenarmes Fleisch mit der typischen Rotfärbung und seine *Laichwanderungen*. Ihre Eier legen sie in Laichgruben der Flußoberläufe bis hin zu den Quellgebieten auf steinigem oder kiesigem Grund ab. Die Laichentwicklung dauert je nach

2. Spezielle Fischkunde

Lachs

Wassertemperatur zwischen fünf Wochen in warmem Wasser (stets unter 10° C) und bis zu ca. fünf Monaten in den sehr kalten Regionen. Die geschlüpften Jungtiere ernähren sich zunächst von ihrem Dottersack, dann von Kleintieren und können im ersten Jahr bis zu 10 cm wachsen. Charakteristische Merkmale sind (ähnlich wie bei anderen Salmoniden) zu dieser Zeit acht bis zehn dunkle, ovale „Jugendflecken" mit dazwischen liegenden roten Tupfen, die meist nach dem zweiten Jahr von silbrig glänzenden Pigmentstoffen überlagert werden. Nun ziehen die jungen Lachse ins Meer, um dort reichlich Nahrung aufzunehmen und gut abzuwachsen. Meist nach zwei Jahren schon kehren ausgewachsene Lachse aus dem Meer in die Flüsse ihrer Jugend zurück, die sie wahrscheinlich mit Hilfe ihres Geruchssinnes finden, wobei sie zu dieser Zeit – überwiegend Oktober bis Januar – kaum Nahrung aufnehmen. Um so erstaunlicher ist es, daß sie Anglern doch an Fliegen oder Spinner gehen. Der Aufstieg und der Laichakt zehren gewaltig an ihren Kräften. Abgemagert und erschöpft, anfällig für Krankheiten, treiben sie wieder langsam dem Meer zu. Im Salzwasser sterben die im Süßwasser aufgenommenen Parasiten ab. Die Lachse, die bis zu 40 000 Eier abgelegt haben können, erholen sich bei reichlicher Nahrung im Meer, um dann vielleicht erneut im nächsten Jahr zur Vermehrung flußaufwärts zu wandern.

2. Spezielle Fischkunde

Typisches Körpermerkmal, wie für alle Salmoniden, ist zunächst einmal die *Fettflosse* – beim Lachs *ohne irgendeine Zeichnung*. Der Körper ist spindelförmig und zeigt auf dem Kopf und den Seiten vorwiegend über der Seitenlinie teilweise *x-förmige schwarze Flecken*. Die Seiten sind silberglänzend. Zur Laichzeit sind besonders die Milchner lebhaft gefärbt. Diese Laichfärbung läßt den Rücken schwarz, die Seiten bläulich mit roten Flecken erscheinen. Die Bauchseite weist Rotfärbungen auf. Die Flossen sind zum Teil gelbgetönt. Ein *Laichhaken* – der Unterkiefer zeigt hakenförmig nach oben – wächst deutlich heran, der sich aber nach der Laichzeit wieder zurückbildet. Das *Pflugscharbein des Lachses besitzt eine Längsreihe Zähne*, der Kiemendeckel erscheint gleichmäßig rund, *das Auge liegt unter einer gedachten Verbindungslinie von der Maulspitze zum Ansatz der Seitenlinie am Kopf* (vergl. Meerforelle). Durch Gewässerverschmutzung von Haushalten, Landwirtschaft und Industrie sind Lachse im norddeutschen Bereich sehr selten geworden. Hier machen sich einige Vereine, die um Wiedereinbürgerung bemüht sind, mit leider nicht immer befriedigender Unterstützung, verdient. Bestand vom Aussterben bedroht.

Huchen

Donaulachs (Hucho hucho) – kommt nur im *Donaugebiet* vor und erreicht mit seinem *runden, spindelförmigen Körper* Längen bis zu 120 cm. Die Maulspalte reicht bis hinter die weit vorn sitzenden Augen. Die Laichzeit fällt gegenüber vielen anderen Salmoniden in das Frühjahr (März bis Mai). Als Grundfisch zeigt er graugrüne bis braune Färbungen mit *schwarzen Punkten* vorwiegend oberhalb der Seitenlinie, die, je nach Standort, stark variieren können. *Die Flossen sind ohne Flecken, die Fettflosse wirkt relativ groß*. Das *Pflugscharbein weist nur eine Querreihe mit Zähnen auf*. Der Huchen gilt als gefräßiger Räuber und Standfisch mit geschätztem Fleisch. Bestand vom Aussterben bedroht.

Bachsaibling

(Salvelinus fontinalis) – aus *Nordamerika* eingeführte Salmonidenart! Er besitzt einen spindelförmigen Körper, bevorzugt sehr kaltes Wasser (auch ohne Einstände) und lebt ähnlich wie die Bachforelle. *Die Seiten zeigen viele Punkte meist gelb*, wenige nur sind rot. Auch die Rücken- und Schwanzflossen sind so gezeichnet. Auffälliges Kennzeichen ist der *weiße Rand am vorderen Bereich von Bauch- und Afterflossen, der schwarz abgesetzt ist*.

2. Spezielle Fischkunde

Seesaibling
(Salvelinus alpinus) – Körperform und Nahrung ähnlich der Bachforelle, Färbung seitlich oliv bis blaugrünlich mit zahlreichen gelblichen Tupfen, Bauch gelbweiß bis orangegelb. Länge bis zu 40 cm. Zwei weitere Formen treten auf: Tiefseesaibling oder Schwarzreuter bis 25 cm und der Wildfangsaibling bis 75 cm. Ihr Lebensraum sind kalte, klare, sauerstoffreiche, tiefe Seen.

Huchen

Regenbogenforelle
(Salmo gairdneri) – unverwechselbare Salmonidenart; seit 1882 aus *Nordamerika* eingeführt, da sie hier auch in stehenden, *sauerstoffreichen Gewässern* sehr gute Zuchtergebnisse erzielt. *Dabei hat sie jedoch teilweise die standorttreuen Bachforellen verdrängt.* Die Laichzeit – in dieser Zeit ziehen die Tiere weiter flußaufwärts – fällt in die Monate Dezember bis Mai. Die Regenbogenforelle zeigt eine der Bachforelle ähnliche Lebensweise, ist jedoch nicht so anspruchsvoll. Sie können durchaus über 60 cm Körperlänge erreichen. Typische Erkennungsmerkmale sind: *Fettflosse*, bis zu den Augen

Bachsaibling

Seesaibling

Regenbogenforelle

2. Spezielle Fischkunde

Äsche

gespaltenes Maul mit kleinen Zähnen auf Ober- und Unterkiefer, die *Flanken sind wie Rücken-, Fett- und Schwanzflossen mit deutlichen schwarzen Punkten versehen, und ein rotvioletter (regenbogenfarbener) Längsstreifen zeigt sich zur Mitte der Körperseiten.* Der Rücken kann unterschiedlich von grünlichen Farbtönen nach blaugrau gefärbt sein. *Zur Laichzeit treten besonders beim Milchner intensive Färbungen und ein Laichhaken sowie ein weißlicher Vordersaum bei Bauch- und Achterflossen auf.*

Regenbogenforellen sind besonders gut von August bis Oktober mit Tauwurm, Made, Fliege oder Spinner zu fangen und leben auch im Salzwasser der Meeresküsten.

Äsche

(Thymallus thymallus) – zählen wir zu den *kleinmauligen Salmoniden*, die Körperlängen bis ca. 50 cm erreichen. Als *Frühjahrslaicher* (März/April) haben sie typische Körpermerkmale: *Fettflosse, zugespitzter Kopf, hohe und lange Rückenflosse (Fahne), kleines Maul mit feinen Zähnchen und unregelmäßig verstreute schwarze Tupfen an den Körperseiten. Die Pupille in den Augen ist nach vorn zugespitzt.* Ihre Farbe ist unterschiedlich blau-, grün- bis aschgrau, zur Laichzeit fallen jedoch die tief purpurrot erscheinenden Schwanz-, Rücken- und Afterflossen auf. Sie meidet stehende Gewässer, steht gern dicht über dem Grund und ist nach ihrer Jugendzeit Einzelgänger – ein geschätzter Speisefisch mit dem ihm *typischen Geruch nach Thymian* (Fang mit Flugangel). Bestand gefährdet.

Coregonen
Felchen, Renken, Maränen gehören zu den Coregonen. Sie sehen *äußerlich dem Hering sehr ähnlich.* Ihre *Fettflosse* zeigt jedoch die Verwandtschaft mit den Salmoniden. In unseren Regionen werden allgemein sechs Arten unterschieden, die sich alle sehr ähnlich sind. In Norddeutschland leben sie in holsteinischen und mecklenburgisch-vorpommerschen Seen sowie in einigen Flüssen bis hin ins Brackwasser. Typisch für diese Arten sind neben der Fettflosse die *mit vielen kleinen Zähnen ausgestatteten Kiefer.*

Blaufelchen

Blaufelchen
(Coregonus lavaretus) – wird bis 50 cm lang und gehört als geschätzter Speisefisch zu den *wichtigsten Arten vieler Voralpenseen.* Häufig halten sie sich in Wassertiefen zwischen zehn und 30 Meter auf. Als *Schwarmfisch* steigen sie nachts bis an die Oberfläche. Ihre Hauptnahrung besteht aus Plankton, Insektenlarven, Kleinfisch, aber auch Muscheln und Krebstieren. Ihr *Körper ist heringsähnlich mit einer Fettflosse.* Das *Maul* erkennen wir deutlich als *endständig*. An den Seiten schimmern sie silbern, und ihre Schuppen sind größer als die der großmauligen Salmoniden. Bestand gefährdet.

Kleine Maräne
(Coregonus albula) – Sie ist dem Blaufelchen in der Körperform sehr ähnlich; wirtschaftlich von Bedeutung im nördlichen Europa als schmackhafter Speisefisch. Sie ist in holsteinischen und mecklenburgischen Seen noch anzutreffen. Sie wird kaum länger als 35 cm und ist mit 300 g bereits ein

2. Spezielle Fischkunde

Maräne

Schnäpel

Stint

stattlicher Fisch. Schlanker Körper, oberständiges Maul, Fettflosse, relativ kleine Schuppen und deutlich gegabelte Schwanzflosse sind ihre auffälligsten Merkmale. Als Schwarmfisch laicht sie im November/Dezember über kiesigem Grund. Ihre Nahrung besteht meist aus Plankton. Bestand gefährdet.

Schnäpel
Nordseeschnäpel (Coregonus oxyrhynchus – ein Meeresfisch, der durchschnittlich 35 cm Körperlänge und kaum mehr als über 1 kg Gewicht erreicht. Auffällig ist seine spitz wirkende Schnauze, der Oberkiefer steht dabei weit vor. Er besitzt also ein unterständiges Maul. Aus der Nordsee zog dieser als ausgestorben geltende Fisch mit seinem bläulich grauen bis grünen Rücken, weißlichen Seiten und Bauch sowie schwach grauen Flossen besonders in Elbe und Rhein, um dort im Spätherbst auf Kies- oder Sandgrund zu laichen. Nahrung: Kleintiere am Boden und Plankton. Bestand ausgestorben. In Schleswig-Holstein wird der Schnäpel inzwischen von Züchtern vermehrt und in schleswig-holsteinischen und niedersächsischen Gewässern wieder eingebürgert.

Stint
(Osmerus eperlanus) – zählt nicht zu den Salmoniden, ist aber mit ihnen verwandt (Fettflosse) und lebt an den Meeresküsten und Flußmündungen, wobei er *ab Oktober zum Laichen ins Süßwasser* geht und im Februar bis März die Flüsse wieder in Richtung Meer verläßt. Selten wird er mit seinem *schwach silbrigen Körper* und den *grünblauen Flossen* länger als 20 cm, gilt jedoch

trotz seiner geringen Größe als sehr schmackhafter Speisefisch. Typische Kennzeichen sind zusätzlich die *nur bis zu den Brustflossen erkennbare Seitenlinie*, das große Maul mit den *bezahnten Kiefern* (Zähne auch auf der Zunge) und der *Geruch nach Gurke*. Er tritt in großen *Schwärmen* auf.

Karpfenfische

(Cypriniden) – zeigen allgemein einen stromlinienförmigen Körper und leben überwiegend im Süßwasserbereich. Ursprüngliches Zentrum ihrer Verbreitung ist wohl das südliche Asien. (Cypriniden fehlen natürlicherweise in Australien, Madagaskar und Südamerika.) *Typische Merkmale* für sie sind: *Rückenflosse aufstehend* in der Körpermitte, *Kiefer ohne Zähne, aber mit Schlundzähnen* im Rachen, die zur Zerkleinerung der Nahrung dienen. Die für den Angler erwähnenswerten Karpfenfische in unseren Bereichen besitzen *keine Fettflosse*, aber eine *zweiteilige Schwimmblase*. Karpfenfische haben allgemein eine sehr hohe Eizahl (bis zu 100 000 Eier pro Kilogramm Körpergewicht eines Rogeners). Eine besondere Bedeutung kommt dem Karpfen selbst zu. Aus dem Wildkarpfen, der Urform, gezüchtete Karpfen sind heute wegen ihres Fleisches und ihrer Schnellwüchsigkeit fischereiwirtschaftlich von Wichtigkeit.

Karpfen

(Cyprinus carpio) – grob unterscheiden wir – neben anderen Zuchtformen – *Schuppenkarpfen* (Körper vollständig mit Schuppen besetzt), *Spiegelkarpfen* (Schuppenreihe auf dem Rücken, Schuppen vereinzelt auf dem Schwanzstiel und an den Flossenansätzen sowie den Flanken) und *Lederkarpfen* (ganz ohne Schuppen). Der *Wildkarpfen gilt als der Stammvater* der genannten Zuchtkarpfenarten. Der erste Strahl der *verhältnismäßig großen Rückenflosse* ist wie der erste Strahl der Afterflosse ein *Sägestrahl*. Die Körperform dieses behäbig wirken-

Spiegelkarpfen

Schuppenkarpfen

den Friedfisches ist je nach Lebensraum *stark hochrückig* und gedrungen in Fließgewässern bis fast spindelförmig in stehenden Gewässern. *Vier Barteln an seinem dicklippigen, ausstülpbaren Rüsselmaul* sind sein besonderes Kennzeichen. Als Bodenfisch ernährt er sich von dort vorkommenden Kleintieren und Pflanzen, selten kleinen Fischen, geht aber in warmen Jahreszeiten gern zur Nahrungsaufnahme an die Oberfläche. Der Rücken zeigt braungrüne bis blaugrüne Töne. Die Seiten sind überwiegend gelb- bis bronzefarbig. Die Laichzeit der Karpfen setzt Wassertemperaturen von +20° C und mehr bei möglichst gutem Pflanzenwuchs voraus. Beste Fangzeiten für den Fang mit der Angel liegen von Juli bis September.

Karausche

(Carassius carassius) – Tiere mit 1 kg Gewicht und 30 cm Körpermaß sind schon als recht groß zu bezeichnen. Dieser *sehr anspruchslose, hochrückige Bodenfisch ist leicht mit dem Schuppenkarpfen zu verwechseln*, zumal auf der großen *Rückenflosse, die deutlich nach oben gebogen ist*, der erste Strahl leicht verdickt ausfällt (kein Sägestrahl). Die *Karausche besitzt jedoch keine Barteln*. Das Maul ist klein und endständig. Die Körperfärbung kann variabel, je nach Umgebung, auf dem Rücken von olivgrün bis bläulich schwanken, die Körperunterseite erscheint messinggelb, und auf der *Schwanzwurzel* erkennen wir *häufig einen schwarzen Fleck (Petrifleck)*. Im Vergleich zum Giebel, der nicht so hochrückig ist, sind kleinere Schuppen festzustellen. Die Karausche laicht von Mai bis Juni und legt ihre Eier vorwiegend an Wasserpflanzen ab. Bestand gefährdet.

Giebel

(Carassius auratus gibelio) – gilt als die *Stammform der Goldfische* und ist der Karausche sehr ähnlich, jedoch meist *nicht so hochrückig*, und es *fehlt der schwarze Fleck (Petrifleck)* auf der Schwanzwurzel. Von der Karausche unterscheidet ihn das *leicht unterständige Maul* und die nach *innen gebogene Rückenflosse*, deren erster Strahl ein Sägestrahl mit feinen Zähnchen wie beim Karpfen ist. Mit dem Karpfen kann er nicht verwechselt werden, da ihm die *Barteln fehlen*. Sein Bauchfell ist schwarz. Der Sommer- und Haftlaicher benötigt zur Fortpflanzung nicht unbedingt Milchner. Laichen die Weibchen ohne Milchner, kann Sperma anderer Fischarten ebenfalls die Zellteilung auslösen, die Nachkommen sind dann jedoch ausschließlich wieder Rogner.

2. Spezielle Fischkunde

Karausche

Giebel

Goldfisch

Goldorfe

Goldfisch
(Carassius auratus auratus) – karpfenartiger Fisch aus China. Bei der Wildform überwiegen braune Farben. Albinomutationen (ohne Farbstoff – deshalb weiß) wurden wohl schon vor mehr als 2000 Jahren in China gezüchtet. Viele Varianten (Teleskopaugen, geschlitzte Flossen) von Weiß, Gelb, Rot, Braun bis Schwarz und diese Farbtöne gemischt sind bekannt. In Naturgewässern können sie ihre ursprüngliche Färbung wieder annehmen oder sich unter Umständen auch mit dort einheimischen Fischarten mischen.

Goldorfe
(Idus melanotus) – ist eine *Abart des Alands*, die sich von ihm wesentlich in der Färbung unterscheidet. Beliebter Zierfisch für Park- und Gartenteiche. Rücken und Seiten erscheinen dann orangegelb bis gelbrot, die Unterseite dagegen silberglänzend. Der Flossenansatz zeigt sich rot und zu den Spitzen hin fast weiß auslaufend.

2. Spezielle Fischkunde

Schleie
(Tinca tinca) – *scheuer und heimlicher Bodenfisch*, der beachtliche Größen (bis 70 cm und über 5 kg) erreichen kann. Auch die Schleie zeigt eine unverwechselbare Gestalt: *zwei kleine Barteln am dicklippigen Maul, Körper leicht spindelförmig gestreckt mit sehr kleinen Schuppen, dicker Schleimhaut und abgerundeten, dunklen Flossen.* Bei den Milchnern sind die Bauchflossen so lang, daß sie den After bedecken. Der *zweite Bauchflossenstrahl ist verdickt und gebogen*, so kann fast der Eindruck entstehen, als seien die Bauchflossen deformiert. Die *dunkel olivgrüne Färbung* geht zum Bauch hin in *gelbe bis goldige Farbtöne* über. Bevorzugt lebt die

Schleie (Rogener)

Schleie *in stehenden oder langsam fließenden Gewässern* mit schlammigem Untergrund und gutem Pflanzenwuchs, wobei sie das Licht meidet. Ihre Nahrung besteht aus kleinen Bodentierchen, die sie durch „Gründeln" am Boden aufspürt und sich häufig dadurch verrät, daß vom Boden aus Blasen aufsteigen. Von Mai bis in den Juli hinein finden sie sich zum Laichen zusammen und heften den Laich an Wasserpflanzen. Ab August kann sie gut geangelt werden, zum Winter hin begibt sie sich auf den Gewässergrund in eine Winterruhe, ohne dabei Nahrung aufzunehmen. Die Schleie gilt als wichtiger Begleitfisch in Karpfenteichen.

2. Spezielle Fischkunde

Sichling
Ziege (Pelecus cultratus) – Der Sichling zeigt leicht einprägsame, auffallende Körpermerkmale: *schlanker Körper, oberständiges Maul, sehr lange Brustflossen, eine lange Afterflosse und eine fast wellenförmige Seitenlinie*. Die Größe wird mit maximal 60 cm und 2 kg angegeben. Mit seinem oberständigen Maul sucht er seine Nahrung vorwiegend nachts an der Oberfläche (Insekten). Am Tage hält er sich in der Nähe des Gewässergrundes auf. Früher lebte er im Ostsee- und Donaubereich. Zur Laichzeit von Mai bis Juli wanderte er in die Flüsse. Dieser Fisch gilt heute in Deutschland als vom Aussterben bedroht.

Aland
Nerfling, Orfe (Leuciscus idus) – ein *karpfenartiger Fisch* mit Längen bis 80 cm, der in unseren Flüssen und Seen weit verbreitet ist. Er laicht allgemein im April an Pflanzen und Steinen (*Haftlaicher*) und ernährt sich von allerlei Kleintieren, nimmt aber auch gern Nahrung an der Oberfläche auf und springt nach Insekten über dem Wasserspiegel (Flugangel). Sein Fleisch ist gelblich und grätenreich, aber schmackhaft. Mit seinem *endständigen Maul* und dem *spindelförmigen, schwach hochrückigen* Körper unterscheidet er sich leicht vom Döbel durch seine nach *innen gebogene Afterflosse*. Bauchflossen, Afterflosse und der untere Teil der Schwanzflosse sind rötlich gefärbt. Im Vergleich zum Döbel sind seine Schuppen deutlich kleiner und ohne Zeichnung. Die Rückenflosse ist im Ansatz zur Bauchflosse nach hinten verschoben. Der Aland *lebt gesellig*. Bestand ist gefährdet.

Sichling

Aland

2. Spezielle Fischkunde

Döbel

Döbel
Aitel (Leuciscus cephalus) – *fast drehrunder, kräftiger Körper mit großem Kopf und endständigem, tief gespaltenem Maul.* Seine Schuppen erscheinen *groß* und sind *schwarz umrandet*; so zeigt sein Körper ein netzartiges Muster. Mit Längen bis zu 60 cm und über 5 kg Gewicht laicht er von April bis Juni, als Jungfisch lebt er gesellig von Kleintieren, wird später jedoch Einzelgänger und lebt räuberisch in der Forellen- bis Barbenregion. Sicher läßt er sich vom Aland durch seine *nach außen gebogene Afterflosse* unterscheiden. Große Döbel gehen gern auf kleine Blinker und Spinner.

Hasel

Hasel
Häsling (Leuciscus leuciscus) – *bevorzugt schnellfließende Gewässer* (Äschen- bis Barbenregion). Der Hasel ähnelt sehr stark dem Döbel und

2. Spezielle Fischkunde

Aland, bleibt aber deutlich kleiner (bis 30 cm), *das Maul ist leicht unterständig*, die Afterflosse nach innen gebogen, der Rücken erscheint schwarzblau, Bauch- und Brustflossen sind gelblich bis sehr schwach rot. Er lebt in kleinen Gruppen besonders im Sommer gern an der Oberfläche auf Insekten jagend und ist zu dieser Zeit auch gut mit der Fliegenrute zu fangen. Laichzeit: März bis Mai. Bestand gefährdet.

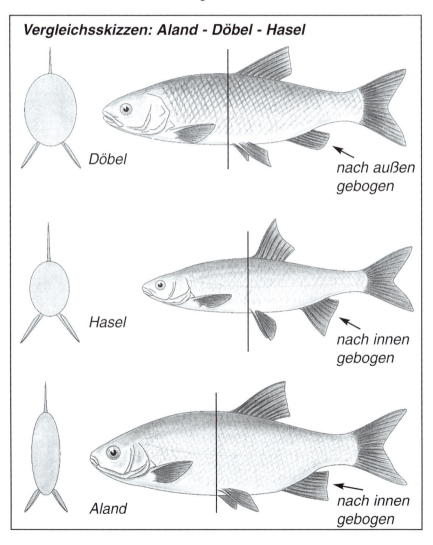

Vergleichsskizzen: Aland - Döbel - Hasel

Döbel — nach außen gebogen

Hasel — nach innen gebogen

Aland — nach innen gebogen

2. Spezielle Fischkunde

Rotauge

Nase

2. Spezielle Fischkunde

Rotfeder
(Scardinius erythrophtalmus) – bis 30 cm langer *karpfenartiger Schwarmfisch*, in unseren Flüssen und Seen des Süßwasserbereiches *weit verbreitet*. Die Laichzeit reicht von April bis Juni, wobei die Rotfedern den Laich wie Rotaugen an Wasserpflanzen heften und auch

Rotfeder

sonst den Rotaugen in Lebensweise, Vorkommen und Körperbau stark ähneln. Wichtige Unterscheidungsmerkmale sind: a) *Die Rückenflosse der Rotfeder beginnt deutlich hinter dem Ansatz der Bauchflossen.* b) *Zwischen den Bauchflossen und der Afterflosse hat die Rotfeder einen scharf gekielten Bauch* (Rotauge – schwach kielförmiger, fast runder Bauch). c) *Das Auge wirkt groß, und das Maul deutlich oberständig.*

Rotauge
Plötze (Rutilus rutilus) – Cyprinide der fließenden und stehenden Gewässer, *weit verbreitet, geselliger Fisch, scheu, mit leicht hochrückigem Körper*, oberseitig grüngrau bis blaugrau und zu den Seiten hin langsam in silberglänzend übergehend, der Kopf erscheint mit dem endständigen Maul recht kurz. *Die Rückenflosse beginnt in gleicher Höhe wie die Bauchflossen, der Bauch zwischen Bauch- und Afterflossen ist sehr schwach gekielt, fast rund.* Die Rückenflosse zeigt keine rötlichen Färbungen, Auge rot. Selten erreichen Rotaugen Längen von 40 cm, ihre Laichzeit liegt schon im April oder Mai, dabei werden die Eier an Wasserpflanzen geheftet. Die Nahrung besteht aus allerlei Kleingetier im Wasser und Pflanzen. Trotz vieler Feinde halten sich Bestände gut. Das hat zwei Gründe. Rotaugen haben beim Laichen eine *sehr hohe Eierzahl, und sie werden früh geschlechtsreif.*

Nase
Näsling, Elze (Chondrostoma nasus) – erreicht mit ihrem *spindelförmigen Körper* Längen bis ca. 50 cm und bevorzugt als Lebensraum Fließgewässer der Äschen- und Barbenregion, überwiegend im südlicheren Deutschland. Der *Oberkiefer steht nasenartig vor, das unterständige Maul weist hornig scharfe Ränder auf*, die ein Abnagen von an Gegenständen wachsenden Pflanzen gut ermöglichen. Zum schwärzlichen Rücken fallen die silberweiß

2. Spezielle Fischkunde

glänzenden Seiten und die rötliche Färbung bei Brust-, Bauch-, After- und im unteren Teil der Schwanzflosse auf. Das *Bauchfell* in der Bauchhöhle ist schwarz. Die Nase tritt meist als Grundfisch in Scharen auf, zur Laichzeit von März bis Mai ziehen sie weiter flußaufwärts und *legen die Eier über kiesigem Boden ab*. Sie ist in unseren Bereichen sehr selten geworden. Häufig fehlt es an den notwendigen kiesigen Laichgründen. Sie zählt zu den stark gefährdeten Arten!

Rapfen

Schied (Aspius aspius) – ist als karpfenähnlicher Süßwasserfisch der Flüsse und Seen des mittel- und osteuropäischen Raumes selten geworden. Er gilt als *scheu* und lebt erwachsen meist als *Einzelgänger*. Der Körper zeigt eine graue bis olivgrüne Färbung, Brust-, Bauch- und Rückenflossen sind oft schwach rötlich, die *Rückenflosse* ist im Vergleich zu den anderen Cypriniden *kurz und spitz* ausgezogen. Die Afterflosse ist deutlich nach innen eingebuchtet. Das für karpfenähnliche Fische ungewöhnlich *tief gespaltene Maul ist deutlich oberständig*, der Unterkiefer besonders kräftig, was auf seine *räuberische Lebensweise* hindeutet. Der Körper erscheint klar *spindelförmig* und kann leicht über 70 cm Länge erreichen, wobei das Fleisch des Rapfens als wohlschmeckend gilt. Rapfen laichen von April bis Juni in strömendem Wasser über Kiesgrund. An der Angel zeigt er sich als großer Kämpfer. Sein Bestand ist gefährdet.

Barbe

Flußbarbe (Barbus barbus) – Sie kann mit Gewichten von bis 12 kg und mehr als 70 cm Länge doch beachtliche Größen in unseren Fließgewässern erreichen. Typisch für diesen *gesellig lebenden Bodenfisch (Kieslaicher)* sind *vier Barteln am unterständigen Maul* mit seinen dickfleischigen Lippen. Bei den Männchen findet man zur Laichzeit von Mai bis Juli – sie wandern in dieser Zeit in Schwärmen flußaufwärts – einen Laichausschlag von weißen Körnchen vorwiegend auf Kopf und Rücken. Meist meiden Barben das grelle Licht und suchen häufig – besonders nachts – Schnecken, kleine Muscheln, Würmer, Insektenlarven, Kleinkrebse und anderes mehr. Dieser beliebte Angelfisch für Grund- und Stippangelei besitzt schmackhaftes, jedoch grätenreiches Fleisch. *Sein Rogen ist giftig!* Gute Fangzeiten sind März/April und August bis Oktober. Bestand stark gefährdet.

2. Spezielle Fischkunde

Gründling
Grundel, Greßling (Gobio gobio) – *karpfenartiger Grundfisch* mit schmackhaftem Fleisch, der aber mit seinem fast drehrunden, bodenförmigen Körper nur selten Längen von 20 cm erreicht. Der große Kopf mit *unterständigem Maul weist zwei Barteln auf.* Die häufig bräunliche Oberseite mit dunklen Flecken ist seitlich leicht silbern glänzend mit locker sitzenden Schuppen besetzt. Auch Rücken- und Afterflosse zeigen kleine dunkle Flecken. Bevorzugt werden *klare Fließgewässer mit sandigem Untergrund,* wo er in mehr oder weniger großen *Schwärmen* auftritt und sich besonders von Juni bis September auf am Grund angebotene Würmer und Maden stets beißlustig zeigt.

Rapfen

Barbe

Gründling

Brassen
Blei, Brachsen (Abramis brama) – ein typisch *hochrückiger* Vertreter in Seen und Unterläufen unserer Flüsse. Er bevorzugt tiefes, ruhiges Wasser mit schlammigem Untergrund. Deutlich *gewölbter Bauch, lange Afterflosse, kurze Rückenflosse, Rüsselmaul und kleiner Kopf* sind seine unveränderlichen Merkmale. Zur Laichzeit von Mai bis Juli zeigt das Männchen gut erkennbare gelbliche, griesartige Körnchen, den *Laichausschlag.* Von der Güster unterscheidet er sich einfach u.a. durch seine *kleineren Augen*

Brassen

2. Spezielle Fischkunde

(der Augendurchmesser ist kleiner als der Abstand vom Augenrand bis zum Maulende). Besonders in den Sommermonaten tritt er oft *in Schwärmen* auf, sucht am Grund seine Nahrung (z.B.: rote Zuckmückenlarven, Röhrenwürmer, Köcherfliegenlarven) und verrät sich dabei häufig durch aufsteigende Blasen. Größere Vertreter dieser Art zeigen eine *goldgelbe Bauchseite (Goldbrasse)*, besitzen ein wohlschmeckendes, aber grätenreiches Fleisch; mit der Angel werden sie meistens am Grund gefangen.

Güster

Zope

Zährte

72 Fischerprüfung

2. Spezielle Fischkunde

Güster

Blicke (Blicca bjoerkna) – Mancherorts trägt sie auch den Namen Halbbrasse, läßt sich aber durch den *großen Augendurchmesser* leicht vom Brassen unterscheiden (Augendurchmesser größer als der Abstand vom Augenrand bis zur Maulspitze). Auch sind bei der Güster die *Ansätze der Brust- und Bauchflossen rötlich* (Brassen meist grau). Mit einer Länge bis 40 cm bleibt sie *ausgewachsen kleiner als der Brassen*. Die Güster besitzt ein Rüsselmaul und eine große Afterflosse mit einem zart schwarz abgesetzten Außenrand. Sie zeigt aber nicht die goldgelbe Färbung der großen Brassen, sondern ist *seitlich silbern glänzend*. Den Bauch- und Brustflossenansatz zieren orangefarbene Flecken. Sie lebt in Schwärmen, wird als Speisefisch nicht geschätzt und gilt bei Fischern als gefräßiger Nahrungskonkurrent anderer Karpfenfische.

Zährte

Rußnase (Vimba vimba) – Die Verwandtschaft dieser Cyprinidenart mit dem Brassen kommt in der relativ *langen Afterflosse* zum Ausdruck. Zusätzlich macht das klar *unterständige, ausstülpbare Maul* eine Verwechslung mit der Nase kaum möglich. Der vorstehende *Oberkiefer ist rußfarbig bis bläulich*, die *Rückenflosse* wie beim Brassen *verhältnismäßig kurz*. After-, Brust- und Bauchflossen erscheinen schwach rot bis gelblich. Der Körper ist *leicht hochrückig*. Die in Flüssen lebenden Populationen wandern zur Laichzeit im Schwarm flußaufwärts, wobei die Milchner neben dem Laichausschlag auch noch eine auffallende Laichfärbung annehmen. Die Zährten erreichen durchschnittlich Größen um 30 cm bis 40 cm. Sie gilt in ihrem Bestand als stark gefährdet.

Zope

(Abramis ballerus) – Ihre Verwandtschaft mit dem Brassen wird leicht durch ihre sehr lange Afterflosse deutlich (bis 46 Strahlen). Der Körper ist seitlich abgeflacht, stark hochrückig, das Maul erscheint endständig leicht aufwärts gerichtet. Nur selten erreicht sie Längen über 40 cm. Zur Laichzeit von April bis Mai suchen diese Haftlaicher an Wasserpflanzen reiche, flache Gewässerstellen auf. Überwiegend ernähren sie sich von Kleinkrebsen, Würmern und Insektenlarven. Im Bereich der Unterläufe der Zuflüsse in Nord- und Ostsee wie Ems, Weser, Elbe und Oder finden sie ihren Lebensraum. Ihr Bestand gilt als gefährdet.

2. Spezielle Fischkunde

Zobel

Schneider

Moderlieschen

Bitterling

Zobel
(Abramis sapa) – Der Zobel ist ein Fisch des Donaubereiches. Dort lebt er überwiegend in langsam fließenden Gewässerabschnitten. Selten wird er länger als 35 cm und schwerer als 800 g. Mit seiner silbernen Grundfarbe, dem seitlich stark abgeflachten, hochrückigen Körper ähnelt er sehr der Güster. Das Maul erscheint stumpf und leicht unterständig, Brust- und Bauchflossen sind gelblich, Rücken-, Schwanz- und Afterflossen grau, wobei letztere mit bis zu 48 Weichstrahlen sehr viel länger ist als die des Brassens und der Güster. Der Zobel laicht von April bis Mai in krautreichen, flachen Uferzonen. Seine Nahrung besteht hauptsächlich aus Insektenlarven, Würmern und Kleinkrebsen. Sein Bestand gilt als stark gefährdet.

Schneider
(Albumoides bipunctatus) – Der Schneider zeigt einen leicht spindelförmigen Körper. Mit gut 10 cm Länge hat er allgemein schon eine beachtliche Größe. *Den Cypriniden zeichnen die mit schwarzen Punkten eingesäumten Seitenlinien und die orangefarbigen Ansätze von Brust-, Bauch-*

2. Spezielle Fischkunde

und Afterflossen aus. Schneider lieben *naturnahe, saubere Fließgewässer* im Bereich der Äschen- und Barbenregion im Rhein-/Donaugebiet. Als Schwarmfische laichen sie auf kiesigem Grund. Ihre Nahrung besteht aus Kleintierchen, die sie sowohl vom Grund als auch von der Wasseroberfläche aufnehmen. Sie reagieren empfindlich auf Abwasserbelastungen und gelten als stark gefährdet.

Moderlieschen

(Leucaspius delineatus) – Auch wenn sie für den Angler schon bedingt durch ihre *höchstens 12 cm Körpergröße* von nur geringer Bedeutung sind, haben sie in der Nahrungskette im Gewässer sicher ihren festen Platz. Dieses *karpfenartige* Fischchen besitzt einen *spindelförmigen Körper*, das *Maul ist oberständig*, die Maulspalte deutet steil nach oben, die Augen erscheinen relativ groß. Die *Seitenlinie ist vom Kopf nicht einmal bis hin zu den Bauchflossen erkennbar*, die Afterflosse erscheint verhältnismäßig groß, der *Bauch* wird hinter den Bauchflossen *scharfkantig* wie bei der Rotfeder. Die Flanken sind auffällig silbern glänzend und im hinteren Bereich mit stahlblauen Längsstreifen versehen. Das Moderlieschen ist ein anspruchsloser Schwarmfisch in stehenden und langsam fließenden Gewässern bis hin zu kleinen Tümpeln. Zur Laichzeit von April bis Juni kleben die Weibchen die Eier, die dann vom Männchen bewacht werden, ringförmig an Wasserpflanzen. Bestand gefährdet.

Bitterling

(Rhodeus sericeus amarus) – Diese *kleine Cypridenart* (selten bis 10 cm) ist insbesondere durch sein Fortpflanzungsverhalten bekannt. Zur Laichzeit färbt sich das *Männchen* dieser sonst unscheinbaren Art an den *Seiten blau bis violett*, an Bauch und Flossen rötlich, die Flossen zeigen dabei einen schwarzen Rand. Beim unscheinbaren *Weibchen* wächst eine *Legeröhre*, mit deren Hilfe es ihre *Eier in die Teichmuschel ablegt*, die vor der Muschel vom Männchen besamt werden. Von der Teichmuschel behütet kann sich so die Bitterlingsbrut entwickeln. Im Gegenzug entläßt dafür die Teichmuschel ihre Larven während der Eiablage an die Bitterlinge. Die Muschellarven setzen sich zunächst an der Fischhaut fest, ohne den Fisch zu schädigen und werden so im Gewässer verbreitet. Da von dieser Situation Bitterling und Muschel profitieren, sprechen wir von einer *Symbiose*. Bestand stark gefährdet.

2. Spezielle Fischkunde

Laube

Ukelei (Alburnus alburnus) – wird *selten länger als 20 cm*, zeigt einen spindelförmig gestreckten, leicht abgeflachten Körper mit einer *relativ langen Afterflosse*. Die *Maulspalte des oberständigen Mauls zeigt fast steil nach oben*. Die Rückenpartie ist blaugrün, die Seiten weißlich silberglänzend, zur Laichzeit von April bis Juni orangefarbige Bauch- und Brustflossen bei den Männchen. Dieses gesellig lebende Fischchen geht zur warmen Jahreszeit gern an die *Oberfläche zur Nahrungsaufnahme*, bei kühlerer Witterung werden tiefere Gewässer bevorzugt. Zur Laichzeit bilden sie *große Schwärme* und ziehen, sofern sie in Seen leben und Zuläufe vorhanden sind, flußaufwärts, wo sie ihre klebrigen Eier auf kiesigem Grund in flachem Wasser ablegen. Ihr Fleisch wird nicht geschätzt.

Elritze

(Phoxinus phoxinus) – ein kleiner, schlanker Vertreter der *karpfenartigen* Fische. Selten erreichen diese *Schwarmfische* Längen bis 12 cm. Sie bevorzugen als Lebensraum klare, *sauerstoffreiche Flüsse und auch Seen* mit sandigem oder kiesigem Untergrund. Die Färbung reicht je nach Untergrund von olivgrün bis dunkelgrau mit dunklen Flecken. Die silberglänzenden Seiten zeigen oberhalb der Seitenlinie (nur teilweise sichtbar) am Kopf beginnend einen goldglänzenden Streifen. *Das Maul ist endständig und ohne Barteln*. Brust und Bauch erscheinen gelb bis weiß, aber auch scharlachrot. Zusätzlich können Brust-, Bauch- und Afterflossen rote Färbungen aufweisen. Zur Laichzeit mit Laichausschlag bei Weibchen und Männchen sind kurze Laichwanderungen in Schwärmen zu beobachten. Elritzen tummeln sich gern lebhaft an der Oberfläche und ernähren sich von Würmern, Insekten und pflanzlichen Stoffen. Sie zählen zu den stark gefährdeten Arten!

Groppen

Mühlkoppe (Cottus gobio) – zeigt ein unverwechselbares Aussehen bei unseren Süßwasserfischen: flacher, breiter Kopf mit breitem Maul, Körper keulenförmig rundlich mit kleinen Augen und schuppenlos, auffallend große Brustflossen, zwei Rückenflossen, Schutzfärbung je nach Gewässergrund von grau bis braun mit dunklen Flecken und kräftigem Stachel auf

2. Spezielle Fischkunde

Laube

Elritze

2. Spezielle Fischkunde

Groppe

Bartgrundel

Schlammpeitzger

Steinbeißer

den Kiemendeckeln. Grundfisch, keine Schwimmblase, auffallend ruckartige Schwimmweise. Nach dem Ablaichen (Februar bis Mai in der Forellenregion oder noch in sauberen Seen auf kiesigem Grund) bewacht das Männchen den Laich. Nachtaktiver Laichräuber, bis 15 cm Länge. Bestand stark gefährdet.

Schmerlen
– sind den Karpfen verwandte Fische, von denen bei uns die *Bartgrundel, der Schlammpeitzger* und der *Steinbeißer* zu erwähnen sind. Gemeinsame Merkmale: keine *Fettflosse, auffallend langgestreckter* Körper, *mindestens sechs Barteln* am Maul und relativ *kurze Rücken- und Afterflossen*. Als Grundfische sind sie meist *nachts aktiv*. Auch wenn sie im Nahrungskreislauf der Gewässer eine wichtige Rolle spielen, sind sie für den Sportfischer als Angelfisch ohne Bedeutung. Die *genannten Schmerlenarten stehen unter Naturschutz!*

Bartgrundel
Bachschmerle (Noemacheilus barbatulus) – Sie bevorzugt als Lebensraum *klare und saubere Gewässer* mit sandigem, kiesigem oder auch steinigem Untergrund. Zur Laichzeit – das Pärchen zeigt dann auf den Bauchflossen Laichausschlag-, im März bis Mai, *heften sie*

2. Spezielle Fischkunde

die Eier an Steine, wobei das Männchen anschließend am Laichplatz Wache hält. Den Tag verbringen diese Grundfische mit ihrem länglichen Körper (selten länger als 15 cm) und den sechs Barteln am Oberkiefer versteckt am Boden des Gewässers. Die *Augen sind klein, die Flossen abgerundet*, die Seitenlinie ist gut zu erkennen. In ihrer Färbung, braune bis grünliche und graue Farbtöne, passen sie sich der Umgebung stets gut an. Die Nahrung besteht überwiegend aus Kleintieren, aber auch aus Fischlaich. Bestand gefährdet.

Schlammpeitzger

Schlammbeißer (Misgurnus fossilis) – zählt nicht zu den Fischen des Sportanglers, zumal er auf Grund seiner Lebensweise kaum an den Haken zu bekommen ist. Seine Körpergestalt und -farbe sind unverwechselbar: *Aalartig gestreckt und drehrund mit Längen bis zu 30 cm, mit kleinem Kopf* und *kleinem Maul*, welches am *Oberkiefer vier, am Unterkiefer sechs Barteln* aufweist, kleinen Augen, stark abgerundeten Flossen, *kleinen Schuppen und einer dicken Schleimhaut* lebt er vorwiegend in stehenden Gewässern mit *schlammigem Grund*. Der orangefarbige Bauch und mehrere bräunliche Bänder an den Seiten mit schwarzen Punkten und Flecken kennzeichnen den Schlammpeitzger. Sein Name macht in diesem Fall richtigerweise deutlich, daß er fähig ist, in schlammigen Gewässern mit geringeren Sauerstoffwerten zu leben. Kleintiere solcher Gewässergründe stellen seine Ernährung sicher. Auf wetterbedingte Luftdruckschwankungen (z.B. durch Gewitter) reagiert er sehr empfindlich. Als Kiemen- und Darmatmer (ein Darmabschnitt ist zur Atmung befähigt) steigt er auch an die Oberfläche und nimmt so aus der eingepreßten Luft den notwendigen Sauerstoff auf; Laichzeit: April bis Juni. Er zählt zu den stark gefährdeten Arten!

Steinbeißer

Steinpeitzger (Cobitis taenia) – erreicht mit seinem auffällig *gestreckten Körper Längen bis 12 cm*. Das *Maul ist unterständig* und weist auf dem *Oberkiefer sechs sehr kurze Barteln* auf. Unter den kleinen Augen, durch die ein bräunlich bis schwarzer Strich verläuft, befindet sich ein *aufstellbarer Dorn*, der als Schutz gegen Feinde eingesetzt werden kann. Entsprechend seinem Lebensraum (Bäche, saubere Gräben und stehende Gewässer mit meist sandigem, seltener schlammigem Grund) ist der *Körper sandfarbig bis gelblich* gefärbt und mit in Längsreihen angeordneten Flecken versehen.

2. Spezielle Fischkunde

Steinbeißer sind *Grundfische* und *nachtaktiv*. Die Laichzeit dieser Haftlaicher reicht von April bis Juni. Nahrung: Kleinlebewesen und Pflanzenreste des Gewässergrundes. Bestand stark gefährdet.

Stichlinge
Markantes Merkmal: Die Stichlinge haben Rückenstacheln und besitzen keine Schuppen, sondern Knochenschilde, ähnlich wie die Störe.

Dreistachliger Stichling
(Gasterosteus aculeatus) – Die *erste Rückenflosse besteht aus drei Stachelstrahlen*, was ihm seinen Namen gibt. Die Bauchflossen bestehen aus einem Stachel- und einem Weichstrahl, vor der Afterflosse befindet sich ebenfalls ein Stachelstrahl. So wehrhaft ausgerüstet gibt sich das Männchen dieser *bis 8 cm langen, lebhaften Fischart* besonders zur Laichzeit im März bis Juni sehr kämpferisch. In *prächtiger Laichfärbung* mit leuchtend rotem Bauch und roter Kehle, bläulichem Rücken und grünen Augen verteidigt es sein Revier gegen weitaus größere Fische. Tapfer vertreibt es Eindringlinge von dem aus *Pflanzenresten gebauten Nest*, in welches das Weibchen die Eier gelegt hat. Danach wird auch das Weibchen vertrieben. Die geschlüpften Jungfische werden noch einige Zeit vom Milchner behütet. Dabei nimmt das Männchen in den ersten Tagen die kleinen Stichlinge, die sich zu weit vom Nest entfernen, ins oberständige Maul auf, um sie zum Nest zurückzutragen. Auf Grund dieser *sorgfältigen Brutpflege* können sich Stichlinge trotz einer geringen Eizahl von ca. 120 Eiern sehr stark vermehren. Ihre Nahrung besteht überwiegend aus lebenden Insektenlarven,

Dreistachliger Stichling

Zwergstichling

2. Spezielle Fischkunde

Kleinkrebsen, Würmern, aber auch kleinen Fischchen. Sie gelten als gefräßig. Außerhalb der Laichzeit leben sie gesellig in sauberen Tümpeln, Teichen, Gräben, Flüssen und Uferzonen von Seen und kommen auch im Brackwasserbereich vor. Bestand gefährdet.

Zwergstichling
(Pungitius pungitius) – zeigt eine dem Dreistachligen Stichling sehr ähnliche Lebens- und Fortpflanzungsweise. Er besitzt jedoch neun kleinere Stacheln auf dem Rücken (erste Rückenflosse) und bleibt kleiner als der Dreistachlige Stichling (bis 7 cm). Zwergstichlinge ernähren sich ausschließlich von lebendem Futter. Die Männchen verteidigen zur Laichzeit intensiv ihre Reviere gegen Rivalen.

Hecht
(Esox lucius) – mit typischer, *unverwechselbarer Körperform (Pfeilform)*. Sein breites Maul weist *große Fang- und sehr viele kleinere, nach hinten gerichtete Hechelzähne* auf. Die Reusenzähnchen der Kiemen sind scharf. Sein Körper weist braungrüne bis olivfarbene Querflecken auf. Als Standfisch und *Krautlaicher* ist er in allen nicht zu schnell fließenden Gewässern anzutreffen, in denen er lauernd auf Beute wartet, die er in einem Stück verschluckt. Beutetiere (Fische, Lurche, manchmal auch kleine Wasservögel oder Säugetiere) erkennt er mit den Augen und dem *am Kopf besonders gut ausgeprägten Ferntastsinn*. Der Hecht läßt sich auch als Pfleger von Fischbeständen verstehen, wenn er nicht in zu großer Zahl auftritt, denn häufig fallen ihm zuerst kranke und schwache Tiere zum Opfer. *Laichzeit Februar bis April*. Hechte können pro Jahr ein Pfund zunehmen.

Hecht

2. Spezielle Fischkunde

Aalquappe
Quappe, Rutte, Trüsche (Lota lota) – ein *dorschartiger Winterlaicher* (November bis März), bevorzugt unsere fließenden Gewässer und ist *vorwiegend nachts aktiv*. Ein *weites Maul mit kleinen Hechelzähnen* und einem *Bartfaden am Unterkiefer* kennzeichnet den breiten, abgeflachten Kopf. Vor jeder Nasenöffnung ist ebenfalls eine sehr kurze Bartel sichtbar. Ihre kleinen *Bauchflossen sind kehlständig*. Die *lange Afterflosse, die erste kurze und zweite sehr lange Rückenflosse machen diesen räuberisch lebenden Bodenfisch* (auch Laichfresser!) unverwechselbar. Beim Ausweiden ist die *Leber der gesunden Rutten hellrot*. Sie zählt heute zu den stark gefährdeten Arten.

Wels
Waller (Silurus glanis) – Er ist mit Längen bis 2,7 m und über 300 kg der größte Raubfisch Mitteleuropas. Bevorzugt lebt er in Deutschland im *Donaubereich, den Voralpenseen und im östlichen Deutschland in tieferen Seen und der Oder mit ihren Nebenflüssen, häufig in den Seen Kärntens*. Eine reiche Wasserpflanzenwelt kommt der Lebensweise dieses Grundfisches entgegen. Tagsüber zurückgezogen lauert er *ruhig am Grund* auf vorbeiziehende Beute. *Nachts beginnt die Nahrungssuche auf Fische, Krebse, Würmer, Lurche und auch Wasservögel und kleine Säugetiere*. Sein vorn rundlicher und nach hinten abgeplatteter, schuppenloser Körper ist farblich dem dunklen Gewässergrund angepaßt. Bei den Flossen fallen die *sehr kleine Rückenflosse und der lange Afterflossensaum auf*. Das breite Maul, an der Unterseite mit vier kürzeren, an der Oberseite mit zwei längeren Barteln, ist reichlich mit Hechelzähnen versehen. Die *Augen sind auffallend klein*. Zur Laichzeit im Mai/Juni ziehen Paare ins flache Wasser, die *kleinen Eier haften am Kraut* und werden einige Zeit bewacht. Die geschlüpften Welse zeigen große Ähnlichkeit mit Kaulquappen, wachsen jedoch sehr schnell heran. Welse gelten als sehr gefräßig, haben wohlschmeckendes Fleisch, die Haut kann zu Leder verarbeitet werden. Ihr *Blut ist schleimhautreizend*. Bestand stark gefährdet.

Katzenwels
Zwergwels (Ictalurus nebulosus) – zählt zu den aus *Nordamerika* bei uns eingeführten Fischen. Er kann aber nicht mit dem Wels (Waller) verwechselt werden: Der ebenfalls schuppenlose Zwergwels bleibt zunächst einmal

deutlich kleiner (bis ca. 50 cm in unseren Bereichen), zeigt an *Ober- und Unterkiefer jeweils vier relativ große Barteln*, die Rückenflosse ist größer als beim Wels, eine große Fettflosse ist sichtbar, die Afterflosse setzt sich deutlich von der Schwanzflosse ab. Das *verhältnismäßig kleine Maul* weist mit seinen *Hechelzähnen* auf die räuberische Lebensweise hin. Kleine Augen und die dunkle mit verwaschenen Flecken besetzte Körperfärbung kennzeichnen den Katzenwels als nachtaktiven Grundfisch. Zur Laichzeit in den Monaten Mai bis Juni werden an geschützten Stellen der Ufernähe kleine Laichgruben ausgespült. Die Eier bilden Klumpen und werden bis zur Selbständigkeit der geschlüpften Jungfische bewacht.

Aalquappe

Wels

Katzenwels

Aalmutter
(Zoarces vivipares) – ein unscheinbares Fischchen der Meere, auch an der Nordseeküste zu Hause, mit einem langgestreckten Körper, kehlständigen, zurückgebildeten Bauchflossen und bis zum Schwanz durchgehenden Flossensaum auf Rücken- und Unterseite, der meist nicht länger wird als 20 cm. Bei Ebbe ist die Aalmutter häufig im Tang (Meerwasserpflanze) oder unter Steinen zu finden. Der Fisch bekommt meist 20 bis 40 lebende Junge.

Aalmutter

2. Spezielle Fischkunde

Rundmaul eines Meerneunauges

Bachneunauge

Meerneunauge

Neunaugen

Neunaugen sind eigentlich keine Fische, werden ihnen aber in den Landesfischereigesetzen gleichgestellt. Sie gehören zur *Klasse der Rundmäuler* im *Stamm der Kieferlosen*. Knochenfische und Knorpelfische hingegen gehören zum *Stamm der Kiefermäuler*, in dem sie die *Klasse Fische* bilden.

Bachneunauge

(Petromyzon planeri) – Es hat seinen Namen durch *ein Auge und sieben Kiemenöffnungen an jeder Seite des aalförmigen, schuppenlosen Körpers*, der selten länger wird als

35 cm, und *nur einer Nasenöffnung*. Die paarigen *Brust- und Bauchflossen fehlen*. Das Bachneunauge *laicht* von März bis Juni in *Bächen auf sandigem bis kiesigem Untergrund* in Laichgruben. Die Larven – ohne Augen und Zähne – leben bis zu ihrer Verwandlung nach drei bis vier Jahren von tierischen und pflanzlichen Schlammteilchen, sind dann geschlechtsreif und sterben, ohne wieder Nahrung aufzunehmen, gleich nach dem Ablaichen. Bestand stark gefährdet.

Flußneunauge

Flußbricke (Petromyzon fluviatilis) – wandert zwischen Küstengewässern und küstennahen Gewässern, steigt zum Laichen im April bis Mai weiter in die Flüsse auf. Der *schlangenförmige Körper* wird selten länger als 50 cm und erreicht kaum mehr als 100 g Gewicht. *Brust-, Bauchflossen und auch Schuppen fehlen* dem Tier. Wir zählen Neunaugen zu den *Rundmäulern*. Das geschlossene Maul erscheint wie ein Spalt, geöffnet jedoch ist es kreisrund *(Rundmäuler)*. Kurz vor den Augen finden wir auf der Kopfmitte eine *Riechgrube*. Das Flußneunauge ernährt sich vorwiegend von Kleintieren am Boden und organischen Resten, *parasitiert aber auch an Fischen*, an die es sich festsaugt und ihnen erhebliche Verletzungen mit den Hornzähnen zufügt. Große Neunaugen vergraben sich vor der *Laichzeit oft in Scharen im Flußgrund*. Der Laich wird in Laichgruben abgelegt und klebt am Kies. Ca. 4 mm lange Larven schlüpfen nach einer Woche, besitzen noch keine Zähne, ihre Augen liegen unter der Haut verborgen. Das Larvenstadium dauert ca. 3 bis 4 Jahre – die *Alttiere sterben nach dem Laichen*. Mit der Angel sind Neunaugen nicht zu fangen. Bestand stark gefährdet.

Meerneunauge

(Petromyzon marinus) – zählt wie die anderen Neunaugen zu den *Rundmäulern*, erreicht mit dem *aalähnlichen Körper* Längen bis zu einem Meter. Mit dem Aal können Neunaugen wegen ihres Rundmauls, den *fehlenden paarigen Flossen* und des ungleich hohen Flossensaumes nicht verwechselt werden. Zwischen der ersten und zweiten Rückenflosse ist ein deutlicher Absatz erkennbar. Naht die *Laichzeit, wandern* sie von den Küsten des Atlantiks *in die Flüsse*, um dort von März bis Mai ihre Eier abzulegen. Meerneunaugen besitzen die Fähigkeit, mehrmals in ihrem Leben zu laichen. Als Angelfisch sind sie für uns ohne Bedeutung. Bestand stark gefährdet.

2. Spezielle Fischkunde

Dornhai

2. Spezielle Fischkunde

Dornhaie
(Squalus acanthias) – sind Knorpelfische und zählen zu einer Familie kleiner Haie, denen man auch in der Nordsee begegnen kann. Besondere Merkmale dieses Dornhais sind je *ein spitzer Dorn vor seinen beiden Rückenflossen* und die *fehlende Afterflosse*. An den Dornen befindet sich giftproduzierendes Gewebe, ein Stich kann schon deshalb sehr schmerzhaft sein. Der schlanke Körper ist graubraun gefärbt und kann seltener auch weiße Flecken aufweisen. Als *Schwarmfisch* mit maximaler Länge von 120 cm – dabei sind die Männchen deutlich kleiner – bekommt er nach einer Tragzeit bis zu 22 Monaten *lebende Junge*. Er gilt allgemein als gefräßig. Seine Bauchlappen werden im Handel als *Schillerlocken* angeboten. Im deutschen Nordseeküstenbereich ist der Bestand gefährdet.

Störe
– fallen durch ihre typische Körperform unverwechselbar sofort ins Auge: Das deutlich *unterständige Maul* weist *am Unterkiefer Barteln* auf, der Körper zeigt die *typische Bodenform, Längsreihen von knöchernen Platten bilden einen Hautpanzer*, Bauch-, Rücken- und Afterflossen sitzen sehr weit hinten. Die *steil nach oben gerichtete Schwanzflosse* erinnert in ihrem Aufbau an Haie.

Sterlet

Zum Laichen ziehen Störe aus den Meeren in die Flüsse hinauf, um dort in tiefen Kuhlen ihre Eier abzulegen. Diese Eier der laichreifen Weibchen haben den Stör, für den Fisch zum Nachteil, berühmt gemacht. Sie sind der Grundstoff für Kaviar. Aber auch das Fleisch der Störe ist begehrt, und seine Haut kann zu Leder verarbeitet werden. Der Hausen gilt bei uns als der größte Stör: bis 8 m lang und 1200 kg schwer. Der Baltische Stör bleibt deutlich kleiner und erreicht Gewichte bis 300 kg. Störe galten 1984 noch als vom Aussterben bedroht und sind heute *in unseren Gewässern ausgestorben* (Gelegenheitsfänge von Besatzfischen möglich). Zu den kleinen Störarten zählt der Sterlet.

2. Spezielle Fischkunde

Plattfische

Scholle
(Pleuronectes platessa) – bewohnt Nordsee, Ostsee, große Teile des Atlantiks und kann Längen über 60 cm erreichen. Auffallend sind der *lange Rücken- und Afterflossensaum*, die jedoch vor der Schwanzflosse enden. Von den anderen Plattfischen ist sie leicht durch die *orangefarbenen Flecken auf Oberseite und Flossen*, die auch bei geschlachteten Fischen kaum verblassen, zu unterscheiden. Sie können ihre Körperfärbung hervorragend dem Untergrund anpassen. *In Augennähe sind wenige kleine, knochige Höcker zu finden* (bei der Flunder verlaufen diese Höcker zu beiden Seiten der Seitenlinie), das Maul ist oberständig, der Unterkiefer mit feinen Zähnchen besetzt, die *Bauchflossen sind kehlständig*. Schollen sind standorttreu. Bei zu starkem Befischen können sich Gebiete mit Schollen schlecht wieder erholen. Die Laichzeit der Scholle im Nordseeküstenbereich liegt im März bis April.

Scholle

Flunder

2. Spezielle Fischkunde

Flunder
(Platichthys flesus) – ein Grundfisch (*Plattfisch*) der *Küstengewässer*, der auch die Küstenflüsse (z.B. Elbe, Weser, Rhein) *kilometerweit aufsteigt*, um dort bis zur Laichzeit Nahrung zu suchen. Sie zieht dann von Januar bis Mai ins tiefe Küstenwasser zum Laichen. Die Oberseite ist je nach Gewässergrund *braungrün mit kleinen gelblichen Flecken*, zu beiden Seiten der *Seitenlinie und am Ansatz von Rücken- und Afterflosse mit dornigen Höckern* versehen. Beide Augen befinden sich auf der Oberseite, der *Unterkiefer ist bezahnt*, die Schuppen sind sehr klein und tief in der Haut liegend. *Vor der Afterflosse* befindet sich ein *kräftiger Stachel*. Die Unterseite zeigt eine weißgelbliche Färbung. Zu ihrer Nahrung zählen kleine Krebstiere, Schnecken, Muscheln, Würmer, Larven von Insekten und auch kleine Fische.

Steinbutt
(Scophthalmus maximus) – in Mittelmeer, Atlantik, Nord- und Ostsee. Er ist linksseitig unterschiedlich nach Gewässergrund gefärbt (Oberseite), liegt also mit der rechten Körperseite auf dem Boden. Der fast kreisrunde Körper besitzt keine Schuppen, weist jedoch auf der Augenseite eine Vielzahl warziger Höcker auf. Die Rückenflosse setzt vor dem oberen Auge an. Bevorzugt leben sie in drei bis 60 m Wassertiefe als ständig

Steinbutt

2. Spezielle Fischkunde

Hering

Maifisch

Hornhecht

hungrige Fischfresser. Mit Gewichten bis über 15 kg legen große Weibchen mehr als zehn Millionen frei im Wasser schwebende (pelagisch) Eier. Allerdings wird der Steinbutt erst mit fünf Jahren geschlechtsreif.

Heringsartige

Außer dem Hering zählen dazu noch die *Alsen oder Maifische*. Das sind Meeresfische, die bei uns in Nord- und Ostsee vorkommen. Zum Laichen ziehen sie in die Flußmündungen aufwärts, um danach ins Meer zurückzukehren. Wir stellen zwei für Angler wichtige Arten vor.

Hering

(Clupea harengus) – als *Schwarmfisch*, der zum Laichen an die Küsten von Nord- und Ostsee kommt, ist er früher wie heute von größter Bedeutung. Nach Laichverhalten und -wanderungen lassen sich Heringe in Rassen einteilen. Hohe Fangquoten und Verschmutzung der Meere hatten bereits Fangverbote zu seinem Schutz zur Folge. Heringe haben einen spindelförmigen Körper, die *Bauchseite, meist schwach gekielt, glänzt silbern, der Rücken grünlich bis blau. Rücken- und Afterflossen sind niedrig, die Seitenlinie ist nicht erkennbar. Die Schuppen lösen sich leicht.* Das

2. Spezielle Fischkunde

Maul erscheint oberständig. Beim Öffnen schieben sich plattenähnliche Kieferknochen nach vorn. Unsere Heringe erreichen nur selten mehr als 40 cm Körperlänge. Ein Weibchen legt bis zu 30 000 Eier, die auf den Meeresboden sinken. Im Küstenbereich lebende Heringe laichen im Frühjahr und gehen dabei zuweilen bis ins Brackwasser, wo sie dann auch mit der Angel gefangen werden können. Das sehr schmackhafte Heringsfleisch hat einen relativ hohen Fettgehalt und wird in vielfältigster Weise verarbeitet.

Maifisch
Alse, Else (Alosa alosa) – zeigt eine *auffällige Streifung der Kiemendeckel, das Maul ist oberständig*. Hinter dem Kiemendeckel erkennen wir deutlich *oberhalb der Seitenlinie zwei bis drei schwarze Flecken* auf dem Körper. Die Afterflosse ist niedrig und lang ausgezogen, die *Schwanzflosse mit dunklen Querbändern* gezeichnet. Mit einem Gewicht von mehr als 3 kg und Längen bis über 60 cm wirken Maifische hochrückiger als die verwandten Heringe. Bestand vom Aussterben bedroht.

Finte
Elben (Alosa fallax) – ist als heringsartiger, durchschnittlich ca. 35 cm langer Fisch dem Maifisch sehr ähnlich. Ihre längere Afterflosse ist sehr niedrig. Am Kiemendeckel beginnend sehen wir deutlich schwarze Punkte, die zum Schwanz hin blasser und kleiner werden. Zur Laichzeit im Juni bis Juli ziehen sie in die Flußunterläufe von Nord- und Ostsee. Bestand vom Aussterben bedroht.

Hornhecht
(Belone belone) – Meeresfisch, auch in *Nord- und Ostsee, mit sehr langgestrecktem Körper und Kiefer*, wobei die Kiefer bezahnt sind. Das große Maul reicht nur bis vor die Augen. *Rücken- und Afterflosse befinden sich sehr weit hinten*, der untere Teil der Schwanzflosse ist länger. Der Rücken zeigt sich stahlblau, die Seiten schimmern silbrig, die Schuppen lösen sich sehr leicht, die gelben Augen sind rot umrandet. Zur Hauptnahrung zählen neben Krebstieren Heringe und Sardinen. *Die Knochen der Hornhechte sind grün*, das Fleisch gilt als sehr schmackhaft. Laichzeit: März bis Mai, Haftlaicher. Die meisten Hornhechtarten werden nicht länger als 60 cm.

2. Spezielle Fischkunde

Makrele

Makrele

(Scomber scombrus) – *Meeresfisch*, der zu den *Verwandten der Thunfische* zu zählen ist. Auffällig spindelförmiger Körper mit typisch *blaugrüner, wellenartiger Musterung* auf der oberen Hälfte. Der Schwanzstiel, der ober- und unterhalb mit *kleinen Flösseln* besetzt ist, läuft sehr dünn aus. *Zwei Rückenflossen* stehen weit auseinander, die *Bauchflossen sind brustständig*, die *Schwanzflosse ist weit gegabelt*. In der Zeit von Mai bis September bilden sie große Schwärme in Küstennähe, die sich zum Winter, wenn sie wieder in größere Tiefen ziehen, ohne noch nennenswert Nahrung aufzunehmen, auflösen. *Das Maul ist groß, leicht oberständig und bezahnt. Keine Schwimmblase*. An der Angel sehr lebhafte und kämpferische Fische. Nahrung: tierisches Plankton, kleine Krebse und kleine Fische. Selten werden sie länger als 50 cm. Große Makrelen können zur Laichzeit von Mai bis Juli bis zu einer halben Million kleiner Eier freischwebend ins Wasser abgeben. Angeln in Nord- und Ostsee mit Fischfetzen oder kleinen Pilkern oder Hakensystemen.

Dorschartige

Dorsch (Gadus morhua) – Die kleinere Nord- und Ostseeform des Kabeljaus aus dem Atlantik ist als *Grundfisch mit drei abgerundeten Rückenflossen*,

2. Spezielle Fischkunde

Dorsch

zwei *Afterflossen und einem Bartfaden am Unterkiefer* ausgestattet. Die *Bauchflossen* stehen *kehlständig*, der Körper zeigt bis auf den Bauch ein *marmoriertes* Muster mit einer hellen Seitenlinie. Maul unterständig, Kiefer mit Zähnen besetzt. Die Leber des

Wittling

gesunden Dorsches muß hellrosa gefärbt sein und gilt als vitaminreich. Das Ende der Schwanzflosse verläuft gerade.

Wittling

(Merlangius merlangus) – ist zweifelsfrei auf Grund seines Körperbaues den *dorschartigen* Fischen zuzuordnen: *drei Rückenflossen, zwei Afterflossen und kehlständige Bauchflossen*. Der *Bartfaden* am Unterkiefer *fehlt*. Der Körper weist eine gelbbraune Grundfarbe mit goldschimmernden Flecken am Bauch und rötlich bis purpurn glänzenden Seiten auf. Bei toten Fischen verblaßt dieser Schimmer vollständig. Die Seitenlinie ist bräunlich und fällt ab der zweiten Rückenflosse ab. *Am Brustflossenansatz* befindet sich ein *dunkler Punkt*. Der Schwarm- und Grundfisch bleibt mit Längen bis zu knapp 40 cm *kleiner als der Dorsch*, lebt ebenfalls von kleinen Fischen und Krebsen.

2. Spezielle Fischkunde

Köhler (oben) im Vergleich mit Pollack

Köhler
Seelachs (Pollachius virens) – zählt zu den dorschartigen Fischen mit drei Rückenflossen und zwei Afterflossen. Trotzdem ist er kaum mit dem Dorsch zu verwechseln. Sein Maul ist oberständig, der Bartfaden fehlt meist vollständig, die fast gerade Seitenlinie erscheint hell, die Schwanzflosse ist gegabelt. Eine marmorierte Körperfärbung wie beim Dorsch fehlt. Sein Laich wird freischwebend bei 100 bis 200 m Tiefe in Wasser mit hohem Salzgehalt gegeben. Köhler leben von Kleinfischen im nördlichen Atlantik und sind selten im Nord- oder Ostseebereich anzutreffen.

▼ 2. 3. Krebse

Flußkrebs
Edelkrebs (Astacus astacus) – typische Krebsform, die dem Angler kaum beschrieben werden muß. Zwei lange Fühler, ein Kopfdorn, zwei bewegliche Stielaugen am gepanzerten Kopfbrustteil, zwei *kräftige Scheren* und vier weitere Beinpaare, mit denen er sich am Gewässergrund bewegt und von denen die ersten beiden Paare ebenfalls mit kleinen Scheren versehen sind, sowie der aus sechs Segmenten bestehende Schwanz mit fünf Platten am Ende (*Schwanzfächer*) machen ihn als Krebs unver-

wechselbar. Im Gelenkbereich von Scheren und Beinen sind deutliche Rotfärbungen sichtbar. Der Schwanz macht diesem *meist nachtaktiven* Tier ein *schnelles Rückwärtsschwimmen* möglich. Wichtig für sein Überleben sind *saubere Gewässer* mit ausreichenden Schlupfwinkeln. Seine Nahrung besteht aus Kleintieren, aber gelegentlich auch aus Lurchen, Fischen, Aas oder Pflanzen. Bis zu ihrer Geschlechtsreife im vierten Lebensjahr *häuten sich die Tiere mehrmals jährlich*. Nach der Häutung ist das Tier mehrere Tage butterweich (Butterkrebs). Nach der Paarung im Oktober/November legt das Weibchen ca. *senfkorngroße Eier, die es, unter ihrem Schwanz klebend*, mit sich trägt. Die Jungen schlüpfen häufig erst im Mai oder Juni des nächsten Jahres und werden dann oft noch bis zu zehn Tagen am Muttertier beobachtet. Unser Flußkrebs ist durch die Krebspest teilweise fast ausgerottet. Sein aus Nordamerika eingeführter Verwandter (Orconectes limosus) ist zwar dagegen immun, gilt jedoch als Krebspestüberträger.

Wollhandkrabbe

(Eriocheir sinensis) – Eine aus Ostasien eingeschleppte Krebsart kann manchen Angler in den Küstenbereichen und weit in die Flüsse Norddeutschlands hinein zur Verzweiflung bringen, wenn sie sich ständig an den Angelködern zu schaffen macht. Sie ähnelt weitgehend der Strandkrabbe, zeigt jedoch wollartig besetzte Scheren. Ein Schwanz wie beim Flußkrebs fehlt ihr.

Amerikanischer Flußkrebs

Europäischer Flußkrebs

Wollhandkrabbe

3. Gerätekunde

3. 1. Allgemeines

An Zeiten, in denen wir uns einen langen Haselstock schnitten, eine Schnur nahmen, Korken und Haken daran befestigten und trotzdem sehr erfolgreich angelten, können sich wohl immer weniger Angelfreunde erinnern. Bambus löste auch bei weniger zahlungskräftigen Fischern den einfachen Stock ab, da er Vorteile sowohl in der Länge als auch im Gewicht brachte. Aus Rohr verleimte, vom Handel angebotene Ruten zählten zu den Kostbarkeiten (gespließte Ruten) bis *Glasfiber, extrem belastbar und widerstandsfähig gegen Witterungseinflüsse*, das bisher Dagewesene verdrängte. Den *sehr dauerhaften, schweren Vollglasruten* folgten umgehend die *leichten Hohlglasruten*, die nun auch ineinander schiebbar als *Teleskopruten* angeboten wurden, deren Belastbarkeit bei guter Elastizität allerdings begrenzt ist. Ein falscher Tritt, vielleicht beim Nachtangeln, und die Rute bricht. Im Zuge einer rasanten technischen Entwicklung ließ der nächste Werkstoff nicht nur für Angelgeräte, die *Kohlefaser*, nicht lange auf sich warten: *robust, sehr leicht mit sehr guten elastischen Qualitäten, allerdings gut leitfähig für elektrischen Strom – darum Vorsicht bei Hochspannung oder Gewitter*! Heute sind Ruten aus Glasfiber, Kohlefaser oder Kombinationen daraus mit Kevlar und anderen High-Tech- Materialien gebräuchlich.

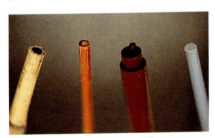

Bambus, gespließte Rute, Hohlglas, Vollglas

Eine ähnliche Entwicklung ist bei den Schnüren zu beobachten, bei denen ehemals Baumwollschnüre und geklöppelte Seidenschnüre in der gesamten Fischerei durch Kunststoffasern, speziell *Nylon/Perlon* (Polyamidfasern), ersetzt wurden. Uns Süßwasserfischern werden sie überwiegend im Handel als *monofile* (aus einem Faden bestehende) Schnüre in unterschiedlichster Elastizität, Stärke, Farbe und Tragkraft angeboten. *Geflochtene Spezialschnüre* mit noch höherer Knotenfestigkeit und Tragkraft stehen Ihnen für die schwere Angelei der Binnen- und Meeresgewässer zur Auswahl.

3. Gerätekunde

Und die Technisierung der Geräte machte bei den Rollen nicht halt. Von uralten Holz- und Metallrollen ohne Übersetzung mit sich drehender Spule (*Nottinghamrolle*) haben sich die Angler weitgehend längst getrennt. *Stationärrollen* mit Leichtmetall- oder Kunststoffgehäuse und *Multirollen* liegen im Trend der Zeit. Ein ganzer Industriezweig hat sich der Ausrüstung der Angler angenommen.

Auf den folgenden Seiten soll Ihnen ein Einblick in die Vielfalt der Angelgeräte vermittelt werden. Er möge Sie befähigen, sich Ihre Ausrüstung so zusammenzustellen, daß Sie fischwaidgerecht an die Gewässer treten können.

3. 2. Ruten

Grundsätzlich können Sie mit jeder hinreichend stabilen Rute den verschiedensten Fischarten nachstellen, wobei Feinheiten, die sich durchaus häufig im Preis ausdrücken, Erfolge heben mögen, was auf keinen Fall heißt, daß teures Gerät ein Garant für große Fische oder Fänge ist. *Die Auswahl Ihrer Rute sollte sich in erster Linie nach der Fischart und der Beschaffenheit des Gewässers richten.* Angeln auf große Fische (Karpfen, Hechte, Zander, Forellen und andere) bedingt eine stärkere Rutenspitze als die Fischerei auf z. B. Rotfedern, Rotaugen, Güster, Brassen. Damit Sie

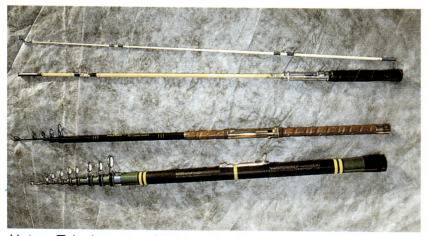

Unten: Teleskopruten (Hohlglas), oben: Steckrute (Vollglas)

3. Gerätekunde

Teleskoprute: Schnurführungsringe

Ihre Rute nicht durch Auswerfen des Köders überlasten, achten Sie auf die *Wurfgewichte*, die auf (fast) jeder Rute angegeben sind. Als Richtwerte für Wurfgewichte könnten gelten: Karpfen über 25 g, Hecht über 50 g, Dorsch- und Makrelenfischen ab 100 g. Für das Grundfischen bei Nacht auf Aal eignen sich besonders gut nicht zu lange, robuste Vollglasruten mit Wurfgewichten über 30 g, je nach Gewässergrund. Für tiefe Gewässer, Gewässer mit hohen Ufern und wenig Baum- und Strauchbestand oder an gut mit Pflanzen ausgestatteten Uferzonen erweisen sich längere Ruten als praktisch. Umgekehrt gilt, daß für flache Wasser und Ufer, schmale Fließgewässer besonders mit Baumbestand, kürzere Ruten Vorteile bringen können. Ob Sie dafür eine *Steckrute* der einschiebbaren *Teleskoprute* vorziehen, sollte sich auf Ihren anglerischen Erfolg nicht wesentlich auswirken. Ist die Teleskoprute in der Handhabung bequemer, so bedarf sie doch einer größeren Pflege – Sand in der Rute kann zu erheblichen Kratzschäden führen. Demgegenüber sind Steckruten leicht von schädlichen Schmutz freizuhalten, ihre Steckteile weisen allgemein aber größere Längen auf, die Sie unter Umständen beim Transport als hinderlich empfinden könnten.

Die *Rutenaktion* kann beim Anhieb wichtig sein. Unter der Aktion einer Rute verstehen wir ihre Durchbiegung von der Spitze zum unteren Rutenteil. Hohlglassteckruten zeigen dabei im Vergleich zur Teleskoprute bei gleicher Qualität eine bessere Aktion. Häufig wird an die Rute der Anspruch gestellt, sie möge beim Anhieb nicht lange nachschwingen – diese Rute besitzt ein „starkes Rückgrat". Diese Durchbiegeeigenschaften werden von den Firmen unterschiedlich gekennzeichnet: entweder durch Großbuchstaben A, B, C, D oder durch Aktionskennzahlen von 1,5 bis 5,0. Es sind vergleichbar der Buchstabe A mit der Kennzahl nahe 5,0. Solche Ruten zeigen eine

3. Gerätekunde

Rutenaktionen im Vergleich

4,5 - 5,0 (Aktion A)
Biegung nur im Spitzenbereich

2,5 - 3,0 (Aktion C) Biegung von der Spitze bis zum mittleren Rutenteil

1,5 - 2,0 (Aktion D) Biegung von der Spitze bis zum Handteil

3,5 - 4,0 (Aktion B) Biegung nur im oberen Rutenteil

Durchbiegung nur im Spitzenbereich. Die Aktion D (Aktionszahl etwa 1,5) bedeutet entsprechend die Durchbiegung vom Handteil an.

Unterschiede sind in der Griffausführung festzustellen – für jeden Geschmack pflegeleicht oder anfälliger: Holz-, Kork- oder Kunststoffgriffteile. Auf eine stabile Rollenhalterung sollten Sie aber ebenso achten wie auf gute Qualität der Schnurführungsringe. *Große Aufmerksamkeit ist stets dem letzten Ring der Spitze, dem Endring, zu schenken.* Da er am stärksten beansprucht wird, ist der Endring *regelmäßig auf schadhafte* Stellen zu überprüfen und im Zweifelsfalle auszuwechseln. Ein

Ringwechsel läßt sich schnell und kostengünstig durch Kleben vollziehen. Fachhändler, Ausbilder für Anglerlehrgänge oder erfahrene Angelkollegen beraten Sie gern. Selbstverständlich bleibt Ihnen ein Angeln mit unberingten Ruten und ohne Rolle für das Stippfischen, wie es heute noch in unseren westlichen Nachbarländern sehr beliebt ist, unbenommen. Bei großen Fischen kann dieses zu Problemen führen, da beim Stippfischen ohne Rolle die Schnur nicht länger sein darf als der Angelstock. Ein „Schnurgeben" ist nicht möglich. Die gesamte Belastung muß durch Schnur, Rute und Angler aufgefangen werden.

3. 3. Rollen

Angelrollen bieten die Möglichkeit, den Köder durch Wurf auch in größerer Entfernung und erheblicher Wassertiefe anzubieten. Bei kapitalen Fischen können Sie nach dem Anhieb nötigenfalls durch Schnurgeben einen Schnurbruch (Reißen der Schnur) verhindern. Das Angebot an Rollen ist groß – welche Wahl ist zu treffen?

A: Kapselrolle; B: kleine -; C: mittlere - und D: große Stationärrolle

3. Gerätekunde

Stationärrollen

Ein bewährter Rollentyp, der vielseitiges Fischen zuläßt, ist die *Stationärrolle*. Stationär (bleibend, ortsfest) bezieht sich dabei auf die Spule, sie dreht sich nicht mit, sondern bewegt sich nur auf und ab, um beim Aufwickeln die Schnur gleichmäßig zu verteilen. Das Aufwickeln erfolgt durch den *rotierenden Schnurfangbügel*. Grob unterscheiden wir – abgesehen von der Qualität – in *kleine, mittlere und große Stationärrollen*. Wollen Sie die Vorteile dieser Rolle voll nutzen, beachten Sie bitte die Faustregel: *kleine Rolle, dünne Schnur, kleiner Haken und dünne Rutenspitze*. Solches leichte Gerät ist für den Fang kleiner Fische (z.B. Rotfedern, Rotaugen, Lauben u.a.m.) geeignet. Auf die *große Rolle gehört entsprechend eine starke Schnur, dazu der große Haken und eine Rute mit starker Spitze* für die Angelei auf große Fische (schweres Gerät). Die Regel gilt sinngemäß für mittlere Rollen. Die meisten dieser Rollen sind mit einem Kugellager ausgestattet, was einen leichten Lauf des Gerätes garantiert. Der *Schnurfangbügel* muß stets *einwandfrei glatt* sein, da sonst die Schnur schnell aufrauht und ein waidgerechtes Fischen unmöglich wird. Mit einer Ersatzspule sind Sie in der Lage, zügig auf eine andere Schnurstärke umzusteigen. Sehr gute Rollen besitzen Doppelwandspulen, die ein Verwickeln der Schnur auf der Achse ausschließen. Stationärrollen sind vorn oder am Ende mit einer *Schnurbremse* ausgerüstet. Sie ist *so einzustellen, daß die Schnur noch – ohne zu reißen – gerade von der Spule gezogen wird*. Die Schnur kann so kaum überlastet werden. Eine Rücklaufsperre „sperrt" eingeschaltet den freien Rücklauf der Spule. Noch einfacher in der Handhabung sind die Stationärrollen mit geschlossener Spule, die *Kapselrollen*. Aus verdeckter Spule verläuft die Schnur fast widerstandslos und unproblematisch. Der Schnurfangbügel ist durch einen Stift ersetzt. Viele Rollen lassen sich durch einfaches Umwechseln der Kurbel bequem auf Links- und Rechtshänder einstellen.

Multirollen

Bei einem anderen Rollentyp, den *Multirollen*, dreht sich die Spule beim Aufnehmen und Ablaufen der Schnur. Sie werden *stehend* an die Angelrute montiert. Der Umgang mit diesen Geräten für die leichte Friedfischangelei erfordert schon etwas Übung und stellt sich nicht so vorteilhaft dar wie der mit einer Stationärrolle. Beim *Schleppangeln und der Hochseefischerei* (Big Game Fishing – wörtlich übersetzt für Angelfreunde ein abzulehnen-

3. Gerätekunde

A: Multirolle; B: Fliegenrolle

der Begriff) auf Haie, Thunfisch oder Marlin ist die Multirolle der Stationärrolle nicht nur vom Schnurfassungsvermögen her weit überlegen. Eine gute Übersetzung stellt dabei den direkten Kontakt zum Fisch beim Drill her.

Fliegenrollen
Für die speziellen Wurftechniken der *Fliegenfischer*, die eine besondere, ungewöhnlich dicke Schnur erfordern, gibt es die Fliegenrollen (siehe *3. 10. Fliegenangelei*).

Achsrollen
Wichtigster Vertreter ist die *Nottinghamrolle*, ein nostalgisch anmutendes Gerät ohne eine Übersetzung, das die Schnur ähnlich wie die Multirolle direkt auf die sich drehende Spule aufnimmt. Sie ist heute nur noch bei Spezialisten zu finden. An ihrer Seite wird mit einer Stellschraube die Spule festgestellt oder gelockert, was in seiner Wirkung einer Schnurbremse gleichkommt. Dieser Rollentyp ist sowohl der Multirolle als auch der Stationärrolle in vielerlei Hinsicht unterlegen. Doch gibt sie Ihnen den direkten Kontakt zum

Fisch und gewährleistet einen fast widerstandslosen Schnurabzug beim Driftfischen an Fließgewässern. Da mit der Nottinghamrolle vereinzelt heute noch geangelt wird, sei sie hier mit erwähnt.

3. 4. Schnüre

Ihr ganz spezielles Augenmerk sollte stets der Angelschnur gelten, weil sie der entscheidende Teil über Erfolg und Mißerfolg sein kann. Selbst wenn eine Angel nicht mehr funktionsfähig ist und zur Seite gelegt werden muß, ist der Fisch am Haken noch mit einer guten Schnur und Unterfangkescher zu landen. Im Vordergrund sollte in solcher Situation nicht der erfreuliche Fang sein, sondern das Glück, ein Lebewesen mit Haken und Schnur im Maul vor dem möglichen qualvollen Verenden bewahrt zu haben. Mit den modernen Kunstfasern werden Ihnen aber schon bei den guten *monofilen Markenschnüren* (sie bestehen aus einem Faden) wesentliche Entscheidungen abgenommen. Die Gerätehersteller bemühen sich, Ihnen Schnüre mit hoher Qualität anzubieten. Gute Qualität bedeutet:

- *Hohe Knotenfestigkeit* – Probieren Sie es aus! Die schwächste Stelle einer intakten Schnur liegt im Knoten – dort erfolgt bei Belastung der Bruch (Riß) mit absoluter Regelmäßigkeit.
- *Geringer Abrieb* – Da eine Schnur starker Reibung am Schnurfangbügel der Rolle und an den Ringen (Endring) ausgesetzt ist, muß ein Abrieb einkalkuliert werden, der die Tragfähigkeit der Schnur senkt. Im Sinne der Fischgerechtigkeit sind besonders die ersten Meter der Schnur, die ständig beansprucht werden, regelmäßig zu prüfen, ob sie aufgerauhte Stellen zeigen. *Aufgerauhte Schnur muß wegen Bruchgefahr entfernt, kleingeschnitten und richtig entsorgt werden (Mülltonne).* Ahmen Sie nicht die häßlichen Beispiele nach, bei denen die Schnur meterlang am Gewässer zurückbleibt und eine Gefahr für andere Tiere darstellt.
- *Mittlere Dehnung* – Alle Schnüre dehnen sich bei Belastung. Starke Dehnung zeigt einen Gummibandeffekt. Der Anhieb setzt sich nur schlecht in der Schnur fort. Sehr geringe Dehnungseigenschaften lassen Schnüre gegen plötzliche Belastung anfällig sein. Gutes Mittelmaß ist besonders Einsteigern zu empfehlen. Spezialisten wählen eine Dehnung, die der Angelart genau angepaßt ist.
- *Tragkraft* – Sie hängt natürlich eng mit dem Schnurdurchmesser zusam-

3. Gerätekunde

men: Je größer der Durchmesser, um so höher die Tragkraft gilt als Leitregel. Der Schnurdurchmesser wird in mm angegeben. So finden Sie in den Angeboten Querschnitte mit 0,20 mm oder 0,35 mm. Die Schnur hat also einen Durchmesser von 0,20 mm bzw. 0,35 mm. Der Angler spricht von einer zwanziger oder einer fünfunddreißiger Schnur. Und welche Schnur ist jetzt für welchen Fisch zu wählen? Hier sind mehr Richtwerte als präzise Angaben machbar. *Die Auswahl der Schnurtragfähigkeit wird durch zu erwartende Fischgröße und Gewässerbeschaffenheit maßgeblich bestimmt:* Aalangeln sollten schon mit Schnurfestigkeiten um 10 kg besonders bei Krautbeständen ausgerüstet sein. Für Rotaugen, Rotfedern, Güstern reichen Festigkeiten ab 2,5 kg aufwärts. Kämpfende Karpfen mit wenigen Pfunden Körpergewicht zerreißen im freien Wasser kaum Schnurstärken über 7 kg Tragkraft. Für die Hechtangelei sollten mehr als 10 kg Tragkraft einkalkuliert werden. Regenbogen- und Bachforelle sind mit 4-kg-Schnüren sicher zu fangen, zum Hochseeangeln auf Dorsch und Makrele sind fünfziger Schnüre (ab 15 kg) angemessen. *Im Zweifelsfalle ist immer die stärkere Schnur die richtige.* Es ist nicht vertretbar, daß Fische an abgerissenen, weil zu schwachen Schnüren verenden müssen! Wollen Sie perfekt angeln, sollten Sie noch auf die Weichheit und Färbung einer Schnur achten. Stärkere monofile (aus einem Faden bestehende) Schnüre springen – besonders bei kalter Witterung – gern von der Rolle, wenn sie zu hart sind. Eine zu weiche Schnur zeigt häufig eine zu große Dehnung, die oft unerwünscht ist. Den richtigen Mittelwert zu finden, erfordert einige Erfahrung und hängt sehr von der Angelmethode ab: Zum Twistern etwa nehmen viele Zanderexperten lieber eine etwas härtere Schnur, während eine weichere von Matchanglern bevorzugt wird.

Da Fische Farben durchaus wahrnehmen, dienen Färbungen in der Schnur zur Tarnung, um dem Fisch den Köder möglichst arglos anbieten zu können. Finden Sie heraus, welche Färbung der Angelschnur für Ihr Gewässer optimal ist. Andererseits erleichtern speziell gefärbte Schnüre (Fluo-Farben!) die Führung mancher Spinnköder, ohne den Angelerfolg zu mindern.

Wie oben schon zu erfahren war, sind *Knoten Schwachstellen*. Diese Gefahrenpunkte in einem vertretbaren Rahmen zu halten, erfordert Kenntnisse im Knotenbinden. Knoten sind auf der Hauptschnur (Schnur auf der Rollenspule) nur an ihren Enden sinnvoll: Der Anfang sollte auf der Spule festgebunden sein; am anderen Ende werden Posen, Wirbel, Vorfach und Haken montiert. Der Rest bleibt knotenfrei!

Als *Vorfach* bezeichnen Petrijünger den letzten, meistens etwas dünneren Teil der Schnur vom Haken bis zur Hauptschnur *(für das Hechtangeln sind Stahlvorfächer erforderlich)*. Gerade in diesem Bereich kann auf Knoten, die sich weder aufziehen noch abwürgen (d. h.: die Schnur selbst zerschneiden) nicht verzichtet werden. Nehmen Sie sich unbedingt die Zeit, und üben Sie – mit Buch oder unter Anleitung eines Anglers – *das Binden der perfekten Knoten*. Sie ersparen sich Mißerfolge und den Fischen unnötiges Leiden *(siehe Knotentafel)*.

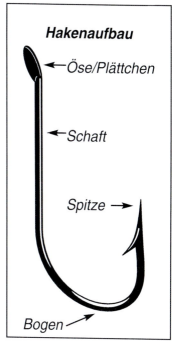

Hakenaufbau
← Öse/Plättchen
← Schaft
Spitze →
Bogen

3. 5. Haken

Haken sind so zu wählen, daß der Fisch sicher gefangen werden kann, ohne ihn dabei mehr als erforderlich zu verletzen, sind doch untermaßige Fische schonend zurückzusetzen! Die Auswahl an Haken ist mehr als vielfältig. Um Ihnen die richtige Wahl möglich zu machen, zunächst etwas zum Hakenaufbau:

Ein Haken teilen wir in die Bereiche Kopf, Schenkel (Schaft), Bogen und Spitze mit und ohne Widerhaken ein. Am Kopf unterscheidet man zwischen Öhr- und Plättchenhaken in den verschiedensten Positionen. Hakenspitzen gibt es in unterschiedlich gebogenen Formen, mit und ohne Widerhaken. Beim (kaum noch gebräuchlichen) Jamisonhaken wird zum Beispiel auf den Widerhaken zu Gunsten einer wellig gebogenen Spitze verzichtet. Wurmhaken haben auch am Schenkel einen Widerhaken, der Wurm soll so besser gehalten werden (es geht auch sehr gut ohne!). Haken werden aus Rund- oder Flachstahl gefertigt. Die gebräuchlichsten Haken sind von der Form her die Limerick- und die Rundstahlhaken. Wichtig für Angler: Der Haken darf weder zu starr sein und brechen noch zu weich sein und aufbiegen! Die Hakengröße wird in Zahlen angegeben, variiert aber zum Teil deutlich je nach Firma, da es keine verbindlichen Normen gibt. Sie sind als

3. Gerätekunde

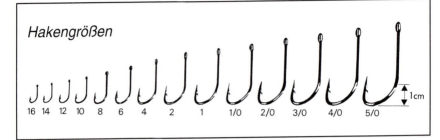

Hakengrößen

Einzelhaken, Zwillingshaken, Drillingshaken

Einfach-, Doppel- (Zwillings-) und Drillingshaken erhältlich. Kleinste Haken erhalten die Nummer 20 oder eine darüber. Große Haken werden über 1 hinaus mit 1/0, 2/0, 3/0 und so weiter ausgezeichnet. Für ihre Hakenwahl zur passenden Angel gilt: *Der Haken ist je nach Fischart nie kleiner als unbedingt nötig zu nehmen.* Zwillings- und Drillingshaken sind in den meisten Bundesländern ausschließlich für die Raubfischangelei zulässig und für die Friedfischangelei verboten! Wenn Sie hinreichend im Angeln geübt sind, zeigen Sie, daß Sie ein Profi auf diesem Gebiet sind – drücken Sie den Widerhaken an. Der Fisch, an gespannter Schnur geführt, wird Ihnen trotzdem nicht entgehen.

3. 6. Posen

Fast verwirrend muß es für den Anfänger sein, will er sich seinen ersten Schwimmer (Pose, Floß, Flott) beschaffen. Solche Bißanzeiger erhält man in schier unzähligen Größen, Ausführungen, Formen und Farben aus Celluloid, Kork, Balsaholz und anderen Materialien. *Zwei wichtige Aufgaben* haben sie aber stets gemeinsam zu erfüllen:
- *Sie zeigen den Biß an.*
- *Sie halten den Köder in der eingestellten Wassertiefe.*

Dazu sollten Sie es nie versäumen, die Gewässertiefe an der Angelstelle mit

3. Gerätekunde

einem schwereren Bleistück oder handelsüblichen Lotblei auszuloten. Die Wahl der Schwimmer hängt einmal von der Fischart ab, auf die geangelt wird, aber im größeren Maße vom Gewässer: *Schlanke Posen* haben sich in stehenden Gewässern bewährt. *Länglich ovale* sind für leichte und mittlere Strömungen geeignet, während in starken Strömungen *kugelförmige* gute Eigenschaften zeigen. Von Bedeutung ist auch die Tragfähigkeit einer Pose. Wollen Sie in starker Strömung den Köder am Grund anbieten, ist eine stärkere Bebleiung nötig, da die Strömung den Köder sonst nach oben

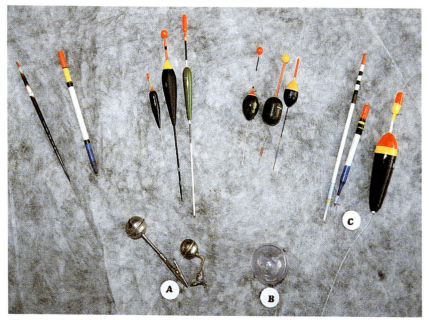

Posengrundformen: A-Signalglöckchen; B-Wasserkugel; C-Durchlaufposen

drückt. Ist der Schwimmer feststehend an der Hauptschnur montiert, sollte zum problemlosen Angeln die Angeltiefe nicht die Rutenlänge überschreiten. Bei deutlich *größeren Tiefen bieten Gleitposen unverkennbare Vorteile*. Hier „läuft" die Pose durch Führungen auf der Hauptschnur. Sie können durch einfache *Stopper* in der gewünschten Höhe gehalten werden. Um Schwimmer in die richtige Position zu bringen, werden sie *mit Blei austariert*. Diesen Zweck kann jedes beliebige Stück Blei erfüllen, wenn es leicht an der Schnur zu befestigen geht, ohne dabei mit zu großem Zangendruck die Schnur zu quetschen. In welchem Abstand zum Haken Sie das Blei befestigen, hängt von der Angelmethode und dem Gewässer ab. Für die Nachtangelei haben sich als einfache Bißanzeiger Signalglöckchen bewährt. Beim Einsatz mehrerer Ruten sind für das sofortige Erkennen unterschiedliche Klangtöne vorteilhaft. Weiter stehen elektronische Bißanzeiger, Knicklichter u.a.m. im Handel zur Verfügung.

3. 7. Wirbel

Vorrangig bei Kunstködern finden Wirbel aus rostfreiem Stahl oder Messing Anwendung. Wirbel mit Karabinerhaken ermöglichen ein bequemes und schnelles Auswechseln von Blinkern, Spinnern, Wobblern, Kunststoffködern, Jigs und Pilkern. Einige Angler hängen auch das Vorfach an einen Wirbel. Da Wirbel mit Karabiner in recht verschiedenen Größen angeboten werden, beachten Sie bitte, daß für die feine Angelei kleine, zum Pilkfischen jedoch entsprechend kräftige Wirbel auszuwählen sind. Zu Wirbeln werden (ähnlich wie bei Haken) Größen in Zahlen mit entsprechender Tragkraft angegeben. So wird es Ihnen nicht schwerfallen, für Ihr Angeln das richtige Format einzusetzen.

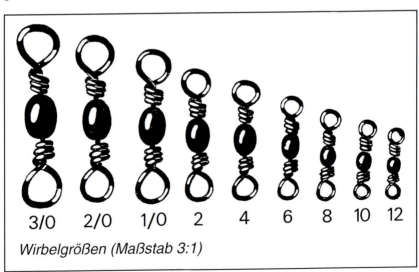

Wirbelgrößen (Maßstab 3:1)

3. Gerätekunde

3. 8. Kunstköder

Künstliche Köder werden je nach Verwendung, Form und Verhalten im Wasser unterschieden in:
- *Blinker* – sehen einem Löffel ohne Stiel ähnlich. Werden sie durch das Wasser gezogen, ahmen sie *taumelnd* die Bewegungen eines kranken Fisches nach und verleiten Raubfische zum Anbiß.

Kunstköder: A-Gummifische; B-Wobbler; C-Blinker; D-Spinner; E-Twister; F-Pilker

- *Spinner* – haben ein sich um eine Achse *drehendes, flaches Blatt,* das bei geschickter Führung durch ständiges Aufblitzen und die erzeugten Druckwellen „Räuber" im Wasser zum Zuschnappen verleitet. Häufiges Spinnfischen verdrallt die Schnur. Deshalb sollten Sie unbedingt einen Wirbel vorschalten und den beanspruchten Schnurteil häufiger wechseln.
- *Wobbler* – sind Fischimitationen, die meistens eine *Tauchschaufel* aufweisen. In schwimmender oder auch sinkender Ausführung zeigen sie sich in manchen Gewässern als sehr fängig.
- *Plastikfischchen und -würmer* (z.B. Twister, Jigs) – sollen durch Form, flatternde Bewegungen und/oder leuchtende Farben Fische zum Anbeißen verführen. Sie werden in einer sägezahnförmigen Bahn dicht über Grund

geführt. Einige Ausführungen haben ergänzend dazu einen rotierenden Löffel.

● *Pilker* – Sie zählen zu den schweren Kunstködern (*Tunkköder*), die durch ständiges, nicht zu ruckartiges Senken und Heben in entsprechender Wassertiefe geführt werden. Sie sind Hauptköder beim Dorschangeln.

Nun könnte es, nachdem Sie einen kleinen Einblick in den großen Bereich der Angelgeräte erhalten haben, eigentlich ans Wasser gehen. Doch ist es ratsam, sich zu Hause das Gerät richtig zusammenzustellen und auf volle Funktion zu überprüfen. Überlegen Sie sich, welchen Fischen Sie in welchem Gewässer nachstellen wollen und welches die dafür geeignetste Angelmethode ist: *das Grundfischen mit und ohne Schwimmer* (der Köder wird am Gewässergrund angeboten), *das Spinnfischen mit Spinnern, Wobblern und Blinkern auf Raubfische?* Oder treibt es Sie an die See *zum Brandungsangeln mit kräftigen, langen Ruten auf Plattfische, Aale oder kleine Dorsche?* Wollen Sie gar hinaus auf See zum *Dorsch- oder Makrelenangeln mit einem Kutter (Pilkangeln/Hochseeangeln/Bootsfischen)*, ist es für das erste Mal nicht verkehrt, sich die Ausrüstung dafür von einem Angler zu leihen. Sind Sie nicht seefest – leicht seekrank – kann eine größere Investition vermieden werden. Bei allen Angeboten im Handel sollten Sie nicht vergessen, daß es ein besonderes Vergnügen sein kann, sich Posen und Kunstköder selbst herzustellen. Mit einiger Übung lassen sich selbstverständlich auch dabei Erfolge erzielen, die dann zum doppelten Erfolg für Sie werden können.

3. 9. Hilfsmittel

Alle bisher besprochenen Geräte sind erforderlich, um den Fisch an den Haken zu bekommen. Nun setzt aber noch ein wichtiger Bestandteil anglerischer Tätigkeiten ein:

● *Die Beute muß gelandet werden.* Bei kleinen (leichten) Fischen ist das meist durch einfaches Herausheben aus dem Wasser mit Angelschnur und Haken möglich, ohne daß die Tiere verletzt oder gar gequält werden. Bedenken Sie, daß das volle Gewicht des Fanges erst außerhalb des Wassers zur Wirkung kommt. Größere Fische können sich durch ihr eigenes Gewicht am Haken hängend erheblich verletzen. Heben Sie deshalb alle Fische mit dem *Unterfangkescher* aus dem Wasser ans Land!

● Sie müssen feststellen, welche Fischart Ihnen an den Haken gegangen ist.

3. Gerätekunde

Hilfsmittel am Angelplatz: A-Hakenlöser; B-Maßband oder Zollstock; C-Kleinteile; D-Messer; E-Unterfangkescher (nie vergessen!); F-Fischtöter

Eine sichere „Ansprache" wird von Ihnen erwartet! Entsprechend ist zu prüfen, ob der Fisch sein *Mindestmaß* erreicht hat und zu töten ist oder schonend ins Wasser zurückgesetzt werden muß. Zum Töten muß der Fisch vorher mit einem *Schlaggerät (Schlagholz)* betäubt werden und ist anschließend zum Ausbluten abzustechen und auszunehmen.
● Dann muß der Haken mittels *Hakenlöser* entfernt werden. Besonders bei Hecht und Zander empfiehlt sich der Einsatz einer Rachensperre. So haben Sie als Freund der Fischwaid am Wasser verbindlich *Unterfangkescher, Schlagholz, Maßband, scharfes Messer und Hakenlöser (Lösezange, Löseschere) neben Ihren Fischereiberechtigungsnachweisen mitzuführen.* Der Gebrauch von *Setzkeschern* zum Hältern gefangener Fische ist in vielen Bundesländern *verboten!* Der Fisch erleidet darin Streß, kann sich verletzen oder auch seine Schleimhaut am Netz zerstören.
Um Ihren Angelplatz nicht durch unglückliche Umstände vorzeitig verlassen zu müssen (Verlust von Pose, Haken, Bleischrot oder ähnlichem), sei geraten, entsprechend notwendiges Ersatzgerät vorher einzupacken.

3. Gerätekunde

▼ 3.10. Fliegenangelei

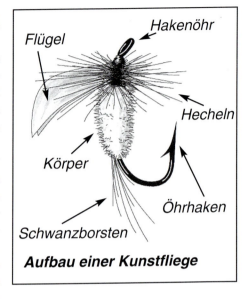

Aufbau einer Kunstfliege

Für die *Fliegenangelei* ist eine zusätzliche Ausbildung unbedingt notwendig – zu speziell ist dieses Feld der Fischerei. Ein kleiner Einblick sei hier jedoch gewagt.

Mit der Fliege (natürlich oder künstlich) können Sie allen Fischen nachstellen, die diesen Köder annehmen: Rotauge, Rotfeder, Hasel, Döbel und andere, manchmal auch Karpfen, seltener Aland in den warmen Jahreszeiten. Im eigentlichen Sinne gilt die Fliegenfischerei aber den Salmoniden (Forelle, Saibling, Lachs, Äsche). Ihr *Vorteil liegt in der schonenden Art*, da bei dieser Methode des Angelns die Beutetiere *nur im vorderen Maulbereich gehakt* werden und somit kaum nennenswerte Verletzungen auftreten. Ihr Nachteil, eine zusätzliche Ausbildung, kann schnell behoben sein, wenn Sie sich bemühen, die notwendigen Kenntnisse in Theorie und Praxis zu erwerben.

Fliegenruten werden wegen der *besseren Rutenaktion als Steckruten* in Längen bis über 4 m angeboten. Ihr Merkmal ist die *Rollenhalterung am Ende des Griffes*, was dem Gerät eine optimale Ausgewogenheit gibt. Als Rolle kommt eine *einfache Rolle mit sich drehender Spule* zum Einsatz, die ausschließlich nur die Schnur aufnehmen soll. Sie wird *hängend montiert*. Da natürliche Fliegen selten ein oder mehrere Würfe heil überstehen, kommt fast ohne Ausnahme ein breites Band an *Kunstfliegen* in Betracht. Teilweise sind bei ihnen auch phantasievolle *Insektennachahmungen* entwickelt worden, die sich in Größe, Farben und Formen unterscheiden.

Die imitierten Fliegen, Käfer, Heuschrecken, Insektenlarven (Nymphen) werden als *Trockenfliegen auf der Wasseroberfläche oder Naßfliegen im Wasser* angeboten. Ein grobes Unterscheidungsmerkmal: Trockenfliegen zeigen senkrecht aufgestellte Hecheln, Naßfliegen nach hinten stehende. Mit *Streamern* ist unter Fliegenfischern allgemein eine Kleinfisch-

3. Gerätekunde

nachbildung gemeint. Andere Auslegungen sind aber möglich. Die Frage, wie solch leichte Köder auf Entfernungen über 20 m und mehr geworfen werden können, klärt sich, wenn wir die *Fliegenschnur* betrachten. Sie ist dick und hat Gewicht. Diese Schnüre werden nach englischen Maßen bewertet. Ihre Schwere wird in Gewichtsklassen (*AFTM und AFTMA*) von 1 bis 12 eingeteilt. Gebräuchlich sind auf die Rute abgestimmte Schnüre zwischen ca. 4 (leicht) und 10 (stark). Die meisten Schnüre verlaufen von der Mitte her zu beiden Enden verjüngt zu. In Fachkreisen heißt dies: *doppelt verjüngt (Double Taper - DT)*. Weiterhin befinden sich *parallele Schnüre (L)*, die an allen Stellen die gleiche Stärke aufweisen und *keulenförmige Schnüre (WF)*, die sich von der Mitte zu den Enden hin verdicken, im Angebot. Ferner wird in *Naßschnüre* (sie sind von dunkler Farbe und sinken:

Naßfliege, Trockenfliege und Streamer (von oben)

Kennzeichen S) und *Trockenschnüre* (schwimmend und hell: Kennzeichen F) eingeteilt. Eine helle Fliegenschnur mit der Kennzeichnung WF 9F ist also eine schwere, schwimmende (F) und keulenförmige (WF) Schnur.
Bleibt noch das grundsätzlich verwendete Fliegenvorfach, meist aus Nylon, welches sich bei Längen von ca. 2 m bis 2,5 m von der Hauptschnur zum Haken um bis zu vier Schnurstärken verjüngt, um dann an den *Öhrhaken der künstlichen Fliege* gebunden zu werden. Dieses Vorfach läßt sich auch aus verschieden starken monofilen Schnüren in entsprechender Reihenfolge miteinander verknüpft selbst anfertigen.

3. Gerätekunde

Sportfischer-Knoten

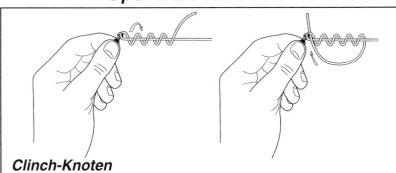

Clinch-Knoten

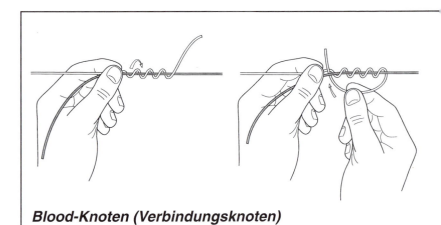

Blood-Knoten (Verbindungsknoten)

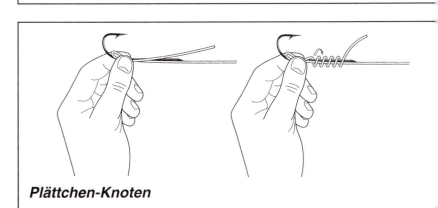

Plättchen-Knoten

3. Gerätekunde

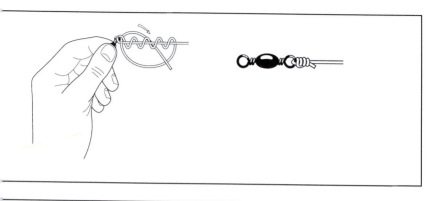

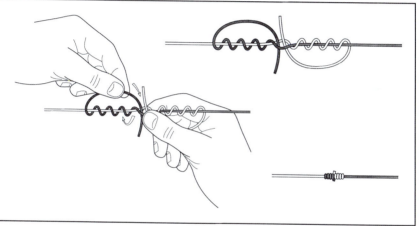

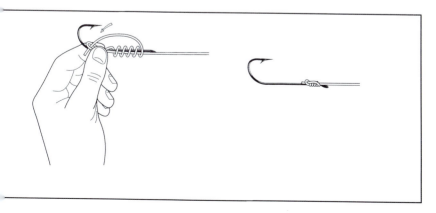

3. Gerätekunde

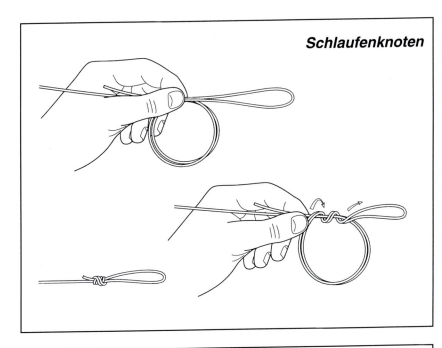

Schlaufenknoten

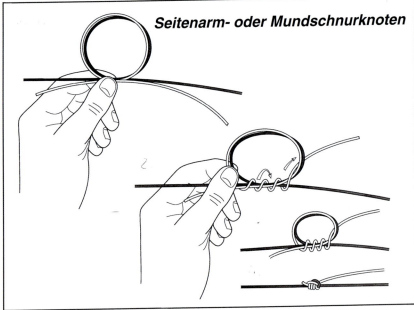

Seitenarm- oder Mundschnurknoten

3. Gerätekunde

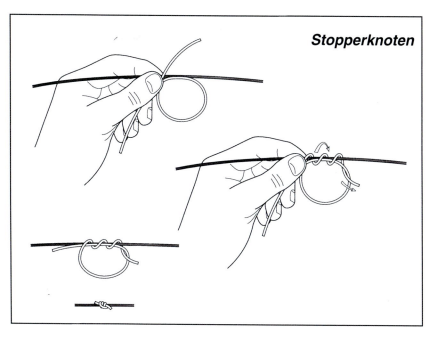

Stopperknoten

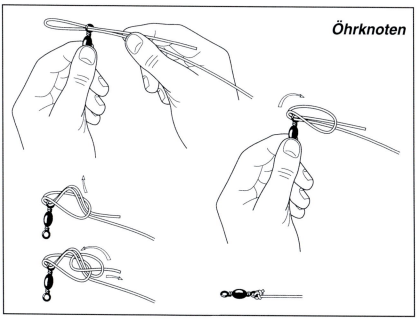

Öhrknoten

4. Gewässerkunde und Naturschutz

4. 1. Lebensraum Wasser

Wasser bedeutet Leben – schädigen wir das Wasser, so schaden wir dem Leben auf unserer Erde und uns selbst.
Ohne Wasser ist auf diesem Planeten kein Leben denkbar. Wir alle wissen, daß beispielsweise Lebensmittel haltbar gemacht werden, indem man sie trocknet. Trockenheit ist lebensfeindlich. Was im Kleinen gilt, läßt sich auch im Großen beobachten. Trockengebiete wie Wüsten (Sahara) empfinden wir als lebensfeindliche Regionen. Wasser gilt dort als kostbarstes Gut.
Und wie so oft im Leben: Das, was man im Überfluß besitzt, weiß man nicht sehr zu schätzen. Wie wäre es sonst zu erklären, daß wir auch heute noch immer wieder genügend Menschen finden, die bereit sind, die Gewässer in aller Welt skrupellos zu verschmutzen, wenn es sich in barer Münze auszahlt. Und schimpfen wir bitte nicht nur auf die „Großen", *wenn wir es selbst nicht schaffen, unsere Gewässer sauber zu halten.*
In Mitteleuropa haben wir das Glück, in einem sehr wasserreichen Gebiet mit gemäßigtem Klima wohnen zu können. Doch in wenigen Jahrzehnten haben die Menschen es geschafft, Flüsse, Seen und Meere so zu verunreinigen und zu verändern, daß einige Fische, ganz abgesehen von anderen Tieren, bereits als ausgestorben gelten und eine große Anzahl als gefährdete Art auf der roten Liste steht. Gott sei Dank gibt es mehr und mehr Angelfreunde, die in der Erhaltung der Fischarten und -bestände und in der

Kreislauf des Wassers

Wolken bilden sich

Verdunstung

Fluß

Meer (Salzwasser)

4. Gewässerkunde und Naturschutz

Erhaltung der Gewässer für unsere Fische eine der wichtigsten Aufgaben erkannt haben und mühsam versuchen, das Rad der Zerstörung von Wasser als Lebensraum zurückzudrehen.

Wie kann ich aber ein Gewässer beurteilen und vielleicht auch erhalten? *So vielfältig wie Landschaften sein können (Laubwald, Nadelwald, Wiese, Weide, Moor, Gebirge, Heide), so unterschiedlich sind auch Gewässer.* Sie werden keine zwei Gewässer finden, die einander völlig gleichen, mögen sie sich noch so ähneln. Um einen hinreichenden Überblick zu schaffen, gilt zunächst die Einteilung in Salzwasser und Süßwasser. *Salzwasser füllt*

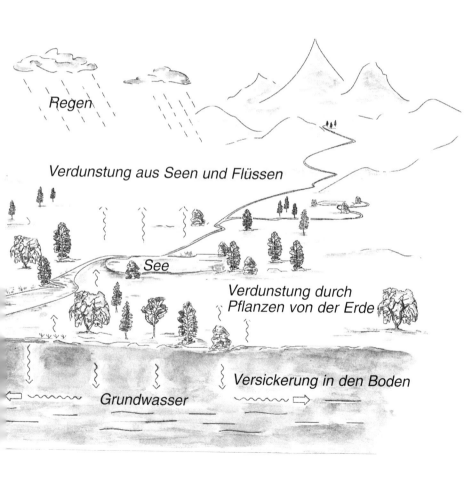

4. Gewässerkunde und Naturschutz

unsere Meere – die Nordsee mit knapp 4 % Salzgehalt (fast 4 kg Salz/100 Liter Wasser!), das Binnenmeer Ostsee mit nur ca. 0,5 %. Nur zwei Hundertstel der gesamten Gewässer der Erde enthalten Süßwasser – nein, nicht Zuckerwasser. *Als Süßwasser bezeichnen wir zum Beispiel unser Trinkwasser*, das in nur sehr winzigen Mengen gelöste Salze (Mineralien) und andere Stoffe enthält. Solange wir in unseren Breiten nicht ans Meer gehen, haben wir es mit diesem *Süßwasser als Grund- und Oberflächenwasser* zu tun. Grundwasser ist all das, was unter der Erdoberfläche fließt oder steht. Oberflächenwasser erkennen wir in Pfützen, Teichen, Tümpeln, Seen, Bächen, Flüssen, Strömen, Gräben oder Kanälen. Daß es nicht alle wird, dafür sorgt ein *riesiger Wasserkreislauf*, der stark vereinfacht so aussieht wie in der Abbildung auf der vorangegangenen Seite. Sie haben sicherlich schon einmal beobachtet, wie sich über einer Wasserfläche, einer Wiese, in einem Wald, vielleicht auch über einem Acker *feine Nebel bilden* und in die Luft aufsteigen. Sie lassen in *höheren, kühleren Luftschichten Wolken* entstehen. Ist die Luft sehr sauber, bleiben ebenso der aufsteigende Nebel und die Wolken ohne Verunreinigungen. Wolken laden, wohin sie der Wind treibt, ihre Regenfracht auf Häuser, Straßen, Wälder, Wiesen usw. ab und „waschen" dabei nochmals die Luft. Denken Sie nur einmal an einen kräftigen Sommerregen nach längerer Trockenzeit; wie frisch empfinden wir es danach. Die vom Himmel fallenden Wassermassen ziehen in den Boden ein (Grundwasser), verdunsten zum Teil oder gelangen an der Oberfläche in Fließgewässer und Seen. Nun kann es wiederum durch Pflanzen oder dort, wo es mit der Luft in Berührung kommt, verdunsten und erneut Wolken bilden.

Direkt *abhängig vom Grundwasser sind die Pflanzen*, die es mit den Wurzeln aufnehmen. Da aber *kein Tier* direkt oder indirekt *ohne Pflanzen leben kann*, sind letzlich wir Menschen ebenfalls unmittelbar an diesen lebenswichtigen Stoff gebunden, zumal wir Wasser teilweise zum Trinken und Bewässern in verschieden großen Mengen dem Boden entnehmen. Wird ihm zu viel Wasser entzogen, so daß der Grundwasserspiegel sinkt, müssen die Pflanzen zuerst absterben, die mit ihren Wurzelsystemen das Wasser nicht mehr erreichen. *Zwangsläufig verändert sich dadurch die Pflanzenwelt*. Das hat entscheidenden Einfluß auf die von Pflanzen abhängigen Tiere und letztlich *verändern sich Landschaft und Klima*. Es lohnt sich, über die negativen Folgen durch Eingriffe auf das Grundwasser, das wir ja meist nicht sehen und deshalb gern mißachten, nachzudenken.

4. Gewässerkunde und Naturschutz

Wasser als Lebensraum für Pflanzen und Tiere ist in seiner Qualität von mehreren wichtigen Faktoren abhängig: Klima, Sauerstoffgehalt, Wassertemperatur, Säuregrad, Nährstoffe.

Wasser und Klima

Das Klima wirkt mit Niederschlägen, Tageslängen, unterschiedlich ausgeprägten Jahreszeiten, Höhenlagen, Trockenperioden usw. besonders auf die Binnengewässer. In zu kalten Gewässern erfordert das Leben ebenso ein solides Maß an Anpassung wie in zu warmen. Dabei soll nicht unbedacht bleiben, daß in vielen Regionen auf unserem blauen Planeten *tages- und jahreszeitlich bedingt zusätzlich starke Schwankungen auftreten.*

Was ist hier mit Anpassung gemeint? Überall dort, wo auf unserer Erde ausreichend *saubere Luft, Licht, Feuchtigkeit und Wärme* herrschen, finden wir einen außerordentlich großen Artenreichtum (tropische Regenwälder). Wir gehen deshalb davon aus, daß die vier aufgeführten Einflüsse wichtige Voraussetzungen für das Leben sind. Nur wenige Pflanzen und Tiere haben es im Laufe von Millionen von Jahren geschafft, unter „Härtebedingungen" (Trockenheit, Dunkelheit, Kälte, Luftmangel) zu überleben: Eisbären, Robben und Pinguine an den kalten Polen, genügsame Gemsen als Tiere oder Moose und Flechten als Pflanzen im Hochgebirge in dünner Luft und Kälte, der Grottenolm in dunklen Höhlen, Kakteen oder einige Skorpionarten in Trockengebieten. So haben sich die *Lebewesen auf ihren Lebensraum (Biotop) spezialisiert, jedes auf seine Weise. Veränderungen können je nach Empfindlichkeit den Tod bedeuten.*

Sauerstoffgehalt

Der Sauerstoffgehalt ist für alle Lebewesen, die im Wasser atmen, von Wichtigkeit. Besonders für unsere Fische ist reichlich Sauerstoff (chem. Zeichen: O_2) stets günstig, wenngleich einige wenige Tierarten durch spezifisch ausgebildete Organe die nötige Luft an der Wasseroberfläche einatmen (vergl. z.B. Schlammpeitzger, Stechmückenlarve) und so in sauerstoffarmen Gewässern überleben. *Sauerstoff kann über die Atmung der Wasserpflanzen bei Tag* (nachts bilden sie wie Mensch und Tier Kohlenstoffdioxid) *oder durch Vermischung mit der Luft an der Oberfläche* (Luft enthält zu ca. 20 % Sauerstoff) *ins Wasser gelangen.* Deutlich ist das an Wasserfällen, Wehren, Sohlenstürzen sowie bei sich überschlagenden Wellen, verursacht durch starke Strömung oder Wind, zu beobachten. Der *O_2-Gehalt im Wasser*

4. Gewässerkunde und Naturschutz

muß nicht konstant sein. Atmende Tiere, Pflanzen bei Nacht und Bakterien, die organische Substanzen (Pflanzenreste, abgestorbene Tiere, Kot und Urin der Wassertiere) zersetzen und zu neuen Nährstoffen umarbeiten, filtern Sauerstoff heraus. Den *ständigen Verbrauch von O_2 für die Zersetzung von Biomasse nennt der Fachmann Sauerstoffzehrung.* In pflanzenreichen Gewässern muß der Sauerstoffgehalt demnach vor Sonnenaufgang im Sommer am niedrigsten ausfallen. *Warmes Wasser kann weitaus weniger Sauerstoff aufnehmen als kaltes.* Also läßt sich in sauberen, kühlen Gewässern mehr Sauerstoff vermuten als in vergleichbaren warmen Gewässern.

Wassertemperatur
Die Wassertemperatur in Seen, Flüssen usw. *wird durch die geographische Breite* (bei uns gemäßigtes Klima mit starken jahreszeitlichen Schwankungen), durch die *Tiefe des Wassers*, durch seine *Höhenlage* (Gebirge oder Flachland) und die *Sonneneinstrahlung* bestimmt. Seltener sind technische Anlagen (Kühlwassereinleitungen) entscheidend. So gelangt *Quellwasser mit ca. +8° C* aus dem Boden und paßt sich mit der Zeit den äußeren Bedingungen an. Aus Seen und Teichen kennen Sie sicherlich die von der Sonne im Sommer erwärmte obere Wasserschicht. Tauchen Sie ab, wird es merklich kühler. Welche Erklärung gibt es dafür? Wasser wird von +4° C an sowohl bei Abkühlung als auch bei Erwärmung leichter. Es ist also mit +4° C am schwersten. Dieses führt in stehenden Gewässern *in den Jahreszeiten zu auffälligen Erscheinungen.*

Wassertemperaturen eines Sees im jahreszeitlichen Wechsel

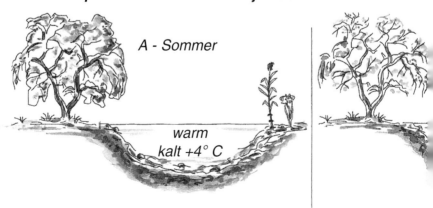

4. Gewässerkunde und Naturschutz

- *Sommer*: Das Wasser ist durch Sonneneinstrahlung an der Oberfläche stark erwärmt (A) und je nach Tiefe bis maximal +4° C kühl.
- *Herbst*: Durch die Abkühlung der Luft sinkt in dieser Jahreszeit die Wassertemperatur ebenso, bis auch die oberen Schichten des Wassers +4° C erreicht haben. Nun ist alles Wasser bei dieser Gradzahl gleich schwer, und es kann zu einer vollständigen Wasserumwälzung kommen. In Fachkreisen wird das *Vollzirkulation* genannt (B).
- *Winter*: Bei zu starker Abkühlung bildet sich (leichtes) Eis wie eine Isolierschicht an der Oberfläche. Der Wind kann keine Umwälzungen mehr bewirken (C).
- *Frühjahr*: Durch langsame Erwärmung erleben wir die gleiche Vollzirkulation wie im Herbst (B). Diese Erkenntnis läßt ebenfalls verstehen, daß einige Tiere am Gewässergrund bei +4° C frostfrei überwintern. Nur Gewässer mit mangelnder Tiefe führen in starken Wintern zum Erfrierungstod.

Säuregrade (pH-Werte)

Wir alle sind schon häufig mit Säuren (Essig als Konservierungsmittel oder Gewürz, saure Früchte wie Apfel und Zitrone) und Laugen (Seife) in Berührung gewesen. Daher ist uns bekannt, daß etwas schwach oder auch stark sauer sein kann. Um vergleichbare Aussagen machen zu können, sind meßbare „*Säuregrade*"(pH-Werte) eingeführt worden. Ist z.B. *eine Lösung sehr stark sauer, erhält sie den pH-Wert 0, eine konzentrierte*

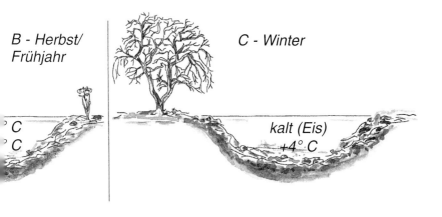

4. Gewässerkunde und Naturschutz

Lauge dagegen den Wert 14. Beide Lösungen sind intensiv ätzend und rufen bei Mißbrauch schwere Gesundheitsschäden hervor oder führen zum Tod. Der Mittelwert 7 stellt den neutralen Stoff dar. So liegen denn auch die pH-Werte unserer Getränke (Wasser, Tee, Kaffee, Milch, Säfte usw.) um 7 pH. Fische, dem Leben im Wasser angepaßt, haben sich auf neutralere Werte eingestellt und überleben gut in Bereichen zwischen pH 6 bis pH 8. Werte über 10 oder unter 4 bedeuten für viele der Fischarten und andere Wassertiere bereits den Tod. Moore zählen zu den Gewässern, die wir als sauer bezeichnen. Ihre Werte liegen manchmal unter pH 4. So sind Moore artenarm und das in seinem braunen Wasser wachsende Moos (Sphagnum) bleibt nach dem Absterben konserviert und bildet Torf. Der Säurewert kann in solchen Fällen durch Kalkungen erhöht werden. *Versuchen Sie bitte nicht, aus einem Moor durch erheblichen Aufwand an chemischen Mitteln (Kalk, Dünger) ein brauchbares Fischgewässer zu machen.* Auch Moore haben ihre Aufgabe in der Natur, und intensive Arbeitseinsätze schädigen nur diese Biotope.

Wollen Sie den pH-Wert in einem Gewässer messen? Selbst für Laien ist das kein Problem. *Im Fachhandel werden hinreichend einfache Geräte und Indikatorpapiere zum Messen von Säuregrad, Sauerstoff und ähnlichem angeboten.*

Nährstoffe

Ein weiterer wichtiger Faktor für das Leben im Wasser ist sein *Nährstoffgehalt*. Diese Nährstoffe müssen wir uns als *im Wasser aufgelöste Salze* (Nährsalze – Mineralien) vorstellen. Unter anderem gelten Stickstoff-, Phosphor- und Kaliumverbindungen als zwingend notwendig. Sie gelangen auf unterschiedliche Weisen hinein:
● *mit Regen aus der Luft* (u.a. Stickstoff nach Gewitter),
● *aus dem Boden*, an den die Wassermassen angrenzen,

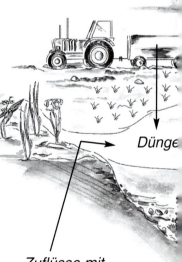

Nährstoffe gelangen ins Wasser

Dünge

Zuflüsse mit unterschiedlichen Belastungen aus Haushalten, Industrie und Landwirtschaft

4. Gewässerkunde und Naturschutz

- *von der Erdoberfläche des Uferbereiches* (durch Einspülungen mit Regen),
- *durch Zuflüsse aller Art* in ein Gewässer oder
- *durch Zersetzung von pflanzlichen und tierischen Stoffen* im natürlichen Nahrungskreislauf.

Diese Nährstoffe spielen, in gelöster Form für das Auge nicht sichtbar, im Wasser eine große Rolle. Pflanzen nehmen sie über Wurzeln, Blätter und Zellwände auf, damit sie wachsen und sich vermehren. Dabei produzieren sie tags Sauerstoff und nachts Kohlendioxid, zwei Gase, die sie direkt ins Wasser abgeben. Von den grünen Pflanzen leben wiederum Tiere, die sie fressen und verdauen. Die Ausscheidungsprodukte bilden im Kreislauf wieder neue Nährstoffe. Ein nährstoffreiches Gewässer ist leicht an seinem sehr guten Pflanzenwuchs im Sommer zu erkennen.

Die Düngung eines neu angelegten, nährstoffarmen Gewässers kann nach Prüfung durchaus sinnvoll sein.

4. Gewässerkunde und Naturschutz

▼ 4. 2. Kleinstlebewesen im Wasser

Wie kommt nun Leben ins Wasser?
Haben Sie schon einmal ein Glas mit Wasser (möglichst kein gechlortes Leitungswasser) einfach ins Licht gestellt und nach einigen Tagen überrascht sehen müssen, wie sich darin Leben – nämlich in Gestalt grüner Algen – gebildet hat? Dabei sind Ihnen mit bloßem Auge betrachtet noch viele Lebewesen entgangen. *Mikroskopisch kleine pflanzliche und tierische Lebewesen kommen überall in der Natur vor.* Finden sie brauchbare Bedingungen vor, fangen sie an, sich zu vermehren. Und in großen Mengen fallen uns diese Mikroorganismen durch ihre Wirkung (Zersetzung im Kompost, Verderb von Lebensmitteln, Krankheiten) dann auch auf. Sie sind der Grundstock allen Lebens auf der Erde.

Bakterien
Als kleinste sind die *Bakterien* zu nennen. Im Wasser unterscheiden wir von den vielen Arten grob *zwei Gruppen*: *solche, die Sauerstoff benötigen (aerobe) und solche, die ohne oder nur mit geringem O_2-Gehalt leben*

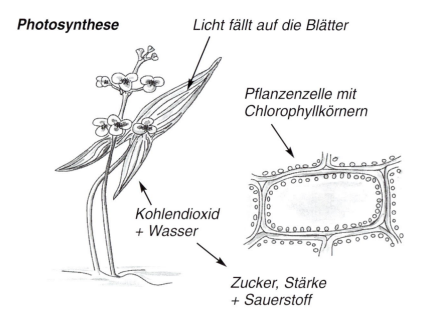

Photosynthese Licht fällt auf die Blätter

Pflanzenzelle mit Chlorophyllkörnern

Kohlendioxid + Wasser

Zucker, Stärke + Sauerstoff

4. Gewässerkunde und Naturschutz

(anaerobe). Bakterien – nicht nur im Wasser – *zählen zu den Zersetzern.* Sie erfüllen die *wichtige Aufgabe, pflanzliche und tierische Stoffe so weit „aufzufressen",* daß die dabei gelösten Substanzen den anderen Lebewesen wieder zur Verfügung stehen. In erster Linie werden diese Nährstoffe von Pflanzen aufgenommen. *Mit Hilfe des Lichtes produzieren diese grünen Pflanzen,* ob es sich dabei um mikroskopisch kleine Algen handelt oder dichte Krautbänke größerer Wasserpflanzen, *neben dem Sauerstoff für alle Tiere unentbehrliche Kohlenhydrate* (Zucker, Stärke und Cellulose). Den Vorgang einer solchen Produktion nennen wir *Photosynthese* (Photo = Licht; Synthese = Zusammensetzung). Zucker, Stärke und Cellulose dienen den Tieren als *Betriebsstoffe,* so wie ein Verbrennungsmotor Kraftstoff benötigt. *Tiere können* nun einmal *diese Substanzen nicht selbst herstellen.* Deshalb machen sie sich über die Pflanzen her. Einzellige Tierchen, Wasserflöhe, Hüpferlinge und andere ernähren sich von den pflanzlichen Ein- und Mehrzellern, aber auch von den Resten größerer Pflanzen. Die Kleintiere sind wiederum Nahrung für größere Wassertiere wie Kleinfische, Fischbrut usw. Diese sind dann die Beute großer Fische. Sterben sie ab, kommen die Bakterien wieder zum Einsatz und zersetzen die tote Biomasse. Der *Nahrungskreislauf* im Wasser beginnt von neuem. Von außen wirken zum Beispiel natürlicherweise Wasservögel, Lurche (Frösche, Kröten, Molche), Säuger (Bisam, Otter), Insekten und Menschen auf diesen Kreislauf, in dem *Pflanzen als Produzenten, Tiere als Konsumenten und Bakterien als Zersetzer* bezeichnet werden.

Kaum ein Lebewesen kann diesen Nahrungskreislauf, hier sehr stark vereinfacht dargestellt, in einem solchen Maße beeinflussen wie der Mensch durch Abfälle, Dünger, Spritzmittel, intensive Nutzung des Wassers zur Reinigung oder auch Energiegewinnung und anderes mehr. Kleinste Veränderungen können die manchmal *sehr sensiblen Zusammenhänge* erheblich stören. Ihnen als Angler fällt aus diesem Grunde für die Umwelt ein hohes Maß an Verantwortung zu. Wir haben, wollen wir dem Ruf, auch gleichzeitig Naturschützer zu sein, gerecht werden, in der Reinhaltung der Gewässer eine besondere Aufgabe zu sehen.

Vielleicht fällt uns diese Aufgabe so schwer, weil wir wieder einmal in erster Linie auf Dinge achten müssen, die wir zum Teil nicht sehen. Fast gefährlich klingt da der Spruch: „Was ich nicht weiß, macht mich nicht heiß!"
Bakterien kommen in einer Vielzahl verschiedener Arten vor. Es ist *kein pflanzlicher oder tierischer Stoff bekannt, der von ihnen nicht zersetzt*

4. Gewässerkunde und Naturschutz

werden kann. Ihre Arbeit ist von außerordentlicher Wichtigkeit, denn das Leben auf unserer Erde ist dadurch gekennzeichnet, daß ein sich ständig wiederholender Prozeß im Auf- und Abbau organischer Substanzen abläuft. Für diese Umwandlung organischer Stoffe in überwiegend Kohlendioxid, Wasser und Mineralien (Nährsalze) benötigen sie Sauerstoff, der dem Wasser entzogen wird. Unter günstigen Bedingungen kann sich ein Bakterium alle dreißig Minuten durch Teilung verdoppeln. Rein theoretisch könnten nach

Nahrungskreislauf in einem Gewässer

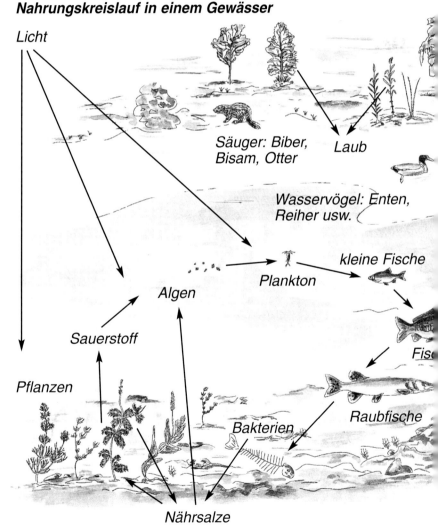

4. Gewässerkunde und Naturschutz

Bakterienformen

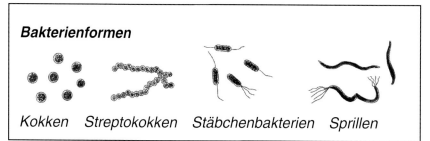

Kokken   Streptokokken   Stäbchenbakterien   Sprillen

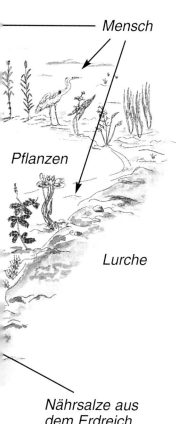

Mensch

Pflanzen

Lurche

Nährsalze aus dem Erdreich

eineinhalb Tagen aus einem Bakterium ca. 4 722 000 000 000 000 000 000 Bakterien entstanden sein. Können Sie diese Zahl noch lesen? 4 Trilliarden 722 Trillionen. Sie hätten ein Gewicht von mehreren Millionen Tonnen. Je mehr zersetzbare Stoffe im Wasser sind, um so mehr Bakterien sind zu erwarten. Fehlt Sauerstoff oder wird er knapp, wirken Bakterienstämme, die solchen Bedingungen angepaßt sind (anaerobe Bakterien). Bei ihrer „Arbeit" entstehen geruchsintensiver, giftiger Schwefelwasserstoff und Ammoniak. Häufig zeigen weißliche und rötliche Schichten an Gegenständen im Wasser diesen Zustand an. Das Wasser ist jetzt auf längere Zeit für viele Lebewesen nicht mehr bewohnbar!

Plankton
Im Nahrungskreislauf wird vom Plankton gesprochen. Übersetzt heißt es „das Schwebende" oder „Umhertreibende". Gemeint sind kleinste Lebewesen, die wegen ihrer mangelhaften Bewegungsfähigkeit im Wasser schweben. Wir unterscheiden:

4. Gewässerkunde und Naturschutz

Tierisches Plankton

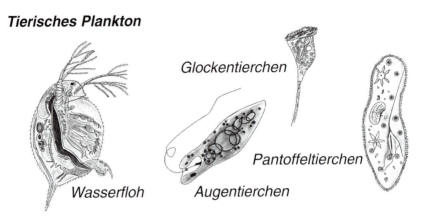

Glockentierchen
Pantoffeltierchen
Wasserfloh   Augentierchen

● *Pflanzliches Plankton – das sind ein- und mehrzellige Algen*
Rotalgen, Braunalgen, Augenflagellaten, Grünalgen, Kieselalgen und Blaualgen zählen zu den bekanntesten Stämmen.
Einige Arten (von über 500) sind Ihnen sicherlich von warmen Sommern in Erinnerung, wenn sie durch ihr massenhaftes Auftreten (Wasserblüte) Gewässer nicht nur an der Oberfläche grünlich trüben. Starke Nährstoffanreicherungen im Wasser durch Düngergaben der unmittelbaren Umgebung können eine Erklärung sein. Diese Algen bilden die Grundnahrung für eine große Zahl kleinster Tiere.

● *Tierisches Plankton – das ist alles vom Urtierchen bis zum Kleinkrebs*
Flagellaten (Geißeltierchen), mit Geißeln ausgestattet (siehe Abbildung oben), bilden mit Größen von Millimeterbruchteilen die Übergangsform von der Pflanze zum Tier, da sie sich sowohl wie Pflanzen als auch wie Tiere ernähren können. Sind aus Ihrer Schulzeit noch die Amöben im Heuaufguß in Erinnerung – winzige, bis zu einem halben Millimeter lange Tierchen, die ihre Körperform zur Fortbewegung und Nahrungsaufnahme im wahrsten Sinne fließend verändern können? Ihre Nahrung besteht aus kleineren Tierchen und Algen, die von ihnen regelrecht umflossen und verdaut werden. Einige der eben erwähnten Arten können auch bei Menschen Krankheiten verursachen.
Sonnentierchen (sonnenähnliches Aussehen), Wimpertiere, Rädertierchen, die teilweise Längen bis zu 2 mm erreichen, führen den Reichtum an tierischem Plankton fort. Überwiegend sind Bakterien, Algen und mikroskopisch kleine Tierchen ihre Nahrung.

4. Gewässerkunde und Naturschutz

Zum tierischen Plankton gehören ebenfalls *Wasserflöhe (Blattfußkrebse), Hüpferlinge (Ruderfußkrebse) und Muschelkrebse* mit mehr als fünfzig Süßwasserarten. Mit bloßem Auge gut erkennbar, *dienen sie vielen kleineren und größeren Fischen*, ja sogar im Meer den Bartenwalen, *als wertvolle Hauptnahrungsquelle. Sie alle sind Grundlage für Fischreichtum oder -armut im Gewässer.*
Zur Düngung von Zuchtteichen werden in manchen Gegenden Tierställe über der Wasserfläche angelegt. Der Kot gelangt ins Wasser und erhöht über die Planktonbildung die Fischerträge. *Gleichermaßen kann eine übermäßige Planktonproduktion durch zu reichlich organische Substanzen Sauerstoffmangel nach sich ziehen.*
Teilweise reagiert diese Welt der Kleinstlebewesen auf *Veränderungen unberechenbar empfindlich.* Hauptsächlich bei stehenden Gewässern kann es wegen der geringen Fähigkeit, ihr Wasser auszutauschen, durch Einleitungen, Verschmutzungen, Spritzmittel- und Düngereinwirkungen zu tiefgreifenden Folgeerscheinungen führen. Ganze Tier- und Pflanzenstämme können absterben und das Gewässer so belasten. Stellen sich Mikroorganismen in kürzester Zeit auf Grund ihrer Vermehrungsfähigkeit auf Veränderungen ein, benötigen größere Pflanzen und Fische dafür Jahre. Im schlimmsten Fall überleben nur noch wenige Arten. Das Gewässer kippt um! Haben sich in unseren natürlichen Gewässern im Laufe von Jahrtausenden wohl aufeinander abgestimmte Lebensgemeinschaften entwickelt, muß es die besondere Aufgabe der Petrijünger sein, dieses bewährte, aber auch komplizierte System weitgehend *vor allen schädlichen Einflüssen zu schützen.*

4. 3. Pflanzen am und im Wasser

Schon mehrfach wurde die besondere Bedeutung der Pflanzen erwähnt (vergl. Abb. S. 126). Sie produzieren unter Lichteinfluß mit den grünen Blättern Kohlenhydrate und Sauerstoff. Das geschieht mit den grünen Chlorophyllkörnern in den Pflanzenzellen, die auch die Grünfärbung der Blätter hervorrufen. Tieren fehlt das Blattgrün, also müssen sie sich direkt (Pflanzenfresser) oder auf Umwegen (Fleischfresser) die Kohlenhydrate beschaffen, die sie dann in Kohlendioxid, Wasser und Energie umwandeln. Zur Herstellung des lebenswichtigen Sauerstoffs *benötigen grüne Wasserpflanzen ausreichend Licht,*

4. Gewässerkunde und Naturschutz

wobei die Lichtansprüche der einzelnen Arten außerordentlich unterschiedlich ausfallen. *In stark schattigen Bereichen (z.B. dichter Erlenbestand) sterben sie* weitgehend ab. Intensive Wassertrübungen und größere Wassertiefen lassen ebenfalls nur beschränkten Lichteinfall und somit begrenztes Pflanzenwachstum zu. So bilden sich in den verschiedenen Wasserbereichen regelrechte *Pflanzengesellschaften* heraus, die sich recht gut am Beispiel eines Sees veranschaulichen lassen.

Pflanzen am Ufer

Im Uferbereich eines idealen Sees kann es zu stark wechselnden Umwelteinflüssen kommen, die unter anderem durch Hochwasser (starke Niederschläge), Niedrigwasser (Trockenperioden), Wind, Untergrund, Schatteneinwirkungen zu erklären sind. Im unmittelbaren Grenzbereich des Gewässers finden wir häufig dann auch ein *Ufergehölz*, vorwiegend aus Pappeln, Weidenarten und Erlen.

Da man heute oft dazu neigt, Uferbereiche „zur Unterhaltung" der Fließgewässer von Baumbeständen freizuhalten, soll die sehr häufige *Schwarzerle als Baum hervorragender Uferbefestigung* herausgestellt werden.

Erlenwurzel mit Knöllchenbakterien/Blatt/Blütenstand im Frühjahr

4. Gewässerkunde und Naturschutz

Kalmus

Pfeilkraut

Brennessel

Hinzu kommt eine erwähnenswerte Zusatzleistung der Erle: Zum Aufbau organischer Substanzen ist Stickstoff (zu 80 % in der Luft enthalten und wird meist in Form von Nitraten auf Agrarflächen gebracht) unverzichtbar. *Erlen vermögen an ihren Wurzeln mit Hilfe von Bakterienkolonien* – sichtbar durch kleine Knöllchen – im Gegensatz zu vielen

Froschlöffel

anderen Pflanzen diesen Stickstoff *auf natürliche Weise zu erschließen. Ihr Laub ist ferner wichtiger Nahrungsbestandteil von Bachflohkrebsen*, die wiederum als wertvolle Fischnährtiere bekannt sind. Bedenken Sie also stets den besonderen Wert der Erlen, die schon in der älteren Fachliteratur als „Pionierpflanzen geschädigter Waldböden" gelobt werden.

Mit den Pflanzen des Uferbereiches haben wir Angler schon dann Kontakt, wenn wir das Gewässer zum Angeln erreichen müssen. Dabei ist nicht schwerpunktmäßig das Benennen der einzelnen Arten von Bedeutung.

4. Gewässerkunde und Naturschutz

Viel *wichtiger ist die Erkenntnis, daß Bodenverhältnisse, Pflanzen und Tiere mit weiteren Faktoren in engster Wechselbeziehung zueinander stehen.* Die Vernichtung des einen kann deshalb verheerende Folgen für das andere nach sich ziehen. Die enge Verflechtung der Uferpflanzen mit dem Gewässer ergibt sich bereits aus ihrem feuchten Standort. Der direkte Einfluß solcher Pflanzen auf den angrenzenden Lebensraum Wasser muß berücksichtigt werden. Und das können Sie als Angler oder Naturschützer leisten, wenn Sie sich dieser Zusammenhänge bewußt sind und Ihren *Angelplatz behutsam und rücksichtsvoll einrichten.* Nur ein verständnisloser Petrijünger wird ohne ökologischen Verstand die Vegetation zertrampeln. Vergessen Sie nie: *Wollen wir von der Natur leben, müssen wir (wieder) lernen, mit der Natur zu leben!*

Am Wassersaum wachsen nicht selten die von der Landwirtschaft wenig geschätzten *Sauergräser*. Teilweise treten sehr dichte Bestände durch unterirdische Ausläufer oder Bulten auf. Dort, wo der Uferbereich sehr nährstoffreich ist, wächst gern die bis zu 2 m hohe *Große Brennessel*, die wohl jeder aus Erfahrung kennt. Sie gilt als Heilpflanze. Ihre Blätter werden für Tee gesammelt. Ähnliche Eigenschaften sind von den Wurzeln des aromatisch riechenden, seltenen *Kalmus* bekannt. Zur Blütezeit im Juni/Juli ist sein bis 8 cm langer Blütenkolben unverwechselbar. Leicht sind die *Minzen* am typischen Pfefferminzgeruch zu erkennen. Keine zusätzlichen Erläuterungen bedarf es wohl zum Erkennen der *Distel*, sie stechen mit den Dornen ihrer Blätter recht eindrucksvoll. Problemlos kann man sich auch den *Igelkolben* mit seinen kugelförmig stacheligen Fruchtständen merken, der häufiger am und im Gewässer anzutreffen ist. Das pfeilförmige Laubblatt gibt dem *Pfeilkraut* an ruhigen Wasserstellen seinen Namen. Mit ihm eng verwandt ist der häufige *Froschlöffel*.

Schlangenwurz

Schwertlilie

134 Fischerprüfung

4. Gewässerkunde und Naturschutz

Wasserschierling

Besondere Beachtung sollten Sie den folgenden Pflanzen widmen, weil sie sehr giftig oder nach dem Gesetz geschützt sind:
Der *Schlangenwurz* zählt mit seinen weißgrünlichen, ohrähnlichen Blüten zu den geschützten Aronstabgewächsen und liebt schlammigen Untergrund. Er erreicht selten Größen über 30 cm. Die hellroten Früchte des späten Sommers sind scharfschmeckend. Ebenfalls geschützt ist die *Wasserschwertlilie* mit ihren leuchtend gelben Blüten im Mai/Juni, ein typischer Vertreter des Uferbereichs. Vorsicht vor dem *Wasserschierling* – er zählt zu unseren giftigsten Pflanzen. Seine Blätter sind gefiedert, die Pflanze trägt weißblühende Dolden, der Wurzelstock ist knollig verdickt, meist hohl, von süßlich betäubendem (Sellerie!) Duft.
Bei weitem sind hier nicht alle Uferpflanzen angesprochen worden, nur ein oberflächlicher Einblick ist möglich. Sie machen jedoch keinen Fehler, wenn Sie Ihnen *unbekannte Pflanzen als schutzwürdig einordnen.*

Wasserpflanzen
Schauen wir nun ins Wasser, entdecken wir im günstigsten Fall an nährstoffreicheren Seen einen typischen Vegetationsgürtel, während der Pflanzenwuchs in Fließgewässern sehr stark wechselt.
Die *Einteilung des Gewässers in drei Zonen* ist leicht möglich, wobei nicht alle stehenden Gewässer diese typische Gliederung zeigen. Häufig fehlen auch einzelne Zonen: Die *Uferzone* reicht von der Wasserkante am Ufer bis hin zu den Bereichen der Unterwasserpflanzen, die nur selten mit ihren Blättern die Wasseroberfläche erreichen. Die *Tiefenzone oder Bodenzone* beginnt dort, wo das Pflanzenwachstum mit zunehmender Wassertiefe endet, was meist in unmittelbarem Zusammenhang mit den Lichtverhältnissen steht. Die *Freiwasserzone* beginnt über der Bodenzone und reicht bis zur Oberfläche.
Da in der Uferzone die Pflanzen als Produzenten ihren Standort haben, *ist sie für das Leben im gesamten See von großer Wichtigkeit.* Die Uferzone unterteilt sich im Idealfall in *Schilfgürtel, Seerosengürtel und Laichkrautgürtel.*

4. Gewässerkunde und Naturschutz

Biologische Zonen eines Sees

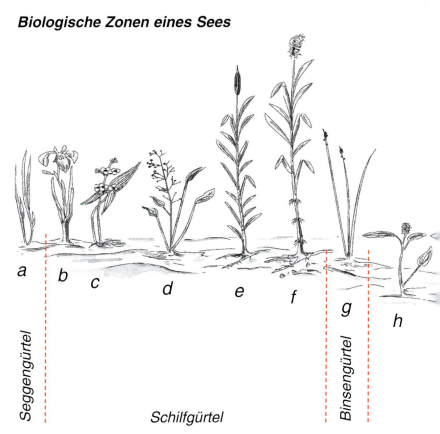

Die Uferzone eines Sees: im Vordergrund der Laichgürtel, anschließend die Schwimmblattpflanzen, danach der Binsen- und Schilfgürtel

● *Schilfgürtel* – Nicht gern gesehen sind im direkten Uferbereich *Rohrkolben und Schilfrohr* – sie bilden den Schilfgürtel. Sie entwickeln Blüten und Blätter über dem Wasser und tragen so zur Produktion von Sauerstoff im Wasser wenig bei. Schilfrohr kann bis in Tiefen von ca. 2 m vordringen. Blätter und Halme zersetzen sich schlecht. Die Pflanze kann zur Verlandung eines Sees beitragen. Andererseits *bietet Schilf*

4. Gewässerkunde und Naturschutz

*a - Seggen; b - Schwertlilien; c - Pfeilkraut; d - Froschlöffel;
e - Rohrkolben; f - Schilf; g - Binsen; h - Knöterich;
i - Gelbe Teichrose; k - Weiße Teichrose; l - Tausendblatt;
m - Wasserpest; n - Laichkraut; o - Hornkraut; p - Wasserstern;
q - Armleuchteralgen*

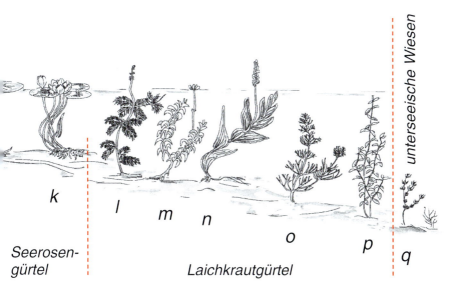

einer großen Zahl Tieren Schutz, Brut- und Lebensraum (Enten, Taucher, Wasserhühner, Rohrsänger, Lurche und auch Fische). Außerdem *dämpft dieser Gürtel starke Wasserbewegungen durch Wind oder Bootsverkehr, Wellenschläge*, die besonders steile Ufer schädigen oder abbrechen lassen könnten – das ist ein Beitrag gegen Verlandung.

Noch weiter dringen die *Hohen Teichsimsen (Teichbinsen)* mit ihren blattlosen, runden Halmen zur Seemitte vor und sind durch ihre Elastizität sehr gut Wasserbewegungen angepaßt.

Rohrkolben

Fischerprüfung   137

4. Gewässerkunde und Naturschutz

Schilfrohr

Weiße Seerose

Gelbe Teichrose

Teichsimse

Zum Herbst brechen die Halme in Grundnähe ab.

● *Seerosengürtel* – Die Seerosen geben dem nächsten Bereich seinen Namen: Seerosengürtel. Sie zählen zu den *Schwimmblattpflanzen*, deren Blätter auf der Oberfläche schwimmen und deshalb für die Nahrungsproduktion gering eingeschätzt werden. Betrachten Sie aber ein solches Blatt von der *Unterseite*, entdecken Sie eine *Vielfalt kleiner Tiere*, die auch im Nahrungskreislauf ihre Berechtigung haben. Hauptvertreter dieses Abschnittes sind drei Pflanzenarten: *Seerose, gelbe Teichrose und Wasserknöterich*. Das Blattwerk der See- und Teichrosen stirbt mit sinkenden Temperaturen ab. Die Pflanzen *überdauern den Winter im Boden mit armdicken Wurzelstöcken*.

● *Laichkrautgürtel* – Dem Seerosengürtel folgt im günstigen Fall der Laichkrautgürtel (*Laichkrautzone*). Die hier angesiedelten *Unterwasser-*

4. Gewässerkunde und Naturschutz

Schwimmendes Laichkraut

Krauses Laichkraut

pflanzen (Tauchpflanzen) sind durch feine, weiche, grüne Blätter gekennzeichnet. Ihr *Stoffwechsel läuft im Wasser ab und kommt den dortigen Lebewesen zugute*. So steht in diesem Bereich reichlich Nahrung zur Verfügung. Für die Krautlaicher wird diese Zone zur Kinderstube des Nachwuchses, der zugleich reichlich Unterschlupf im pflanzlichen Gewirr vorfindet. Die Blätter und Stiele einiger Pflanzenarten dieser Zone vergehen zum Winter, und Bakterien setzen sie wieder zu Nährstoffen um. Sie überdauern die kalte, lichtarme Jahreszeit durch Winterknospen oder Wurzeln. Andere, wie das Quellmoos und Wassersternarten, überstehen den Winter als komplette Pflanzen. Folgende *Tauchpflanzen* sollen kurz dargestellt werden:

● *Schwimmendes Laichkraut* – häufiger in stehenden oder langsam fließenden Gewässern zu finden. Die letzten Blätter seines Sprosses sind länglich herzförmig und tauchen oft schwimmend an der Oberfläche auf. Die Blüte erscheint als grünliche Ähre.

● *Krauses Laichkraut* – leicht an seinen stark gewellten Blatträndern zu erkennen. Es faßt sich hart an. Der Stengel ist vierkantig, alle Blätter sind untergetaucht.

● *Wasserpest* – stammt aus Kanada. Sie wurde Mitte des 18. Jahrhunderts in Brandenburg ausgesetzt und hat sich von dort über Mitteleuropa in fließenden und stehenden Gewässern schnell verbreitet. Drei kleine, dunkelgrüne Blättchen setzen stets an einem Punkt des Stengels an (dreizähliger Quirl).

4. Gewässerkunde und Naturschutz

Wasserpest

Wasserhahnenfuß

Wasserstern

Die Wasserpest bildet dichte Polster und vermehrt sich bereits durch Stücke des leicht brechenden Stengels. Die starke Ausbreitung in stehenden und fließenden Gewässern erklärt ihren Namen.

● *Hahnenfuß* – Sehr ähnlich sind sich der *Gemeine (gewöhnliche) Wasserhahnenfuß* und der *flutende Hahnenfuß*. Ihre Unterwasserblätter sind in viele schmale, zarte Zipfel geteilt, die Stengel können beim flutenden Hahnenfuß mehrere Meter lang werden. An der Oberfläche bilden sich nierenförmig gelappte *Schwimmblätter*. Die Blüten beider Pflanzen sind weiß mit gelben Staubblättern und bilden überwiegend im Uferbereich von sauberen Bächen und Flüssen ganze Polster.

● *Wasserstern* – Länglich schmale, auffallend hellgrüne Blättchen finden wir bei den Wassersternarten. In sauberen Fließgewässern bilden sie dichte Polster, und ihre Endknospen erscheinen in flachen Zonen als kleine Rosetten an der Oberfläche. Ihre Verbreitung ist beachtlich: Moore, Tümpel, Bäche, Teiche mit schlammigem oder sandigem Untergrund werden besiedelt.

● *Gemeiner Wasserschlauch* – In stehenden Gewässern, überwiegend in solchen des Flachlandes, wächst untergetaucht der wurzellose Gemeine Wasserschlauch. Er besitzt auffallend feine, verzweigte, fadenförmige

4. Gewässerkunde und Naturschutz

Wasserschlauch

Quellmoos

Grünalgen

Blättchen mit kleinen, blasenähnlichen Gebilden. Damit sondert er süßlichen Schleim ab und lockt so Kleinstlebewesen an. Ein Mechanismus zieht die Tierchen bei Berührung in die Blase, wo sie verdaut werden. Der gelbe Blütenstand ragt im Sommer mehr als 10 cm aus dem Wasser. Zum Winter bildet die Pflanze kugelartige Winterknospen, die, nachdem die Pflanze zum Winter vergeht, auf den Boden sinken, um im Frühjahr neu zu sprießen.

● *Quellmoos* – Häufig in sauberen Fließgewässern, besonders im Bereich der Forellen- und noch in der Äschenregion, finden wir das dauerhafte Quellmoos, in Polstern wachsend als wertvolle Unterwasserpflanze mit dichtstehenden, dunkelgrünen, kleinen Blättchen.

● *Armleuchteralgen* – stehen meist zur Seemitte am Schluß des Uferzonenbereiches. Sie zählen zu den Grünalgen, erinnern von ihrem Aufbau aber

4. Gewässerkunde und Naturschutz

Krebsschere

Wasserlinsen

an die quirlig gebauten Schachtelhalme. Ihr Geruch ist leicht unangenehm faulig. Am Gewässergrund können sie regelrechte Teppiche bilden (unterseeische Wiesen).

● *Krebsschere* – Den Fischern ein Dorn im Auge ist die Krebsschere. Bei ihrem Aussehen denkt man zunächst an eine Agave, eine trichterförmige Rosette mit festen, stacheligen, schwertförmigen Blättern, die nur zum Teil aus dem Wasser ragen. Die kurzen Wurzeln sind meist nicht im Boden verankert. Zum Winter sinkt sie auf den frostsicheren Grund ab. Heute ist sie mancherorts selten geworden und steht unter Schutz.

● *Teich- und Wasserlinsen* – Eine Plage sehen manche Teichfreunde in den Teich- und Wasserlinsen. Mit knapp 1 cm großen, hellgrünen Blättchen schwimmen sie mit feinen Wurzeln, die den Grund nicht erreichen, an der Oberfläche und verhindern teilweise Lichteinfall und Sicht.

▼ 4. 4. Tiere am und im Wasser

4. 4. 1. Würmer und Weichtiere

Würmer
Das Wasser ist auch Lebensraum für zahllose Wurmarten, zwei wichtige stellen wir kurz vor:
● *Fischegel* – Am auffälligsten erscheinen uns im Wasser lebende Würmer

4. Gewässerkunde und Naturschutz

auf anderen Tieren als *Parasit* wie die *Fischegel* (siehe *Fischkrankheiten*). Ihre abgeflachte Körpergestalt ist meist länglich mit querverlaufenden, ringförmigen Segmenten. Fischegel besitzen an beiden Körperenden Saugorgane, mit deren Hilfe sie sich nicht nur schmarotzend an Fischen festsetzen. Manche Arten setzen sich blutsaugend an größeren Tieren fest (Einsatz von Egeln als Blutsauger in der Medizin). Voll gesättigt können sie Monate ohne Nahrung überdauern. Im Wasser schwimmen sie ähnlich wie ein Aal mit schlängelnden Bewegungen. Die *Schleie gilt als ein Vertilger der Egel*, wenn sie Pflanzen und Grund nach Nahrung absucht.

● *Tubifex - In verschmutzten Gewässern mit verschlammtem Grund treten die Röhrenwürmer (Tubifex) auf.* Sie zeigen uns durch Verunreinigungen belastetes Wasser an (Zeigertiere). Mit ihrem Vorderteil stecken die meist 5 - 6 cm langen, rotbraunen Würmchen schlammfressend im Boden. Das ständig Wasser fächelnde Hinterende ragt aus der angelegten Schlammröhre heraus. Durch Querteilung können sie sich rasch vermehren und zu Millionen dem Schlamm eine rötliche Färbung verleihen.

Tubifex

Schlammschnecke

Posthornschnecke

Weichtiere
Schnecken und Muscheln zählt man zu den *Weichtieren* – sie finden im Wasser einen idealen Lebensraum.

● *Süßwasserschnecken* – besitzen gewöhnlich ein spiralig trichterförmiges, *kalkiges Gehäuse*. Bevorzugt besiedeln sie langsam fließende oder stehende Gewässer und können so wenig abgetrieben werden. Meist sind sie zweigeschlechtlich (Zwitter), wobei sie männlich und weib-

4. Gewässerkunde und Naturschutz

Teichmuschel

lich gleichzeitig oder wechselweise nur als Männchen oder Weibchen fungieren können. Ihre gallertartigen, transparenten Eimassen kleben sie häufig an Wasserpflanzen oder Steine.
Die Nahrung der Wasserschnecken besteht weitgehend aus Pflanzen, Algen, Sink- und Schwebstoffen. Sie atmen mit Hilfe von Kiemen, einige Arten sind jedoch Lungenatmer.
Schnecken sind zum Teil als *Zwischenwirte gefährlicher Wurmkrankheiten* bekannt (die kleine Schlammschnecke ist Zwischenwirt für Leberegel bei Haustieren). Da sie mithelfen, Pflanzenreste abzubauen und auch Beutetiere für Fische und Vögel sind, spielen sie im Lebensraum Wasser eine wichtige Rolle.

● *Muscheln* – sind in Lebensweise und Körperbau den Schnecken ähnlich, beide zählen zu den Weichtieren. Ihr Gehäuse besteht aus zwei innen perlmuttartig glänzenden *Schalen,* die in der Nähe des Wirbels fest wie ein Schloß ineinandergreifen und von innen durch einen kräftigen Schließmuskel zusammengehalten werden. *Die festen Schalen bieten dem darin lebenden Weichtier erheblichen Schutz*, erweisen sich aber gleichzeitig für zügiges Fortbewegen als hinderlich; deshalb sind Muscheln weitgehend seßhaft. Zur Verbreitung heften sich die Larven einiger Süßwassermuscheln zeitweilig an die Kiemen von Elritzen und Salmoniden und leben parasitär. *Bitterling und Teichmuschel leben dagegen in einer Symbiose* (Zusammenleben verschiedener Lebewesen zu gegenseitigem Nutzen). Während die Teichmuschel schützend die Eier des Bitterlings bis nach dem Schlüpfen der Jungen aufnimmt, sorgt der kleine Fisch – ohne dadurch Schaden zu nehmen – für die Verbreitung der Muschellarven: An seinen Körper geheftet werden sie durch das Gewässer getragen. Die Unterzahl der Muschelarten lebt im Süßwasser.

Muscheln können sich eine standortfeste Lebensweise erlauben. Die notwendige Nahrung (Schwebstoffe) entziehen sie dem an ihnen vorbeiströmenden Wasser. An ihrer Mundöffnung befinden sich zusätzlich Organe, mit denen sie sich die Nahrung zufächeln. So sorgen beispielsweise Muscheln im Aquarium stets für klares Wasser.

4. Gewässerkunde und Naturschutz

4. 4. 2. Insekten

Insekten und ihre Entwicklungsstadien (Larven, Puppen) haben eine außerordentlich große Bedeutung als Nahrungstiere für Fische. Sie sind für uns sehr leicht als Insekt zu erkennen, da sie einen *dreigliedrigen Körper vorzeigen: Kopf, Brustteil, Hinterleib.* Hinzu kommen *drei Beinpaare.* Alle Insekten durchlaufen ähnliche *Entwicklungsstadien*: Das Insekt legt Eier. Aus den Eiern entstehen die sehr gefräßigen *Larven, Raupen oder Maden,* die sich wiederum zu *Puppen* umwandeln. In dieser Zeit (Puppenstadium) ist eine Ruhephase zu beobachten, in der sich *in der Puppenhülle die Umwandlung zum fertigen Insekt* vollzieht. Ist die Entwicklung abgeschlossen, bricht das nun voll entwickelte Tier die Hülle auf und führt sein Leben als Insekt. Über 250 000 Käferarten, 120 000 Schmetterlingsarten und 75 000 Fliegenarten sind bereits unterschieden worden. Es ist davon auszugehen, daß über drei Viertel aller Tierarten zu den Insekten zählen. Bei der Vermehrung zeigen einige Arten wie Blattläuse oder Heuschrecken astronomische Zuwachsraten. Auch wenn sie uns nicht immer von Nutzen erscheinen, spielen sie in Nahrungskreisläufen eine beachtliche Rolle. Wir beschränken uns darauf, einige wenige charakteristische Arten stellvertretend für viele andere am und im Wasser vorzustellen.

Großlibelle

Libellen
Eingeteilt in Klein- und Großlibellen *leben sie weitgehend räuberisch von anderen Insekten*. Während die kleinen Libellen (meist Jungfern) schon an ihrem Flatterflug erkennbar sind, ergreifen die Großlibellen als elegante, schnelle Flieger ihre Beute in der Luft, wo sie die Nahrung zerbeißen. Zur Vermehrung bilden sie das bekannte *Paarungsrad*. Libellen legen ihre Eier fast ausnahmslos ins Wasser, aus denen dann die ebenfalls *räuberisch* und ausschließlich im Wasser *lebenden Larven* schlüpfen. Sie ernähren sich weitgehend von Kleintieren und auch schon einmal von kleinen Fischen. In ihrer Larvenzeit häuten sie sich bis zu 15 Mal. Die meisten Libellen entwickeln sich allerdings ohne ein Puppenstadium (unvollständige Metamorphose).

4. Gewässerkunde und Naturschutz

Eintagsfliege

Steinfliege

Eintagsfliegen
Vier Flügel und drei (selten zwei) deutliche Schwanzfäden sind auffallende Merkmale dieser Fliegen. Das *hintere Flügelpaar ist dabei stets kleiner.* Besonders dem Fliegenfischer sind Eintagsfliegen bekannt, wenn ihre Schwärme an lauen Sommerabenden ausdauernd in die Luft aufsteigen, um sich dann mit ausgebreiteten Flügeln herabfallen zu lassen. Bei diesem Hochzeitsflug kommt es zur Paarung. Diese Tiere werden als Fliegen *kaum älter als zwei bis drei Tage*, einige leben nur wenige Stunden. Wegen ihrer verkümmerten Mundwerkzeuge können sie keine Nahrung aufnehmen. Die Männchen sterben kurz nach der Paarung, während die Weibchen noch das nächste Gewässer aufsuchen, um dort die Eier abzulegen. Die daraus schlüpfenden Larven ernähren sich von pflanzlichen Schweb- und Sinkstoffen. Im Wasser können sie mehrere Jahre leben und stellen selbst eine hochwertige Fischnahrung dar.

Steinfliegen
Sie bevorzugen als Lebensraum kühle, saubere, schnellfließende und sauerstoffreiche Bäche und Flüsse. Ihr Vorkommen zeigt uns weitgehend unbelastete Gewässer an. Sie sind schlechte Flieger. Ihre Körperlänge überschreitet kaum 2,5 cm. Die fertig entwickelten, braun bis gelb gefärbten Insekten fallen durch ihre langen Fühler und ihre zwei Schwanzanhänge auf. Ähnlich sind auch die im Wasser unter Steinen lebenden Larven gebaut, denen allerdings die Flügel fehlen. Auch in starker Strömung hal-

ten sie sich gut an Steinen fest, da sie sich sehr flach an die Unterlage andrücken können. Sie benötigen zur Entwicklung vom Ei zum Insekt je nach Art bis zu drei Jahre, wandeln sich ohne Puppenstadium in eine Steinfliege um und gelten als wichtige Nährtiere der Forellen- und Äschenregion.

Köcherfliegenlarve

Köcherfliege

Köcherfliegen

Diese mottenähnlichen Insekten sollten schon jedem, der einmal aufmerksam im Frühsommer am Wasser stand, begegnet sein. Ihren schmalen, länglichen Körper bedecken sie in der Ruhe mit den *dachförmig gefalteten Flügeln*. In unseren Breiten sind sie meist monoton von graugelb bis tiefbraun gefärbt. Am Kopf erkennt man deutlich *zwei relativ lange, dünne Fühler*. Lichtscheu treten sie gegen Abend in der warmen Jahreszeit von Ende Mai bis Anfang September oft massenhaft auf. Sie nehmen flüssige Nahrung (Nektar) auf. Bekannt sind sie uns eigentlich durch ihre Larven, die sich fast ausnahmslos einen *Köcher als Schutz für ihren weichen Körper* bauen. Dieser Köcher wird je nach Art aus *Speichelsekreten, Pflanzenresten, Kies, kleinsten Schneckenhäusern und anderen Materialien zusammenge*kittet. Dabei ist die Köcherform der Lebensweise in einem stehenden oder schnellfließenden Gewässer angepaßt. Die Larven in Weihern und Seen sind häufig sperrig gebaut, während in Fließgewässern das Baumaterial meist längs angeordnet ist. Köcherfliegen und deren Larven sind gute Angelköder. Ferner sind sie eine *bedeutende Nahrungsquelle für Fische*.

Mücken

Dort, wo wir gern den anglerischen Jagdleidenschaften nachgehen, haben auch sie ihren Lebensraum: die vielen Mücken. Mehr als 3000 Arten sind weltweit bekannt. Zart im Aussehen besitzen sie nur *zwei Flügel*. Stehende

4. Gewässerkunde und Naturschutz

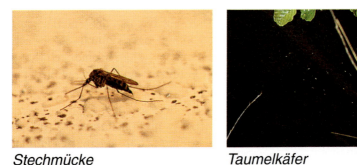

Stechmücke *Taumelkäfer*

Schwebefliege

und fließende Gewässer, Sümpfe, Gräben, Pfützen, Regentonnen und *jeder erdenkliche Wasserbehälter kann zur Kinderstube dieser Quälgeister werden*. Überwiegend sind es die Weibchen, die uns und warmblütige Tiere blutsaugend stechen. Besonders nach feuchtwarmen Wintern treten sie in Scharen auf, legen doch die Weibchen schon frühzeitig ihre Eier auf, am oder auch im Wasser ab. Die schlüpfenden Larven wachsen im Wasser häufig am Grund auf, wo sie auch ihre Nahrung finden. Dabei spielt die rote Larve der Zuckmücke als *Fischnährtier* eine übergeordnete Rolle. Selbst die ebenfalls stechenden und nur ca. 2 mm langen Kriebelmücken sowie die noch kleineren Gnitzen sind bezüglich ihrer Entwicklung auf das Wasser angewiesen.

Schwebefliegen
Sie können in der Luft schwebend auf einer Stelle verharren und blitzschnell in jede beliebige Richtung davonsausen. Bei dem schnellen Flügelschlag sind die Flügel selbst kaum wahrzunehmen. Mit ihrem stark behaarten, bienenähnlichen Körper erwecken sie den Eindruck eines stechenden Tieres und sind doch harmlose Fliegen (*Mimikry*). Häufig sitzen sie auf Blütendolden, um für ihre aufwendige Flugweise Nahrung (Nektar) zu tanken. Interessant sind sie für uns Angler besonders deshalb, weil einige wenige Arten ihre Eier in sehr stark verschmutzte Gewässer legen, aus denen sich dann die *„Rattenschwanzlarve"* entwickelt. Der „Schwanz" der Larve ist tatsächlich ein Atemrohr, mit dem von der Wasseroberfläche Sauerstoff aus der Luft aufgenommen wird. *Diese Larve gibt uns durch ihre Anwesenheit Hinweise auf starke Verschmutzungen.*

Wasserkäfer
Sie sind in besonderer Weise durch Form und Atmung dem Leben im Wasser angepaßt. Der abgeflachte, ovale Körper zeigt nahtlose Übergänge zwischen Kopf, Brustteil und Hinterleib. Das hintere Beinpaar erkennen wir als leicht verbreitetes Ruderwerkzeug, so daß schnelle Bewegungen im Wasser möglich werden. Zur Atmung haben sie unterschiedliche Techniken entwickelt. Suchen sie ihre Nahrung unter Wasser, müssen sie in regelmäßigen Abständen an die Oberfläche, um dort Luftvorräte aufzunehmen. Bei ungünstigen Lebensbedingungen im Gewässer stellen sie ihre *Flugfähigkeit* unter Beweis und suchen neue Reviere.

● *Taumelkäfer* – Er verdankt seinen Namen den „taumelnd" kreisenden Schwimmbewegungen, häufig in größeren Gruppen. Bei Gefahr taucht der *schwarzsilbern glänzende Käfer* blitzschnell ab. Die flossenartig umgebildeten hinteren beiden Beinpaare machen ihm flinke Bewegungen möglich. Seine Nahrung besteht aus kleineren Wassertieren.

● *Gelbrandkäfer* – In stehenden, klaren Gewässern bis hin zu Tümpeln können Sie ihn besonders häufig beobachten. Droht das Gewässer auszutrocknen, krabbelt er auf aus dem Wasser ragende Gegenstände und fliegt davon. Der *gelbe Streifen am Körperrand* gibt dem meist um 3 cm

4. Gewässerkunde und Naturschutz

Gelbrandkäfer

Wasserläufer

Rückenschwimmer

Wasserskorpion

langen Käfer seinen Namen. Das hintere Beinpaar ist zu Schwimmbeinen umgestaltet. Das kurze, kräftige vordere Paar ist mit scharfen Krallen zum Halten von Beutetieren ausgerüstet. Seine *Nahrung besteht wesentlich aus kleineren Tieren, Kaulquappen, kleinen Lurchen und Fischen.* Bei Nahrungsmangel fällt er auch über 10 cm große Fische an, aus denen er mit den kräftigen Mundwerkzeugen Fleischbrocken herausfrißt. Das Weibchen legt die Eier einzeln in Pflanzenstiele. Die Larven des Käfers gelten ebenfalls als *sehr gefräßig*.

Wasserwanzen
● *Wasserläufer* – Auf der Oberfläche von allen bei uns denkbaren Wasserflächen taucht der Wasserläufer auf. Es fällt dieser Art nicht schwer, Wasserflächen zu besiedeln, da sie *flugfähig* ist. Mit seinen vier langen Beinen läuft und springt er ruckartig auf der Oberfläche dahin. Da er überwiegend von auf der Oberfläche dahintreibenden Insekten und anderen kleineren Tierchen lebt, sind die zwei vorderen, kürzeren Beine zweckmäßig für den Beutefang umgebildet.
● *Wasserskorpion* – Der Wasserskorpion, den wir Angler in langsam fließenden oder häufiger in stehenden Gewässern (besonders mit

Schlammablagerungen) im nahen Uferbereich beobachten können, zählt zu den *Wasserwanzen*. In unseren Gewässern zeigt das monoton grau bis bräunlich gefärbte Tier eine unverwechselbare, sehr platte Körperform. Die beiden Vorderbeine sind zu Fangarmen ausgebildet. Der Kopf ist sehr klein, Fühler sind kaum sichtbar. Der flugfähige *Graue Wasserskorpion* besitzt am Hinterleib eine klar erkennbare lange Atemröhre, um damit an der Oberfläche Luft aufzunehmen. Unbeholfen in seinen Bewegungen hält er sich meist auf Beute lauernd am Grund oder an Wasserpflanzen auf.

● *Rückenschwimmer* – Er *schwimmt* mit dem Bauch nach oben – eben *auf dem Rücken*. Neben der braunen Grundfarbe, auf der Bauchseite hellbraun, fallen der deutlich abgesetzte Kopf und hinten die langen beiden Ruderbeine auf. Auch er kann fliegen. Der Rückenschwimmer kommt überwiegend in stehenden Gewässern vor. Kenner bezeichnen ihn als „*Wasserbiene*", weil er Menschen beim Fang schmerzlich stechen kann. Er *ernährt sich von Kleintierchen* überwiegend an der Oberfläche. Mit seinem Stechrüssel saugt er seine Beute (auch kleine Fische) aus.

4. 4. 3. Kleinkrebse

Vertreter wie Flußkrebs, Wollhandkrabbe und Wasserflöhe sind bereits besprochen. Hier wollen wir uns deshalb auf drei kleine, aber deshalb nicht unwichtige Arten beschränken.

Bachflohkrebs

Bachflohkrebs
Die bis ca. 2 cm langen, graugrünlichen Tierchen bewegen sich mit ihrem seitlich leicht zusammengedrückten Körper *überwiegend in Seitenlage*. Am Kopf sind zwei deutlich ausgeprägte Fühler und zwei etwas kürzere, fadenförmige Tastorgane sichtbar. *In sauberen, hauptsächlich fließenden Gewässern*

können sie am Grund, unter Steinen, Holz oder in Krautbeständen in großen Mengen vorkommen. Dort *verzehren sie vorzugsweise Pflanzenreste.* Zur Paarung faßt das Männchen sein Weibchen und trägt es mit sich herum. Als wertvolle Nahrung für Fische sind sie von großer Bedeutung.

Wasserassel

Wasserassel

Sie erinnert in ihrer Form an die urzeitlich anmutende, graue Kellerassel, die Sie vielleicht schon beim Wurmködersuchen unter Steinen oder Holzstücken entdeckt haben. Als Wasserassel ist sie jedoch dem entsprechenden Lebensraum, *stehenden und langsam fließenden Gewässern mit faulenden Pflanzenresten* (Nahrung), angepaßt. Zwei nicht ganz körperlange und zwei kurze Fühler dienen als Tastorgane. Die etwa bis zu 8 mm langen, kleineren Weibchen tragen die Eier und die anfangs noch unvollkommen entwickelten Jungtiere wochenlang am Bauch mit sich. In Trockenzeiten überdauern sie längere Zeit zurückgezogen im schlammigen Untergrund.

Karpfenlaus

Karpfenläuse werden kaum größer als 8 mm. Auf ihrem stark abgeflachten, schildförmigen und teilweise durchsichtigen Körper sind die Augen deutlich sichtbar. Mit Saugnäpfen und einem Paar Klammerfüßen *hält sich die Laus auf der Haut von Fischen.* Ein Giftstachel und eine Saugröhre dienen den parasitierenden Tieren zur Aufnahme von Blutflüssigkeit als Nahrung (vergl. Abb. bei Fischkrankheiten).

4. 4. 4. Lurche

Lurche *leben sowohl im Wasser als auch an Land.* Solche Land-Wasser-Tiere bezeichnen wir als *Amphibien.* Mit ihrer nackten, teilweise auch schleimigen Haut benötigen diese Tiere zumindest feuchte Luft. Ihre Körpertemperatur paßt sich stets der Umgebung an – wir nennen sie deshalb *wechselwarme* Tiere. Lurche *legen* zur Vermehrung ihre *Eier,* die keine feste

4. Gewässerkunde und Naturschutz

Schale besitzen, *meist ins Wasser*. Hier entwickeln sich überwiegend kiemenatmende Larven, die ihren Eltern anfangs nicht ähneln. Bei Fröschen und Kröten sind sie uns als *Kaulquappen* bekannt, die bis zum fertigen Lurch noch einen Gestaltwandel (*Metamorphose*) durchmachen müssen. Zur Fortpflanzung kehren sie überwiegend an das Gewässer ihrer eigenen Entwicklung zurück. So lassen sich besonders von April bis Mai regelrechte *Laichwanderungen* beobachten. Leider fallen dabei sehr viele Tiere dem Straßenverkehr zum Opfer, wenn menschliche Hilfe durch Einsammeln an Schutzzäunen unterbleibt. Wie kann ich nun Frösche, Kröten, Molche und Salamander unterscheiden?

Haben sie *keinen Schwanz,* nennen wir sie *Froschlurche*, das sind Frösche, Kröten und Unken. Frösche (glatte Haut) unterscheiden sich wiederum von den Kröten und Unken (warzige Haut). Kröten zeigen einen hellen Bauch, Unken dagegen sind am Bauch schwarzblau mit roten oder gelben Flecken. *Mit Schwanz* nennen wir sie *Schwanzlurche* (Molche, Salamander).

Froschlurche

● *Grasfrosch* – Recht häufig treffen wir diesen Lurch auf feuchten Wiesen, in Wäldern, Mooren oder Gartenlandschaften. Die bis 10 cm langen Tiere variieren in der *tarnenden Färbung von braun bis gelb mit dunklen Flecken*. Mittels einer Schallblase im Mund können die Männchen knurrende Geräusche von sich geben. Bei Gefahr stoßen sie im Sprung als Abwehr eine wäßrige Flüssigkeit aus. Zur Laichzeit ab März legen sie bis ca. *4000 Eier in Ballen ab (Kröten und Unken in Laichschnüren!).* Die Eier werden erst im Wasser (ähnlich unseren Fischen) befruchtet. Nach dem Ablegen quellen sie stark auf, aus ihnen entwickeln sich Kaulquappen. Nach knapp 70 Tagen ist aus dem Ei ein kleiner Frosch herangewachsen, auf den allerdings, wie schon bei den Kaulquappen, *viele Freßfeinde* warten. So erklärt sich auch die relativ hohe Eizahl und seine besondere Bedeutung im Nahrungskreislauf. Grasfrösche selbst ernähren sich weitgehend von Insekten, Schnecken, Würmern und Spinnen.

Grasfrosch

4. Gewässerkunde und Naturschutz

Grünfrosch

Erdkröte

● *Wasserfrosch* – auch Teichfrosch oder Grünfrosch. Dieser *grüne Lurch* zeigt deutlich auf der Haut längs des Rückgrats einen gelben Streifen. Zusätzliche dunkle und gelblichbraune Flecken geben ihm eine sehr gute Tarnung. Die Weibchen sind mit durchschnittlich 10 cm Länge wenig größer als die Männchen. *Die Schwimmhäute an ihren Füßen reichen bis zu den Zehenenden.* An warmen Sommerabenden quaken die Männchen mit Hilfe ihrer paarigen *Schallblasen am Kopf,* die sie dazu ballonartig aufblähen, weithin hörbar bis spät in die Nacht hinein. Laichzeit ist im Mai bis Juni. Die *Eiballen* dieser Lurche *sinken auf den flachen Gewässergrund.* Die Kaulquappen des Wasserfrosches entwickeln sich zu beachtlicher Größe (bis 6 cm lang). Die Nahrung des Wasserfrosches besteht ausschließlich aus lebend gefangenen Insekten, Spinnen, Würmern. Auch Fischbrut wird nicht verschmäht. Gern begibt er sich ans Ufer, um bewegungslos in der prallen Sonne auf Beute zu lauern, die er im Sprung jagt, wobei er seine klebrige Zunge blitzartig zu

4. Gewässerkunde und Naturschutz

voller Länge ausklappt und dem Opfer zum Verhängnis wird. Die Metamorphose (der Gestaltwandel) von der Larve zum Frosch beinhaltet eine Umstellung von Kiemen- auf Lungenatmung und Umstellung des Darms von Pflanzenkost (überwiegend Algen) auf tierische Nahrung. Die Gliedmaßen wachsen, der Schwanz verkümmert. Nun begibt sich der kleine Frosch aus dem Wasser heraus. Wird er nicht von seinen vielen Feinden erwischt, kann es bis ca. fünf Jahre dauern, ehe er sein Größenwachstum vollständig abgeschlossen hat und sich selbst vermehrt.

● *Erdkröte* – Erdkröten finden wir in Gärten, Wäldern, Wiesen und Feldern, Gebüschen, unter Stein- und Holzhaufen. Die manchmal bis 13 cm langen Weibchen sind deutlich größer als die Männchen. Meist erst im April kommen sie aus ihren Winterverstecken (Erdlöcher, Laubhaufen) hervor und begeben sich auf *Laichwanderung*. Der größte Teil kehrt in die Gewässer ihrer Geburt zurück. *Teiche, Seen und Weiher erscheinen zur Vermehrung ideal*. Die Männchen treffen häufig schon vor dem Laichgewässer ein Weibchen, klammern sich auf ihrem Rücken fest und lassen es nach Möglichkeit bis zur Eiablage nicht mehr los. Die Eier werden außerhalb des Körpers im Wasser befruchtet, in Schnüren abgelegt und sich selbst überlassen. Anschließend begeben sich die mit *warziger Hau*t ausgestatteten, gelblich grünen bis graubraunen, manchmal auch mit dunklen Flecken versehenen Tiere ans Ufer und entfernen sich vom Gewässer. Bis zum nächsten Frühjahr *ernähren sie sich als Landtiere von Insekten und deren Larven, Spinnen, Schnecken und Würmern*.

Von unseren einheimischen Fröschen unterscheiden sich Kröten und Unken durch die mit Warzen besetzte Haut. Besondere Bedeutung kommt den Hautwarzen dieser Kröten und Unken zu, wirken die Tiere doch vielen Feinden gegenüber völlig wehrlos. Diese *Warzen stellen Drüsen dar*, die Flüssigkeiten produzieren. Sie wiederum wirken teilweise abstoßend, übelriechend oder sind sogar in einigen Fällen für andere Tiere giftig. Fassen Sie also die für uns weitgehend harmlosen Kröten an, sollten Sie das Händewaschen nicht vergessen!

Schwanzlurche

Sie zeigen eine den Fröschen und Kröten ähnliche Lebens- und Entwicklungsweise. Zwei Gruppen lassen sich einteilen: die *Landmolche (Salamander)* und die *Wassermolche (Kammolch, Teichmolch, Fadenmolch)*. Im Gegensatz zu den Fröschen, Kröten und Unken besitzen sie einen langen Schwanz. Bei Landmolchen zeigt sich im Querschnitt ein runder, bei den Wassermolchen ein seitlich abgeplatteter Schwanz.

● *Feuersalamander* – Der Feuersalamander mit seinem eidechsenähnlichen, plump wirkenden Körper ist im nördlichen Deutschland selten anzutreffen, bevorzugt er doch das Bergland (z.B. den Harz) als Lebensraum.

Feuersalamander

Teichmolch

Wer kennt nicht diesen Landmolch von Abbildungen her? Sein Körper zeigt einen *schwarzen Untergrund mit unregelmäßigen, leuchtend gelben Flecken (Alpensalamander nur schwarz). Die Farben schwarz mit gelb oder rot gelten in der Natur als Warnfarben.* Ein von ihnen bei Gefahr ausgeschiedener Drüsensaft wirkt für einige Tiere ätzend und giftig. Sie lieben die unmittelbare Gewässernähe. Bei trockenem Wetter leben Salamander versteckt unter Wurzeln, Steinen oder Uferhängen. Feuersalamander bekommen bis über fünfzig larvenförmige ca. 2,5 cm lange Junge, die noch mit Kiemen zunächst im Wasser aufwachsen.

● *Kammolch und Teichmolch* – Beide Arten sind besonders *im Flachland sehr verbreitet*. Obgleich sie einen *großen Teil des Lebens an Land verbringen,* werden sie trotzdem als Wassermolche bezeichnet. Zur *Paarung* von Ende März bis in den Mai hinein begeben sie sich *in stehende, möglichst pflanzenreiche Gewässer*. Zum Atmen müssen sie ständig auftauchen. Den Männchen wächst auf dem Rücken ein zackiger Hautlappen. Bis über 400 Eier kann ein Weibchen an Pflanzen im Wasser ablegen. Die Larven ernähren sich von kleinen Wassertierchen. Zum Spätsommer ist ihre Entwicklung zum kleinen Molch abgeschlossen. Sie verlassen, wie auch die Elterntiere, das Wasser. Erst wenn sie nach ca. drei Jahren geschlechtsreif sind, kehren sie ins Wasser zurück. Molche gehen zur Überwinterung aufs Land, um dort frostgeschützte Plätze aufzusuchen. **Alle Lurche sind in Deutschland geschützt!**

4. 4. 5. Kriechtiere

Schlangen, Eidechsen und Schildkröten werden zu den Kriechtieren gezählt. Da Eidechsen Trockenräume bevorzugen, wir Angler aber mit Feuchtgebieten und Gewässern zu tun haben, reicht es uns aus, unser Augenmerk nur auf die Schlangen und Schildkröten zu richten.

Europäische Sumpfschildkröte

Schildkröten
Sie sind in Deutschland in der freien Natur äußerst selten. Einziger einheimischer Vertreter ist die
● *Europäische Sumpfschildkröte* – Vereinzelt lebt sie östlich der Elbe, bevorzugt in stehenden Gewässern und selten im norddeutschen Raum. Sie wird bis 30 cm lang. Hornplatten bedecken Bauch- und Rückenpanzer. An den fünfzehigen Füßen besitzt sie Krallen und Schwimmhäute zum Laufen oder Schwimmen. Gern begibt sich das *scheue Tier* im Sommer zum Sonnenbad ans Ufer oder auf ins Wasser ragende Stämme und Äste. Ihre Nahrung besteht aus Kleintieren wie Wasserinsekten und deren Larven, Würmern, Fröschen und auch Fischen. Strenger Naturschutz soll diese Art erhalten. Er ist aber nur dann sinnvoll, wenn wir gleichzeitig ihre Lebensräume (Feuchtgebiete) massiv schützen.

In einigen Gewässern beobachtet man zuweilen die ebenfalls sehr scheue
● *Amerikanische Rotwangenschildkröte* – Diese Tiere sind hier nicht heimisch und wurden ausgesetzt.

Schlangen
● *Würfelnatter* – Sie lebt hauptsächlich im Eifel-, Hunsrück- und Taunusbereich. Sie wird nur wenig länger als einen Meter. Auffällig sind der langgestreckte Kopf und ihre oliv bis hellbraune Grundfärbung mit dunkelbraunen, *würfelförmigen Mustern*. Die gelbe oder auch rötliche Unterseite zeigt ebenfalls dunkle Würfelmuster. Sie ist in ihrer Lebensweise eng an das Wasser gebunden. So lauert sie bei Tage auch unter Wasser ihrer Beute, überwiegend Fischen, auf. Zum Winter sucht sie auf dem Land Schutz vor der kalten Jahreszeit. Für Menschen ist sie in jeder Hinsicht harmlos und

4. Gewässerkunde und Naturschutz

Kreuzotter

nicht giftig. Ihre einzige Abwehr sind Stinkdrüsen in der Schwanzwurzel.
● *Kreuzotter* – Sie ist mit Ausnahme des Rhein-Maingebietes noch über unsere Grenzen hinaus weit verbreitet. *Norddeutsche Moore, Heideflächen und Feuchtgebiete* sind ihr ausgewählter Lebensbereich. Stark bewirtschaftete Flächen meidet sie. Gern tankt sie tagsüber stundenlang Sonnenwärme, um sich anschließend auf *Nahrungssuche (hauptsächlich Mäuse, seltener Lurche)* zu begeben. Gegen Greifvögel, Störche, Igel oder Iltis kann sie nur wenig ausrichten und fällt ihnen meist zum Opfer. Im Spätsommer bekommt das Weibchen bis zu knapp 20 lebende Junge, die sich sofort selbständig ernähren. Ihr Biß ist giftig und selbst für den Menschen nicht ungefährlich. Ärztliche Behandlung ist in jedem Falle empfehlenswert. Von Oktober bis Anfang April fällt sie in ihrem Unterschlupf in Winterstarre. Allgemein flieht sie vor dem Menschen, der leider häufig als Hauptfeind der Kreuzotter auftritt. Braun, braunrötlich oder auch grau gefärbt mit einem deutlichen *Zickzackmuster* auf dem Rücken

4. Gewässerkunde und Naturschutz

Ringelnatter

kann die bis zu 80 cm lange Schlange kaum mit der Ringelnatter verwechselt werden.
● *Ringelnatter* – Sie ist wie die anderen Schlangen voll geschützt und hat als klaren Unterschied zur Kreuzotter *auffällige, helle, halbmondförmige Flecken am Hinterkopf*. Sie ist nicht giftig, und es wird von Längen bis zu 130 cm berichtet. Auf dem meist grauen Rücken erkennen wir mehrere Reihen dunkler Flecken, die Bauchseite erscheint fast weiß. Gern hält sie sich im Uferbereich ruhiger Gewässer auf und ernährt sich dort als gute Schwimmerin von Fröschen, Molchen und kleineren Fischen. Bei Gefahr verhält sie sich sehr aggressiv und stößt dabei eine unangenehm riechende Flüssigkeit zur Abschreckung aus. Meist im Juli legt das Weibchen bis zu 25 helle Eier, aus denen selbständige, knapp 15 cm lange Jungtiere schlüpfen. Mehrmals im Jahr streift sie die gesamte Haut ab. Zur Überwinterung ziehen sich die Ringelnattern ähnlich wie die Kreuzotter in ein kältegeschütztes Versteck zurück.

4. Gewässerkunde und Naturschutz

Lebensbereiche einiger Wasservögel am See

a - Graureiher; b - Milan; c - Wasserhuhn;
d - Teichhuhn; e - Ente; f - Haubentaucher; g - Kormoran

4. 4. 6. Vögel

Vögel gehören zu den *jagdbaren Tieren*, sie fallen also nicht unter die Fischereigesetze. Viele Arten stehen außerdem unter Schutz. Wir Angler haben sie also nicht zu stören und dürfen sie erst recht nicht jagen oder fangen. In Jahrmillionen haben sich auch diese Lebewesen hinsichtlich ihrer Ernährungsweise, Fortpflanzung, ihres Nestbaus, ihrer Überwinterungsmöglichkeiten auf einem Biotop, der ihnen ausreichende Überlebenschancen bietet, spezialisiert. Der Körperbau der Tiere verrät Ihnen als genauen Beobachter, welchen Umweltbedingungen sie sich angepaßt haben (Schnabelform zur Nahrungsaufnahme, Ausbildung der Flügel und Beine, Gefiederfarben u.a. mehr). So wird deutlich: *Verändern wir den Lebensraum der Tiere, kann ihre Angepaßtheit sinnlos werden.* Sie müssen zum Überleben abwandern oder sterben. *Echter Naturschutz für Tiere und Pflanzen ist nur ehrlich und effektiv, wenn auch der Lebensraum geschützt wird. Vögel sind wichtige Glieder in Nahrungsketten und -kreisläufen*, und wir dürfen

4. Gewässerkunde und Naturschutz

f   g

sie nicht einfach als Schädlinge einordnen, nur weil sie zum Teil Fische erbeuten und verzehren. Wo Vögel hingegen wirklich meßbaren Schaden anrichten, liegt das in der Regel daran, daß vorher schon das natürliche Gleichgewicht durch uns Menschen gestört wurde. Normalerweise sollte sich der Angler über Begegnungen mit Wasservögeln freuen: Der Makrelenangler ist zum Beispiel froh, wenn er auf See einen Möwenschwarm sichtet. Zeigt er ihm doch an, daß dort mit reichlich Fisch zu rechnen ist. Vielleicht läßt sich diese Denkweise im entsprechenden Rahmen künftig noch ein wenig mehr auf die Binnengewässer übertragen.

Jetzt soll Ihnen nicht die Kenntnis aller Wasservögel abverlangt werden. Vielmehr wird versucht, Ihnen durch Vorstellung einiger Arten einen Einblick in diesen Bereich der Tierwelt mit deren Anpassungserscheinungen zu vermitteln. Betrachten wir die Körper der Sumpf- und Wasservögel, lassen sich leicht Gruppen mit ähnlichen Merkmalen einteilen.

Große Vögel am Wasser

Sie zeigen den kleinsten Grad der Anpassung aller Wasservögel an das Wasser. Feuchtgebiete, Uferbereiche und Flachwasserzonen zählen zu ihren Revieren *(Reiher, Rohrdommel, Störche, Kraniche)*. Die langen Beine der Vögel sind zum Schwimmen untauglich.

Die großen Füße mit meist einer nach hinten gerichteten Zehe ergeben eine so weite Trittfläche, daß ein Einsinken in weichem Boden oder gar Schlamm stark reduziert wird. Eine schwache Durchblutung verhindert ein Auskühlen des Körpers auch bei längerem Stehen im Wasser. Der Schnabel als wichtiges Instrument zur Nahrungssuche und -aufnahme muß die Beute aus dem Sumpf oder im flachen Wasser ergreifen und festhalten. Dementsprechend ist er relativ lang und spitz. Ein gutes Auge ist da selbstverständlich. Die Jagdweisen der Watvögel sind unterschiedlich ausgeprägt.

4. Gewässerkunde und Naturschutz

Weißstorch

Schwarzstorch

Graureiher

● *Weißstorch* – Er schreitet die Wiesen ab und scheucht dabei Lurche, Mäuse und manchmal auch Schlangen auf, erfaßt und verschlingt sie in einem Stück.

● *Schwarzstorch (Waldstorch)* – ein vom Aussterben bedrohter Verwandter des Weißstorchs. Er hat auch Fische auf der Speisekarte, die er, im Bachwasser stehend, fängt. Er unterscheidet sich von seinem Artgenossen durch das überwiegend tief dunkelbraune, metallisch glänzende Gefieder. Wollen Sie ihn beim Überleben in unserem Industrie- und Agrarland unterstützen, dann stören Sie ihn einfach nicht.

● *Graureiher* – Fast bewegungslos steht der Graureiher im seichten Wasser, am Ufer oder auf Wiesen und wartet geduldig auf Beute. Verändert er seinen Jagdplatz, so bewegt er sich meist äußerst behutsam, um mögliche Nahrungstiere nicht zu verschrecken. Blitzschnell stößt er mit seinem Schnabel zu, wobei größere Happen zunächst aufgespießt, dann hochgeworfen, meist mit dem Kopf zuerst aufgefangen und verschlungen werden. Auf seinem Speisezettel finden wir nicht nur Fische, ihm fallen zeitweilig durchaus auch Lurche, Schlangen, Schnecken, Muscheln, Maulwürfe und Mäuse zum Opfer.

● *Rohrdommeln* – Zur Familie der Reiher zählen noch die Rohrdom-

4. Gewässerkunde und Naturschutz

Kranich

meln. Sie sind sehr scheu, leben vornehmlich als Dämmerungsvögel in dichten Schilfbeständen von Insekten, Lurchen und auch kleineren Fischen.

● *Kranich* – ist als Wappentier der Lufthansa-Flugesellschaft in besonderem Maße bekannt geworden, ein stolzer Vogel mit bis ca. 230 cm Spannweite. Selbst im norddeutschen Bereich ist dieses Tier selten geworden, liegen seine Brutgebiete doch hauptsächlich in Skandinavien. Weder Reiher noch Storch können in der Größe mit ihm konkurrieren. Mit einer Höhe von ungefähr 125 cm bei ausgewachsenen Tieren können Sie ihn mit seinen büscheligen Federn am Körperende nur schwer mit anderen verwechseln. *Er ist äußerst scheu wie auch der Schwarzstorch. Störungen am Brutplatz können das Ende der Brut bedeuten.*

● *Brachvogel* – Sein dünner, langer, leicht gebogener Schnabel eignet sich wenig zum Fang größerer Beute. Er sucht überwiegend Würmer, Schnecken und Insekten im weichen Grund, im Wasser oder auf dem Boden. Im Flachwasser verschmäht er allerdings auch Kleinfische nicht.

Schwimmvögel

Häufig kommen wir Angler mit den *Entenvögeln* in Kontakt. Dazu zählen wir *Schwäne, Gänse und Enten*. Sie zeichnen sich als *gute Schwimmer* aus, wie das leicht an ihren mehr oder weniger kurzen Ruderbeinen mit deutlich ausgebildeten *Schwimmhäuten* zwischen den drei nach vorne gerichteten Zehen zu erkennen ist. Für den Landgang sind die Beine nur mäßig geeignet. Der *Watschelgang* von Schwänen, Gänsen und Enten wirkt doch recht unbeholfen, und bei Gefahr wird schnell der Rückzug ins Wasser angetreten oder die Rettung durch Wegfliegen gesucht. Da sie sich über längere Zeitabschnitte auf dem Wasser aufhalten, bedarf ihr Gefieder ständiger intensiver, lebenswichtiger Reinigung und Pflege. Während einige dieser Tiere erhebliche Scheu vor den Menschen zeigen, gewöhnen sie sich zum Teil schnell an die Nähe des Menschen und sind von Gewässern in Parkanlagen hinreichend bekannt.

● *Schwan* – Gern lassen sich Schwäne von Menschen füttern, ziehen sich

4. Gewässerkunde und Naturschutz

Graugans

aber zur Brut zurück und verteidigen Nest und Jungtiere so heftig, daß durchaus (besonders für Kinder) Vorsicht am Platze ist. Aufgestellte Flügel können ein Hinweis auf sein Drohverhalten sein.

● *Graugans* - In freier Natur erleben wir die Graugänse (Stammform unserer Hausgänse) im Spätherbst

Stockente

und im zeitigen Frühjahr auf dem Durchzug, wo sie sich teilweise in großen Scharen auf ihren Rastplätzen einfinden. Ihre Brutgebiete liegen zum Teil in Schleswig-Holstein, Mecklenburg-Vorpommern und weiter im Osten und Norden. So verweilen nur wenige in milden Wintern im mitteleuropäischen Bereich. Gänse fallen uns schon durch ihre Körpergröße auf und heben sich fast unverwechselbar von den kleineren Enten ab. Ferner sind sie für ihre Wachsamkeit bekannt. Alles Fremde im Revier und Gefahren werden lautstark gemeldet.

Enten lassen sich in *Schwimmenten* und *Tauchenten* untergliedern. Diese Namen weisen bereits auf Unterscheidungsmerkmale hin.

4. Gewässerkunde und Naturschutz

● *Schwimmenten* – Sie suchen ihre Nahrung auf dem Wasser schwimmend. Dabei taucht nur der vordere Teil des Körpers tief ins Wasser, so daß sie mit dem Schnabel den flachen Grund erreichen und nach Freßbarem absuchen. Sie filtern mit ihrem Seihschnabel überwiegend pflanzliche Kost aus dem Wasser. Die *Stockente* ist der bekannteste Vertreter der Schwimmenten. Der bunte Erpel (Männchen) nimmt nicht am Brutgeschäft teil. Das Weibchen, bräunlich mit dunklen und hellen Flecken gut getarnt, legt bis zu 15 Eier. Die geschlüpften jungen Enten (Küken) sind sofort schwimmfähig und weitgehend selbständig. Bei Gefahr für den Nachwuchs harrt die Ente erstaunlich lange auf dem Nest aus, um es durch Auffliegen nicht zu verraten. Erst wenn sie sich entdeckt fühlt, flieht sie lautstark, Flugunfähigkeit vortäuschend, um Feinde fortzulocken.

Reiherentenpaar

● *Tauchenten* – Sie sind dem Lebensraum Wasser noch besser angepaßt. Ein langer Hals erübrigt sich, wird der Gewässergrund zur Nahrungssuche doch durch Tauchen bis ca. 30 Sekunden lang abgesucht. Schnecken, Würmer, Larven, Muscheln überwiegen im Nahrungskatalog. Tagsüber können sie sogar halb schlafend auf dem Wasser angetroffen werden. Bekannteste Vertreter dieser Gruppe sind *Tafelente, Reiherente und Schellente*.

Eisvogel

Er hat seinen Lebensraum über ganz Europa bis weit nach Asien und auch nach Afrika hin ausgedehnt. Er bevorzugt saubere Gewässer und Feuchtgebiete. Auch an den Meeresküsten ist er zu finden. Der ca. bis zu 16 cm große Vogel zeigt ein

Eisvogel mit Beute

himmelblaues bis smaragdgrünes Rückengefieder, tiefblaue Federn an Schwanz, Kopf und Flügeln mit hellblauen Tupfen. Die Unterseite dagegen erscheint in warmen, hellbraunen Farbtönen. Hinter den Augen wird ein hellbrauner und seitlich des Nackens ein länglich weißer Fleck sichtbar. Der kaum 4 cm lange dolchartige Schnabel ist bei Männchen und Jungvögeln schwarz, bei den Weibchen mit Rottönen versehen. Altvögel haben kleine, signalrote, Jungvögel dagegen schwarze Füße.

Hauptnahrung des Eisvogels sind kleine Fische, die er, ohne sie aufzuspießen, mit dem Schnabel ergreift. Dazu schießt er von seinem Beobachtungsplatz aus bis unter die Wasseroberfläche. Ferner ernährt er sich von Insekten, Kaulquappen, Schnecken und Krebstieren. Brutplätze sind bevorzugt Steilufer, in die er bis fast 1 m tiefe Röhren gräbt. Abwechselnd brüten Weibchen und Männchen bis zu sieben Eier aus. Die Jungen schlüpfen nach ca. 20 Tagen und benötigen bis zum Verlassen des Nestes noch dreieinhalb Wochen. Endet der Sommer, vertreiben die Eltern, die ein Leben lang zusammenbleiben, ihre nun bereits selbständigen Jungen aus ihrem Territorium. Auf der roten Liste steht der Eisvogel als gefährdet. Häufig liegt der Grund im Gewässerausbau, der diesen Vogel seiner Nistmöglichkeiten (Steilufer) beraubt hat.

Rallen

Wasserhuhn und *Teichhuhn* gehören zu den Rallen. Sie kommen in ihrer Größe den Hühnern sehr nahe. Gelegentlich sieht man sie flügelschlagend

Wasserhuhn

Teichhuhn

über das Wasser laufen, um schutzsuchend den Schilfgürtel zu erreichen. Beide sind typische Vögel im Bereich der Uferzone meist stehender Gewässer. Sind die Füße des Wasserhuhns (auch *Bläßhuhn* wegen der Blässe

4. Gewässerkunde und Naturschutz

auf der Stirn) noch mit Schwimmlappen versehen, so erinnert der Fuß des Teichhuhns an einen Hühnerfuß ohne Schwimmhäute mit sehr langen Zehen. Beide Arten zählen nicht zu den guten Fliegern. Das Bläßhuhn taucht häufiger zur Nahrungssuche, wobei das Teichhuhn (mit roter Stirn) stets an anderer Stelle wieder auftaucht, als es eingetaucht ist. Ihre Nahrung setzt sich wesentlich aus Schnecken, Insekten, Würmern oder auch Laich zusammen.

Gemeiner Kormoran

Er ist in ganz Mitteleuropa beheimatet. Seine Hauptnahrung besteht aus Fischen, die er durch Tauchen erbeutet. Unter Wasser erweist er sich als geschickter, schneller, ausdauernder und tief tauchender Schwimmer. Sein Körper mit dem dunklen Gefieder erreicht fast die Ausmaße einer Gans, doch ist der Kormoran unverkennbar schlanker gebaut. Sein kräftiger Schnabel zeigt eine nach unten gebogene Spitze zum Halten von Fischen. Krallen an den Füßen befähigen ihn, auf Bäumen zu sitzen. Heute gilt er als vollständig geschützt, obgleich seine Ausbreitung wieder deutlich voranschreitet. Massenhaftes Auftreten dieses Vogels kann Fischbestände sehr stark dezimieren.

Kormoran

Haubentaucher

Haubentaucher

Fast unfähig zum Landgang erscheint uns der Haubentaucher mit seinen weit nach hinten versetzten Beinen. Will er nicht vornüber fallen, muß er sich relativ aufrecht am Ufer bewegen. Dagegen liegt sein flacher, entengroßer Körper wie ein Rennboot im Wasser, wo er schnell und weit tauchen kann. Zu einem Zweispitz zulaufende Federn am Kopf gaben ihm seinen Namen. Der Schnabel ist länglich spitz. Altvögel leben überwiegend vom Fischfang, ziehen die

Jungen gemeinsam groß und tragen sie anfangs oft schwimmend mit sich herum.

Möwen

Welchem Angler sind am Wasser nicht schon die relativ großen, überwiegend weiß gefiederten, elegant fliegenden, schwimmfähigen (Schwimmhäute zwischen den Zehen) Vögel aufgefallen, die Möwen. Weltweit mit zirka vierzig Arten kommen sie an den Meeresküsten besonders häufig vor, sind aber vorwiegend durch die *Lachmöwe* in Deutschland im gesamten Binnenland überall dort vertreten, wo sie ausreichend Wasser und Nahrung finden. Die etwa tau-bengroßen Lachmöwen mit ihrem im Sommer dunkelbraunen Kopf-gefieder leben gern gesellig, brüten am Boden in Kolonien und ernähren sich von Insekten und auch kleinen Fischchen, die sie allerdings nur schwer erbeuten, da sie nicht wie andere Möwen zum Stoßtauchen befähigt sind.

Lachmöwe

In Gegenden, wo sie in großer Zahl vorkommen, folgen sie gern scharenweise auf dem Acker den pflügenden Landwirten. Lassen Sie Ihr Angelgerät besonders dann niemals aus den Augen, wenn Sie den Fischen Köder nahe der Oberfläche anbieten. Durch Fütterung lassen Möwen sich sehr schnell anlocken. Den Makrelenfischern auf der Nordsee zeigen Möwenschwärme, wo sich die Fischschwärme aufhalten, denn die Möwen folgen Kleinfischschwärmen, auf die sie sich, um Beute zu machen, aus der Luft herabstürzen. Diese Kleinfische werden gleichzeitig im Wasser von Makrelen gejagt. Wollen Sie Ärger vermeiden, werfen Sie jetzt keine Fischabfälle vom Ausnehmen über Bord. Die Möwen folgen sofort dieser leichten Beute, die Fischschwärme sind nicht mehr zu orten, der Fangerfolg ist sehr in Frage gestellt.

Greifvögel

Mehr dem Lebensraum Luft als dem Wasser angepaßt, erscheinen uns einige Greifvögel.

4. Gewässerkunde und Naturschutz

● *Milan* - Selten haben wir das Glück, den Milan mit seinem gegabelten Schwanz beim Fischfang zu beobachten. Dem Milan fallen dabei meist tote und kranke Fische zum Opfer. Somit sorgt er mit für die Hygiene im Gewässer und verhindert ein Ausbreiten von eventuellen Krankheiten.

Flugbild des Roten Milans

Fischadler

● *Fischadler* – Der deutlich größere Fischadler, dessen Federn am Kopf häubchenähnlich auslaufen, ergreift seine Beute im Flug an der Wasseroberfläche mit scharfen Krallen oder im Stoßtauchen. Der Fischadler verläßt unsere Breiten zum Winter und zieht weiter in südliche Gebiete. Er ist fast ausgestorben, brütet in Mecklenburg-Vorpommern und vereinzelt wieder in Niedersachsen.

Obgleich bei weitem nicht alle Wasser- und Sumpfvögel erwähnt wurden – denken wir nur an die Kleinvögel im Schilf wie *Rohrammer und Rohr-*

sänger oder solche, die steinige Flußläufe bevorzugen wie *Wasseramsel* und *Gebirgsstelze* –, soll die Aufzählung genügen. Für den Angler bleibt folgendes zusammenfassend von Wichtigkeit:

- *Wasservögel gehören untrennbar zum Lebensraum eines Gewässers, auch wenn sie sich von Fischen ernähren und sie uns manchmal als Konkurrenten erscheinen.*
- *Als Glied im Nahrungskarussell haben sie, die durch ihre Flugfähigkeit einen Lebensraum schnell besiedeln können, ihre besondere Bedeutung.*
- *Zur Brutzeit im Frühling und Frühsommer sollten wir Angler verstärkt auf die Tierwelt am Wasser Rücksicht nehmen, um den Brutbetrieb nicht zu stören. Häufig zeigen Vögel durch ständiges Schimpfen und aufgeregte Bewegungen die unmittelbare Nähe ihres Nestes an. Suchen Sie sich dann einen anderen Angelplatz – es besteht sicherlich daran kaum Mangel.*

4. 4. 7. Säugetiere

Wenig Bekanntschaft macht der Petrijünger mit Säugetieren am Wasser, sind sie doch fast alle scheu und heimlich oder in der Dämmerung und nachts aktiv.

Fledermäuse

Die ausgesprochenen Insektenfresser erleben wir nur in den warmen Jahreszeiten, wenn sie im Dämmerlicht beginnen, über dem Wasser auf Insektenjagd zu gehen. Da kann es schon einmal passieren, daß sie gegen die gespannte Schnur der Aalangel stoßen und das Glöckchen zum Klingeln bringen. Nur sehr selten verfangen sich Fledermäuse in der Schnur. Zum Winter steht ihnen keine Nahrung zur Verfügung. So verbringen sie diese Zeit schlafend in geschützten Höhlen, Türmen oder auf Dachböden.

Wasserspitzmaus

Dem aufmerksamen Angler entgeht kaum der helle, leise Piepton am Ufer. Er stammt von der Wasserspitzmaus, die ihren Namen dem rüsselartig verlängerten Maul verdankt. Sie wird nicht einmal 10 cm lang und ernährt sich von allerlei Kleintieren bis hin zu Kleinfischen. Mit ihrem schwarzen, dichten Samtfell ist sie eine ausgezeichnete Schwimmerin. Spitzmäuse sind trotz ihres Namens keine *Nager, sondern Insektenfresser.*

4. Gewässerkunde und Naturschutz

Bisam

Kurz nach 1900 setzte man den Bisam (fälschlich als Bisamratte bezeichnet) *aus Nordamerika* in Böhmen aus. Heute hat er mehr als nur den norddeutschen Raum vollkommen besiedelt. Wegen seiner Wühlarbeit am Wasser ist er nicht gern gesehen. Besonders die Ufer der Fließgewässer werden unterhöhlt und brechen bei Hochwasser weg. Zeitweilig war der Bisam seines Winterfells wegen begehrt, brachte doch ein Balg bis zu zehn Mark. 30 cm Körperlänge erreicht das erwachsene Tier, hinzu kommt der ca. 20 cm lange, *seitlich abgeplattete Schwanz*. Er unterscheidet ihn von den Ratten. Wie die Nagezähne verraten, besteht die Nahrung weitgehend *aus Pflanzen*. Bei Gefahr tauchen sie und können durch unter dem Wasserspiegel angelegte Gänge den Kessel (Wohnhöhle) aufsuchen. Zuweilen legt er aus zusammengetragenem Pflanzenmaterial fast einen Meter hohe Burgen an. In günstigen Zeiten kann der Bisam bis zu viermal im Jahr maximal bis zu acht Junge großziehen.

Bisam

Wasserratte

Wasserratte

Sie wird auch als *Wühlratte, Wühlmaus oder Schermaus* bezeichnet und hat schon manchen Gartenbesitzer zur Verzweiflung gebracht. Überall in Wassernähe gräbt dieses *maulwurfgroße Tier* mit seinem dicken, runden, kurzen Kopf Gänge in den Boden und *zerfrißt scheinbar mühelos das gesamte Wurzelwerk junger Bäume und anderer Gartenpflanzen*. Ebenso wird tierische Nahrung wie Lurche oder Vogelbrut nicht verschmäht. Schwimmen und Tauchen machen diesem Wühler, dessen *kleine Ohren das Fell nicht überragen*, keine Mühe. In der Vermehrung sind Wasserratten ähnlich erfolgreich wie der Bisam. Im Gegensatz zur Wasserspitzmaus ist die Wasserratte ein *Nagetier*.

4. Gewässerkunde und Naturschutz

Fischotter

Waschbär

Fischotter
Den tagsüber meist im unterirdischen Bau schlafenden Fischotter bekommen wir kaum zu Gesicht. Äußerst vorsichtig und scheu begibt er sich nachts auf Jagd nach Fischen, Lurchen, Krebsen und sogar Wasserratten. Größere Beute verzehrt er an Land, wie umherliegende Schuppen und Gräten anzeigen. Auf dem marderartigen Kopf liegen Nase und Augen sehr hoch, die Ohren sind klein, die Beine kurz mit Schwimmhäuten an den Ruderfüßen. Rund und kräftig tritt der Ruderschwanz aus dem Körper heraus. Starke Verfolgung als Pelztier und Fischfresser haben ihn fast zum Aussterben gebracht. *Naturschutz kann seinen Bestand nur retten, wenn ihm auch Feuchtgebiete als Lebensraum zur Verfügung stehen, in denen er sich nicht verfolgt fühlen muß. Die Anwesenheit des Menschen muß dazu nicht im Widerspruch stehen.*

Waschbär
Seit ca. 1950 verbreitet sich in Deutschland der Waschbär *aus Nordamerika*. Aus einem Privatgehege in Hessen entsprungen, hat er sich besonders nach Süddeutschland verbreitet, ist aber auch schon in Teilen Niedersachsens gesichtet worden. Bei gutem Nahrungsangebot kann er durchaus über 60 cm Körperlänge (ohne Schwanz) erzielen. Waschbären gelten als ausgesprochene *Nachttiere*. Sie schlafen am Tag auf Bäumen oder in Baumhöhlen und ernähren sich von Insekten, Lurchen, Krebsen, Fischen und Gelegen. Sie leben so heimlich, daß ihre Anwesenheit meist nur durch Spuren am Ufer erkannt wird. Bei uns haben sie keine Feinde. Jährlich ziehen sie allgemein vier Junge auf.

4. 5. Gewässertypen und -regionen

4. 5.1. Natürliche Fließgewässer

Fließgewässer zeigen sich in ihrem natürlichen Bett sehr abwechslungsreich: starke und schwache Strömungen, steile oder seichte Ufer, sonnige und schattige Bereiche, flache Sandbänke und tiefe Kolke (Gumpen) und vieles andere mehr. Verfolgen wir jedoch Fließgewässer von der Quelle bis zur Mündung, fallen bei einem Vergleich immer wieder Ähnlichkeiten ins Auge. Natürlich spielen dabei zusätzliche Faktoren eine Rolle, die nicht biologischen Ursprungs sind, wie zum Beispiel der Boden, durch den sich die Wassermassen wälzen und ständig Mineralstoffe aus ihm herausspülen. Folgen wir einmal einem Flußlauf von seiner Entstehung bis zur Einmündung ins Meer.

Forellenregion
Nicht selten steht am Anfang eines Fließgewässers eine *Quelle*. Wenn sie aus dem Boden tritt, liegt ihre *Wassertemperatur bei ca. +8° C*. Dieses „Grundwasser" enthält nur *sehr wenig Sauerstoff*. Er gelangt jedoch *schnell durch die Oberflächenbewegung*, die im Bergland verständlicherweise heftiger ausfällt, in den nur bei Hochwasser getrübten Bach. Selbst im Sommer reicht die Sonneneinstrahlung nicht aus, um das Wasser auf über +10° C zu erwärmen. Allerdings erscheinen am Grund in diesem Bereich wenig pflanzliche Ablagerungen, der *Boden ist sandig, kiesig oder sogar steinig*. Die Selbstreinigungskraft, bedingt durch den hohen *Sauerstoffgehalt*, ist bemerkenswert. An Wasserpflanzen fehlt es zum Teil wegen der niedrigen Temperaturen. *Quellmoos* und

Forellenregion

4. Gewässerkunde und Naturschutz

Wasserstern können aber bereits auftreten. *Insektenlarven* und *Flohkrebse* suchen in Pflanzenbüscheln, unter Steinen und Holz Schutz und Halt. Die durch eine Vielzahl von Bachwindungen entstandenen Uferüberhänge bieten der *Bachforelle* ihre lebenswichtigen Unterstände – fehlen sie, hält sich die Bachforelle nicht. Sie gibt als Leitfisch dieser Flußregion den Namen *Forellenregion*. Wird hier die Regenbogenforelle als Besatzfisch eingebracht, verdrängt sie als Nahrungskonkurrent mit geringeren Ansprüchen durchaus die heimische Bachforelle. Den Wasserbedingungen der Forellenregion haben sich ebenfalls die *Groppen, Schmerlen, Bachneunaugen, Aalquappe und Döbel* angepaßt. In den Niederungen gesellen sich häufiger Gründling und Hasel hinzu. Diese Aufzählung an Fischen schließt den Fang weiterer Arten wie Aal, Rotfeder, Rotauge, Flußbarsch oder Hecht besonders in den Gewässern des Flachlandes grundsätzlich nicht aus, obgleich sie für den beschriebenen Abschnitt nicht als typische Vertreter gelten.

Äschenregion

Allmählich verändert der Bach seinen Charakter. Weitere Zuflüsse erhöhen die Wassermassen. Das Flußbett verbreitert oder vertieft sich stellenweise. Noch immer erscheint der *Grund sandig bis kiesig*. Die Sonneneinstrahlung zeigt im Sommer ihre Wirkung – die Wassertemperatur kann *+15° C* an sehr heißen Tagen schon einmal übersteigen. Noch werden wenig Schwebstoffe mitgeführt, das *Wasser sieht klar und sauber aus*. Am Süduferbereich ohne den Schatten von Bäumen machen sich in den Sommermonaten Krautbänke von *Wasserpest, Flutendem Hahnenfuß und dem Wasserstern* breit. Auch die *Gelbe Teichrose* verankert sich zuweilen mit ihren armdicken Wurzelstöcken im Flußbett.

Eine große Zahl von *Insektenlarven, Krebstierchen und Kleinfischen* findet darin Unterschlupf und Nahrung. Die Bachforelle ist selten geworden. Die für den Angler schwer zu erbeutende *Äsche* fühlt sich von Natur aus hier wohl – deshalb: *Äschenregion*. Weiterhin kann hier auch auf Döbel, Hasel, Gründling, Nase und Rutte geangelt werden, und ebenso gehen Flußbarsch, Rotauge und kleinere Hechte den angebotenen Ködern nach.

Barbenregion

Folgen wir dem Fluß stromabwärts, steigert sich die Wasserführung durch weitere Zuflüsse. Im bergigen Land hat sich die Strömungsgeschwindigkeit deutlich verringert. Das Flußbett ist breiter, Sand und Kies finden wir dort

4. Gewässerkunde und Naturschutz

als Untergrund, wo die Strömung keine Ablagerungen von Schwebstoffen zuläßt. Die *Kiesbänke* stellen lebenswichtige *Laichplätze für Barbe, Nase*, teilweise auch für die Zährte dar. Schlamm und organische Sinkstoffe liegen im Bereich kleiner Stillwasserbezirke, die von der Strömung nicht erfaßt werden. Neben der *Gelben Teichrose* wachsen hier zuweilen das *Pfeilkraut, Laichkräuter, Froschlöffel* oder *Igelkolben*. Auch im Sommer werden in dem meist klaren Wasser *+18° C* kaum überschritten. Die *Barbe*, heute leider in ihrem Bestand stark gefährdet, bevorzugt diesen Abschnitt des Mittellaufes. So nennen wir diesen Gewässerteil dann auch *Barbenregion*. Im Vergleich zur kühlen Forellenregion steigert sich die Artenzahl wiederum. Aland, Rotauge, Rotfeder, Schleie, Karpfen, Flußbarsch, Hecht, Rutte, Aal, Zährte und Rapfen, im Unterbereich vereinzelt auch Kaulbarsch, Güster und Brassen, zählen zu den charakteristischen Fischarten der Barbenregion.

Äschenregion

Barbenregion

Brassenregion

Brassenregion
Langsam vollzieht sich der Übergang in die *Brassenregion*. Gewaltige Wassermassen und relativ geringe Strömungsgeschwindigkeit wegen des minimalen Gefälles haben erhebliche Ablagerungen an Schwebstoffen zur Folge. Der Gewässergrund zeigt sich mit lockerer, *schlammiger Schicht*. Die Temperaturen klettern bis über *+20° C*. Organische Stoffe am Boden zehren Sauerstoff. Das im Sommer warme und im Winter kalte Wasser hat

somit meßbar *geringere O_2-Werte als die vorhergehenden Flußabschnitte.* Intensiver *Motorboots- und Schiffsverkehr* können hier den Uferpflanzenwuchs – *Röhricht und Laichkräuter* – durch Wellenschlag merklich schädigen. In großen Mengen tauchen rote *Zuckmückenlarven* am Schlammgrund auf, ein begehrtes Futtertier des *Brassens* (Blei), der hier als Schwarmfisch in großer Zahl auftreten kann. Die Artenzahl der hier lebenden Fische übersteigt alle anderen Regionen. Salmoniden wie Lachse und Meerforellen sind nur auf der Durchreise zu den Laichgebieten in den Oberläufen oder auf der Rückreise ins Meer anzutreffen. *Güster, Rotauge, Rotfeder, Karpfen, Schleie, Hecht, Aal, Barsche, Zander, Wels, Rutte, Ukelei, Zobel, zuweilen auch Zope, Rapfen, Stör und Flunder,* sind für den Angelfreund erwähnenswerte Namen.

Brackwasserregion

Nähern wir uns noch weiter der Mündung ins Meer, macht sich unter dem Einfluß der Nordsee der *Gezeitenstrom* mehr und mehr bemerkbar. Wundern Sie sich also nicht, wenn nicht nur im Mündungsbereich von Elbe, Weser oder Ems Ihre Pose ein Weilchen stillsteht, um dann von der Strömung in die andere Richtung getrieben zu werden. Im Vergleich zur Ostsee fällt die *Brackwasserregion*, der Bereich, in dem sich *Süß- und Salzwasser vermischen*, wegen Ebbe und Flut verständlicherweise größer aus. In keiner Flußregion *schwanken die Temperaturen* zwischen Sommer (bis über +20° C) und Winter (ca. +1° C) so stark. In der Ostsee hängt die Vermischung von Salz- und Süßwasser in den Mündungsbereichen mehr von der Windrichtung ab, da Gezeiten kaum spürbar sind. Bekannte Brackwasserbereiche sind vor allem Bodden und Haffe. Fast alle Fische der Brassenregion leben auch mehr oder weniger häufig in der Brackwasserregion. Die aus China eingeschleppte *Wollhandkrabbe* fühlt sich im Brackwasser sehr heimisch und verärgert manchen Angler, weil sie Maden oder Würmer vom Haken frißt. *Stinte* steigen ab Herbst zum Laichen in diese Region auf. Häufig sind diese Gewässerabschnitte stark auf den Schiffsverkehr ausgerichtet.

Brackwasserregion bei Bremerhaven

4. Gewässerkunde und Naturschutz

Ausgebauter Fluß

Unterschiedliche Wasserstände durch die Gezeiten, Uferbefestigungen und erheblicher Wellenschlag lassen streckenweise keinen Pflanzenwuchs zu. Für empfindliche Süßwassertiere endet in der Brackwasserregion die Möglichkeit zu überleben. So ist von absteigenden Meerforellen bekannt, daß sie das Salzwasser von Außenparasiten des Süßwassers befreit. *Starke Bodenablagerungen und geringer Sauerstoffgehalt* sind typisch für diese Region.

Hat der Fluß das Meer erreicht, entlädt er sich seiner Fracht an gelösten und ungelösten Stoffen, biologischen und industriellen Abfällen. Auch wenn sie sich mit den riesigen Salzwassermengen sehr stark verdünnen, so sind sie doch trotzdem noch vorhanden und zeigen im Positiven wie im Negativen ihre Wirkung auf das Leben im Meer.

4. 5. 2. Künstliche Fließgewässer

Der Einfluß des Menschen macht sich bei einigen Fließgewässern erheblich bemerkbar. Nicht nur in den Niederungen Norddeutschlands sind teilweise im großen Stil Landschaften entwässert worden, weil wirtschaftliche Vorteile gesehen oder in den Nachkriegsjahren zusätzliche Flächen zur Ernährung der Bevölkerung nötig wurden. Bäche und Flüsse wurden mit hohen Kosten aus ihrem natürlichen Bett herausgenommen und begradigt. Die Folgen:

● Die Flächen in unmittelbarer Nähe des Gewässers konnten nun meist besser bewirtschaftet werden.
● Waren die ufernahen Flächen hinreichend entwässert, stellte sich etwas entfernter durch *Abfall des Grundwasserspiegels* Trockenheit ein und machte in der Sommerzeit Berieselung notwendig.

4. Gewässerkunde und Naturschutz

- Die Ufer, schräg abfallend und mit Faschinen befestigt, geben auf Jahrzehnte einen sehr eintönigen Lebensraum für *nur wenige Pflanzen- und Tierarten*.
- Die Fließgeschwindigkeit solcher Gewässer ist meist sehr hoch. *Kleintiere und ihre Brut sowie Fischlaich werden fortgespült.*
- Das Gewässer zeichnet sich durch *Einförmigkeit in der Tiefe* aus. Es fehlt an Kolken, Stromschnellen, Zonen mit ruhigem Wasser und Unterständen im Uferbereich.
- Baumbestand wird aus Gründen der „*Instandhaltung*" der Gewässer häufig nicht zugelassen. *Starker Lichteinfall fördert kräftigen Pflanzenwuchs im Wasser*, der dann wieder maschinell entfernt wird.
- Besonders bei Hochwasser ist *erheblicher Sandtransport* festzustellen, der nachfolgende Gewässer belasten kann.
- Kanalisierte Flüsse und Bäche reagieren auf Regenfälle und Trockenperioden kurzzeitig mit stark schwankendem Wasserspiegel.
- Sind *ursprüngliche Flußarme (Altwasser)* bei den Ausbaumaßnahmen erhalten geblieben, bieten sie oft vielen Tieren und Pflanzen weiterhin Lebensraum.

Es erscheint überdenkenswert, ob an Flußläufen abbrechende Uferstücke in Kurven finanziell aufwendig auszubauen sind, um oftmals nur wenige Quadratmeter Grünland zu retten. Die rechtzeitige Anpflanzung von z.B. Erlen brächte sicherlich in vieler Hinsicht allen Nutzen! *Renaturierungsmaßnahmen* lassen hoffen, daß sich solche Fehler nicht wiederholen müssen. Besonders organisierte Angler und Naturfreunde können gemeinsam Weichen stellen.

Kanal

Kanäle

In deutschen Landen gibt es ausreichend Beispiele, wo die Schiffahrt den Bau von kleinen und großen Kanälen als Wasserstraßen bedingte. Eine sehr geringe Fließgeschwindigkeit und regelmäßiger Wellenschlag kennzeichnen diese Gewässer in hohem Maße. In älteren Kanälen bilden sich im Uferbereich stellenweise kleine Seerosengürtel aus. Im Pflanzen-

4. Gewässerkunde und Naturschutz

und Tierbestand ähneln sie sehr der Brassenregion. Zum Teil bildet sich schlammiger Untergrund, der Brassen, Güster, Schleie, Karpfen und anderen ausreichend Nahrung bringt. An Raubfischen gesellen sich meist Hecht, Zander und Barsch hinzu.

Schleusen und Wehre

Treten in den für die Schiffahrt erbauten Kanälen Wehre auf, so ist dafür auch von Seiten des Naturschutzes Verständnis aufzubringen. Ohne Schleusen wäre hier teilweise kein Schiffsverkehr möglich. Meist sind die in den Kanälen lebenden Fische nicht auf lange Wanderungen zu Laichplätzen angewiesen. Von einer wirklichen Behinderung kann deshalb nur sehr begrenzt und in vertretbarem Rahmen ausgegangen werden, obgleich beim Kanalneubau die Schaffung günstiger Bereiche für die Tier- und Pflanzenwelt nicht unbeachtet bleiben sollte.

Viel *problematischer sind Verbauungen natürlicher Flußläufe* zu sehen. Über Tausende von Jahren haben nicht nur anadrome Fischarten (sie leben im Meer und vermehren sich im Süßwasser) wie Meerforelle, Lachs, Meerneunauge, Maifisch oder Finte fast überall ungehindert Fließgewässer in ihrer Gesamtheit nutzen können: Laichen in den Oberläufen der Flüsse, Abwanderung der Jungtiere ins Meer, ein Leben im Meer mit anschließender Rückkehr zu den Laichplätzen im Oberlauf. Wasserfälle und Stromschnellen in Berg- und Gebirgsgegenden stellten schon in der Vergangenheit natürliche Hindernisse für Wanderfische dar und setzten der Verbreitung der Tiere entsprechende Grenzen. *Einschneidende Nachteile mit zum Teil katastrophalen, lebensbedrohenden Folgen für die oben genannten Fische und weitere Arten brachten die Absperrungen durch Menschenhand. Die Laichplätze konnten nicht mehr erreicht werden.* Aussterben bleibt bei mangelhaften Alternativen die logische Konsequenz. Wenngleich Wissenschaftler, Fischer und Naturfreunde den Bau von *Fischtreppen* zum Überwinden von Hindernissen vorangetrieben haben, scheint es manchenorts noch erheblich an Einsicht und Verständnis zu fehlen. Dieser Unvernunft läßt sich wohl nur mit Gesetzen begegnen, die bedauerlicherweise zur Zeit noch fehlen. Wie sonst kann es möglich sein, daß vom Aussterben bedrohte und geschützte Fische wie Lachs und Meerforelle dort, wo sie nicht ausgesetzt wurden, mit einer Vielzahl von Netzen gefangen werden, was einer natürlichen Bestandserhaltung in unseren Gewässern schadet?

4. Gewässerkunde und Naturschutz

4. 5. 3. Stehende Gewässer

Natürliche, stehende Gewässer können zur Kennzeichnung nach unterschiedlichen Gesichtspunkten eingeteilt werden. Große Gewässer, bei denen das Licht den Grund für Pflanzenwuchs nicht mehr genügend erhellt, bezeichnen wir als *Seen*. In einem *Weiher* lassen die Lichtverhältnisse durch die geringe Wassertiefe auf der gesamten Fläche Pflanzenwuchs zu. *Tümpel* mit geringem und schwankendem Wasserstand zählen zu den kleinsten stehenden Gewässern. Zuweilen können sie sogar austrocknen.

Tümpel

Natürliche Seen
Der Pflanzenwuchs ist – wie wir bereits erfahren haben – für das Leben im Wasser von entscheidender Bedeutung. Geringe Tiefen (unter 10 m) und ausreichend Licht werden in den Seen wesentlich in der *Uferzone* erreicht. *Hier finden Pflanzen häufig gute Bedingungen vor und produzieren reichlich Nahrung für die Tierwelt.* Die Zahl der verschiedenen Fischarten (Rotaugen, Rotfedern, Schleien, Karpfen, Brassen, Güstern, Karauschen, Giebel, Aal, Hecht, Barsch und andere mehr) ist in diesem Seebereich am höchsten. Endet der Pflanzenwuchs der Uferzone mit den unterseeischen Wiesen, sprechen wir im oberen Bereich vom *Freiwasser*. Es reicht so weit, wie das Licht eindringen kann. Die Erwärmung der oberen Wasserschicht sorgt für reichlich Plankton. Abgesehen von einigen Arten der Uferzonen (klare Trennungen sind nicht möglich), sind je nach Gewässer noch Hecht, Karpfen, Barsch, aber auch freiwasserliebende Arten wie Felchen, Mairenken, Zander und Ukelei anzutreffen. Licht und ansteigende Temperaturen im Sommer bieten dort die Voraussetzungen für reichlich Plankton. In der unter der Freiwasserzone liegenden *Tiefenzone* verringert sich die Zahl der Arten sichtlich je nach Tiefe durch Abkühlung und *extremen Lichtmangel*. Am Grund der Tiefenzone herrscht besonders in den Seen der Niederungen – bedingt durch schlammige Ablagerungen – leicht Sauerstoffmangel. Hier gedeihen oft Schlammröhrenwürmer in großen Mengen.

4. Gewässerkunde und Naturschutz

Reicht dann der Sauerstoffgehalt noch aus, stellen sich Brassen, Güster, Karpfen, Aal, Barsch, Renken und Felchen am reich gedeckten Tisch ein. Nicht selten liegt das Problem der Angler an einem ihnen noch unbekannten Gewässer darin, den richtigen Angelplatz für den erwünschten erfolgreichen Fang zu finden. Bäche und Flüsse sind da noch leichter einzuschätzen. Kurven, Stromschnellen oder Krautbänke lassen Einstellplätze von Fischen einfacher erahnen. Ein See kann dem jungen Hobbyfischer da schon Schwierigkeiten in der Beurteilung bereiten. Häufig fehlt auch die ideale Uferzone mit Schilf- und Binsengürtel sowie Schwimmblattpflanzen- und Laichkrautzone mit den sich anschließenden unterseeischen Wiesen. Schilf und Binsen zeigen uns an, daß hier das Gewässer flacher als 2 m ist, denn in tieferem Wasser gedeihen sie nicht mehr. Die Randbereiche können sich bei entsprechendem Untergrund durchaus als fängig erweisen. Das gilt ebenso bei Seerosenbeständen. Geht die Tiefe deutlich über 2 m hinaus, können auch See- und Teichrosen nicht mehr wachsen. Ausloten kann helfen, schräg abfallende Bodenzonen zu erkunden, die sich nicht selten als fischträchtig herausstellen. Eine zusätzliche wertvolle Hilfe in der Beurteilung kann die Darstellung der Seetypen geben:

● *Brassensee* – Sehr zahlreich finden wir *im norddeutschen Raum den Brassensee*. Brassen (Bleie) benötigen zur Vermehrung *als Laichplätze fla-*

Querschnitt eines Brassensees

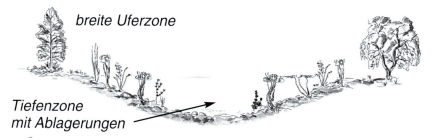

che, krautige Uferzonen und lieben Schlammablagerungen am Boden, weil dort ihre Nahrungstiere gute Entwicklungsmöglichkeiten haben. Relativ geringe Tiefen (kaum mehr als 40 m) begünstigen von ihnen bevorzugtes nicht zu kaltes Wasser. Reich an Nährstoffen wachsen Pflanzenbestände, die weiteren Fischarten günstigen Lebensraum schaffen.

● *Hecht-Karpfen-Schleien-Seen* – In diesen *sehr flachen Seen der Ebene* kön-

4. Gewässerkunde und Naturschutz

nen große Bereiche am Boden mit Pflanzenwuchs bedeckt sein. Solche Gewässer zeigen sich äußerst artenreich. Fische finden reichlich Nahrung und wachsen gut ab. Der Fischer bezeichnet sie als *„fruchtbar"* oder *„ertragreich"*. Natürlich ergeben sich zum Winter durch Absterben vieler grüner Pflanzenteile starke Ablagerungen am Grund, die besonders bei vermehrtem Auftreten des Rohrkolbens Verlandungserscheinungen fördern.

Querschnitt eines Hecht-Karpfen-Schleiensees

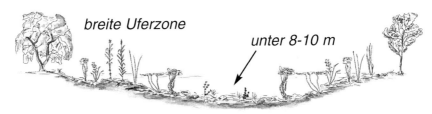

breite Uferzone

unter 8-10 m

Querschnitt eines Coregonensees

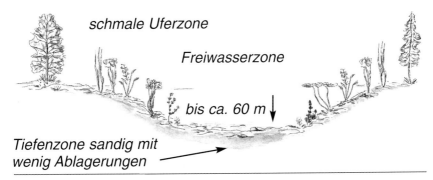

schmale Uferzone

Freiwasserzone

bis ca. 60 m

Tiefenzone sandig mit wenig Ablagerungen

Querschnitt eines Forellensees

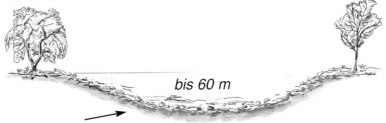

bis 60 m

Steiniger Grund / keine Pflanzen

4. Gewässerkunde und Naturschutz

Temperaturen von +20° C im Sommer und viel Licht garantieren Artenreichtum. Neben Güstern, Brassen, Rotaugen, Rotfedern, Karauschen und anderen sind diese Gewässer ideal für Aal, Schleie, Hecht und Karpfen.

Die eben beschriebenen Seen für Brassen oder Hecht und Schleien sind, wie der Pflanzenwuchs bereits andeutet, sehr nährstoffreich. Der Fachmann bezeichnet sie als *eutroph*. Zu viele Nährstoffe können einem Gewässer aber auch erhebliche, nachhaltige Schäden zufügen, wenn sie einen übermäßigen Pflanzenwuchs zur Folge haben. Sterben die Pflanzenmassen beispielsweise im Herbst oder durch Lichtmangel ab, kann durch zuviel organisches Material Sauerstoffmangel entstehen – das Gewässer kippt um.

- *Coregonenseen* – Sind Nährstoffe für Pflanzen nicht so reichlich vorhanden, stellen sich überwiegend schmale Uferzonen ein, besonders dann, wenn die Ufer relativ steil zur Seemitte hin abfallen. *Geringe organische Ablagerungen am Boden und mäßige Wassertiefen mit sandigem Grund garantieren auch im Sommer ausreichend Sauerstoff.* Hier leben in dem meist klaren Wasser Renken. Solche Seen werden, da Renken zu den Coregonen zählen, Coregonenseen genannt.

- *Forellen- und Saiblingsseen* – *Nährstoffarme Seen*, in der Fachsprache „oligotroph" genannt, finden wir häufig in Gebirgsregionen. Dort zeigen sie steinigen Grund und keinen oder nur sehr spärlichen Pflanzenwuchs, so daß eine Uferzone, wie wir sie bei den Seen der Niederungen und des Berglandes finden, in vielen Fällen fehlt, und das Wasser ist kühl und klar. Fische dieser Gewässer müssen ihre Nahrung zum großen Teil an der Oberfläche oder aus dem Wasser springend erjagen. Die Bachforellen besiedeln hier bevorzugt die flachen Zonen der Seen.

Künstliche Seen

In den letzten Jahrzehnten sind künstliche Seen in großer Zahl entstanden.
- *Kiesseen* – durch Sandaushub für Straßenbau oder Kiesgewinnung.
- *Tonseen* – durch Lehm/Tonabbau für Ziegeleien.
- *Tagebaurestlöcher* – durch Braunkohlenabbau.

Hier muß sich allmählich ein Biotop mit Pflanzen und Tieren bilden, und erst im Laufe von Jahren kann sich ein naturnaher Lebensraum entwickeln. So ist es sinnvoll, erst den notwendigen Pflanzenwuchs in ausreichendem Maße zu fördern. Da künstliche Gewässer häufig umgehend als Fischgewässer genutzt werden sollen, fehlt ihnen ausreichender Pflanzenwuchs.

Nach einem Fischbesatz bildet er sich besonders in nährstoffärmeren Gewässern oft nur recht mühsam.
- *Talsperren* – Sie ähneln in ihrem Aufbau (Profil) den Seen der Gebirge. Stetig, manchmal steil abfallende Ufer lassen nur stellenweise eingeschränkten Pflanzenwuchs zu. Um sie zu beangeln, sind gründliche Informationen (Karten) über Tiefen, Zuflüsse, flache Uferzonen zu empfehlen. Sie können die Fangaussichten durch eine gute Platzwahl erheblich steigern.

4. 6. Hege und Pflege der Gewässer

Regelmäßig erfahren wir selbst oder durch die Medien (Zeitung, TV, Rundfunk) von Gewässerverschmutzungen, Vergiftungen, Fischsterben. Ältere Angler können noch von Zeiten berichten, in denen in unseren Gewässern Fische so zahlreich auftraten, daß man sie mit Körben fangen konnte. Wir alle haben einen direkten oder indirekten Anteil an der Verantwortung für den deutlichen Rückgang der Fischbestände: Belastung der Gewässer mit vielerlei Schadstoffen durch unseren Wohlstand, Haushalte, Industrie und Landwirtschaft, Begradigungen, Räumungen von Uferzonen und Gewässergrund u.a. mehr.

Ich habe als einzelner Angler durchaus die Möglichkeit, günstig auf die Tier- und Pflanzenwelt einzuwirken. Es ist dann besonders leicht, wenn ich mich selbst vorbildlich verhalte! Deshalb sollte ich die folgenden *zehn Gebote für den umweltbewußten Angler* stets beherzigen:

1. Mein Angelplatz wird so gewählt, daß möglichst Schäden im Uferbewuchs vermieden werden.

2. Zu ihren Laichzeiten sollten Fische nicht an ihren Laichplätzen gestört werden. Natürliche Vermehrung ist die ideale Sicherung des Fischbestandes.

3. Futter zum Anfüttern kommt nur in solchen Mengen zum Einsatz, daß es das Wasser nicht belasten kann.

4. Ich benutze nur Lockstoffe im Futter, die die Gesundheit der Fische mit Sicherheit nicht gefährden.

5. Ich nehme auch Rücksicht auf Tiere, die am oder im Wassser mit der Aufzucht ihres Nachwuchses beschäftigt sind.

6. Ich verlasse meinen Angelplatz sauber. Dosen, Schachteln, Flaschen, Tüten oder Schnurreste (zerschnitten) gehören in die Mülltonne! Keine Angelhaken, schon gar nicht beködert, zurücklassen.

4. Gewässerkunde und Naturschutz

7. Ich halte mich strikt an festgelegte Mindestmaße, Schonzeiten, Fanggeräte und Fangbegrenzungen. Damit leiste ich einen Beitrag zur Arterhaltung.

8. Ich führe nicht selbständig und eigenmächtig Besatzmaßnahmen durch. Das gilt insbesondere für Fische, die noch nicht in dem Gewässer vorkommen.

9. Ich unterstütze den Gewässerwart und den Verein beim Anlegen von Laichplätzen, bei Besatz, Aufzucht von Jungfischen, Bepflanzungen usw. Nur die Hege und Pflege von Tieren und Pflanzen sichert langfristig Erfolge.

10. Grobe Verstöße gegen den Naturschutz und das Fischereirecht bespreche ich mit den maßgebenden Personen meines Vereinsvorstandes oder dem Fischereiberechtigten, damit sie nötigenfalls geahndet werden können.

Angeln – das ist Natur pur

5. Gesetzeskunde

▼ 5. 1. Alles, was Recht ist

Das Kapitel Gesetzeskunde hat nicht zum Ziel, Sie zu einem perfekten Vereinsvorsitzenden oder gar zu einem Juristen in Sachen Fischerei auszubilden, sondern zu einem Angler und Naturfreund, der sich mit seinem Wissen und seinem daraus folgenden Verhalten schonend, schützend und verantwortungsbewußt im Umgang mit Pflanzen, Tieren und Umwelt zeigt. Hier erhalten Sie zusätzliche Leitlinien für die Ausübung der Fischerei. Betrachten Sie die Gesetze und Verordnungen zur Fischerei und den Naturschutz einfach als Spielregeln für uns alle.
Spätestens mit der Anmeldung zur *Fischerprüfung* haben Sie Ihre Entscheidung für die Angelei gefällt. Häufig sieht der Wunsch so aus: einem Verein beitreten, einen Erlaubnisschein abholen und ab ans Gewässer zum Fischfang. Anderen fällt ein Vereinsbeitritt schwer. Sie suchen nach Angelmöglichkeiten durch Gastkarten oder an Küstengewässern der Nord- und Ostsee, wo besondere Bedingungen gelten.
Fischerprüfung – Wollen Sie in der Bundesrepublik Deutschland angeln gehen, so wird Ihnen fast ausnahmslos durch die Fischereigesetze der *Nachweis einer speziellen Ausbildung – die Fischerprüfung (Sportfischerprüfung)* – abverlangt. Diese Ausbildung liegt letztlich in der Hand der Bundesländer, die aber die Durchführung der *Lehrgänge und teilweise auch der Prüfungen* weitgehend den *Anglerverbänden* überlassen haben.
Fischereischein – Haben Sie den Nachweis einer speziellen Ausbildung oder entsprechender Kenntnisse erbracht (Ausbildung als Fischwirt oder ähnliches, erfolgreich abgelegte Fischerprüfung), stellt die *für Sie zuständige Ordnungsbehörde Ihres Wohnsitzes Ihnen einen Fischereischein als Lichtbildausweis* aus (vergl. Tabelle auf S. 193).
Der *Fischereischein kann Ihnen versagt oder eingezogen werden,* wenn Sie beispielsweise wiederholt gegen das Fischerei-, Natur- oder Tierschutzgesetz verstoßen haben oder Sie rechtskräftig wegen Fischwilderei verurteilt worden sind.
Den *Fischereischein haben Sie beim Angeln neben dem Erlaubnisschein stets bei sich zu führen. In Niedersachsen kann ersatzweise zum Erlaubnisschein auch der Personalausweis mitgeführt werden.*

5. Gesetzeskunde

Erlaubnisschein – Relativ leicht wird Ihnen das Angeln durch die Mitgliedschaft in Angel- oder Fischereivereinen gemacht. Sie erhalten vom Verein Ihren *Erlaubnisschein* für die Vereinsgewässer, und im sorgfältig ausgestellten Erlaubnisschein, den Sie *beim Angeln stets bei sich tragen müssen und in jedem Falle vorher durchgelesen haben sollten*, finden Sie Ihre wesentlichen Rechte und Pflichten am Wasser formuliert. Der Erlaubnisschein ist nicht für Berufsfischer, Fischereiberechtigte oder für das Angeln an Privatgewässern vorgeschrieben oder erforderlich.

Folgende Fakten muß der Erlaubnisschein entsprechend den Fischereigesetzen enthalten:

- *Vorname, Name, Anschrift und Unterschrift des Erlaubnisscheininhabers* sowie die Unterschrift des Fischereiberechtigten oder des Fischereipächters.
- *Genaue Bezeichnung der Gewässer und Gewässergrenzen*, für die die Fischereierlaubnis erteilt wird.
- Tag der Ausstellung des Erlaubnisscheines und *Gültigkeitsdauer der Fischereierlaubnis*.
- *Besondere Bedingungen* zum Fischfang (wie Fanggeräte, Fahrzeuge, Fangbeschränkungen, Mindestmaße, Schonzeiten, Fangverbote für bestimmte Fischarten).

Zusätzlich können auf den Erlaubnisscheinen weitere Einschränkungen wie Köder, Spinnfischerei, tageszeitliche Begrenzungen und anderes mehr vermerkt werden.

Der Erlaubnisschein zum Angeln ist nicht auf andere Personen übertragbar. Er gilt auch nicht für Personen, die Ihnen beim Angeln zur Hand gehen. Solchen *Helfern ist es auch nicht gestattet, die Angel zu halten oder selbst zu angeln.*

Fischereirecht ist Landesrecht – In unserer Zeit ist die Welt eng zusammengerückt. Durch günstige Verkehrsverbindungen und Kraftfahrzeuge sind Fahrten zum Angelplatz – manchmal weit mehr als einhundert Kilometer – keine Seltenheit. Der Reiz, einmal in anderen Gewässern Fischen nachzustellen und dabei vielleicht den Fang seines Lebens zu landen, ist groß. Für den Angler spielen dabei die Grenzen der Bundesländer bewußt kaum eine Rolle, obgleich das im Einzelfall schon von Bedeutung sein kann, denn: Fischereirecht ist Landesrecht. Die Fischereirechte in den einzelnen Bundesländern haben zwar vieles, was für den Angler von Bedeutung ist, gemeinsam, und doch *gibt es einige Unterschiede*, die Sie kennen sollten.

5. Gesetzeskunde

Rechte und Pflichten – Mit Ihrem Recht, angeln zu gehen, müssen Sie gleichzeitig Pflichten übernehmen. Beides, Rechte und Pflichten, ist in diesen Gesetzen und Verordnungen geregelt:
- *Fischereigesetze der Länder*
- *Fischerei(ver)ordnungen der Länder (Binnenfischereiordnung, Küstenfischereiordnung)*
- *Naturschutzgesetze*
- *Tierschutzgesetze*
- *Pflanzenschutzgesetze*
- *Artenschutzgesetze.*

Diese Gesetze und Verordnungen haben den Sinn, Sie nachhaltig über notwendige, für alle Petrijünger gültige Auflagen zu informieren, da Fisch und Natur nicht grenzenlos zur Verfügung stehen. So dürfen Sie als Angler zum Fischen gehen, aber mit Einschränkungen. Mit dem Recht, Fische zu fangen, übernehmen Fischereiberechtigte oder Pächter gleichzeitig die *Pflicht, Fische zu hegen. Fischhege schließt die Erhaltung und Förderung der Fischbestände, Pflanzen und Gewässer mit ein.*

Oberste Instanz im Fischereirecht sind die entsprechenden Ministerien der Länder (meist Landwirtschaft- und Forsten, Umwelt o. ä.) oder Senatoren (Berlin, Bremen, Hamburg) eines Bundeslandes. Die Aufgaben einer unteren Fischereibehörde nehmen allgemein die *Landkreise oder kreisfreien Städte wahr, die auch Auflagen hinsichtlich der Besatzmaßnahmen und der Zahl der Erlaubnisscheine treffen dürfen.*

Geltungsbereich – Dem Fischereigesetz unterliegen außer allen Fischen mit deren Brut auch Neunaugen, Krebse und Muscheln – teilweise auch Fischnährtiere. Das Fischereigesetz regelt den Fang dieser Tiere, soweit sie nicht unter Schutz stehen. Auch hier machen die Länder in ihren Fischereirechten Unterschiede. In fast allen Bundesländern stehen die Muscheln der Binnengewässer ganzjährig unter Schutz. Bremen und Niedersachsen behandeln Muscheln im Fischereigesetz gesondert.

Säugetiere wie Otter, Bisam, Biber, Wasserspitzmaus oder Vögel wie Graureiher, Enten, Teichhuhn (auch deren Gelege) usw. sind für uns Angler als Beutetiere *tabu*, da sie nicht unter das Fischereirecht, sondern unter das *Jagdrecht* fallen, wenn sie nicht auch hier unter gesetzlichem Schutz stehen. Wir dürfen solche Tiere *nicht einmal verjagen oder (vor allem in der Fortpflanzungszeit!) nachhaltig stören.*

Gewässerpacht – Sie haben wenig mit Pachtungen von Fischereirechten,

5. Gesetzeskunde

Besatz und ähnlichem zu schaffen. Vorstände, unterstützt durch ihre Mitglieder, leisten im voraus viel Rechts- und Verwaltungsarbeit. Werden Fischereirechte gepachtet, so bedürfen diese *Pachtverträge der Schriftform*. In den meisten Bundesländern beträgt die *Mindestlaufzeit solcher Pachtungen zwölf Jahre, in Bayern zehn Jahre.*

Besitzen für den gleichen Gewässerabschnitt gleichzeitig mehrere juristische Personen das Fischereirecht, spricht der Gesetzgeber von *Koppelfischerei*.

In Bayern, Baden-Württemberg, Brandenburg, Hessen, Niedersachsen, Nordrhein-Westfalen, Saarland, Sachsen bestehen per Gesetz örtliche Fischereirechte, die zu Fischereibezirken zusammengefaßt wurden. *Die Fischereiberechtigten eines Bezirks bilden gemeinsam eine Fischereigenossenschaft* mit entsprechender Satzung, Vorstand und Mitgliederversammlung.

Ausdrücklich erwähnen die Fischereigesetze Bremens und Niedersachsens u.a. die Vereinigung von Anglern/Sportfischern, die in Gestalt anerkannter Vereine als Pächter auftreten können. Die Anerkennung wird beispielsweise gegeben, wenn der Verein:

- rechtsfähig ist und den Sitz im Bundesland hat;
- mindestens dreißig Mitglieder hat und seine Satzung den Beitritt jeder weiteren unbescholtenen Person zuläßt;
- seine Mitglieder die Fischerprüfung bei einem anerkannten Landesverband ablegen läßt;
- und über hinreichend ausgebildete Gewässerwarte verfügt.

Fischereiaufsicht – *Fischereischein und Erlaubnisschein sind auf Verlangen Polizeibeamten, mit der Fischereiaufsicht betrauten Personen, Fischereiberechtigten und Fischereiaufsehern unbedingt vorzuzeigen.* Fischereiaufseher für den örtlichen Fischereibereich werden auf Vorschlag der Fischereiberechtigten, Pächter, der Vereine oder Fischereigenossenschaften meist von den örtlichen Verwaltungsbehörden (untere Fischereibehörde oder Gemeinde) ernannt. Dem Angler gegenüber muß sich der Fischereiaufseher als solcher ausweisen, wenn er Kontrollen vornehmen will. Damit er die Einhaltung der Rechtsvorschriften überprüfen kann, darf er *außer Erlaubnisschein und Fischereischein auch den Fang und die Fanggeräte kontrollieren.*

Der Fischereiberechtigte kann Sie auch verpflichten, weitere Papiere beim Angeln mitzuführen (z.B. eine Fangstatistik).

5. Gesetzeskunde

Verbotene Fangmethoden – *Grundsätzlich zum Fischfang verboten sind: Sprengstoffe, Gifte, Betäubungsmittel, Speere, Scheinwerfer, Harpunen, Schußwaffen, reißende oder einklemmende Fanggeräte und ähnliches.* Ferner ist damit rechnen, daß sich in den nächsten Jahren bundesweit das Verbot von lebenden Köderfischen zum Fischfang durchsetzen wird.

Hälterung – Der Gebrauch von Setzkeschern ist mancherorts fischereirechtlich oder durch andere Auflagen untersagt. In anderen Fällen werden Ihnen hinreichend große Setzkescher, richtig aufgestellt, nur bei vernünftigen Hälterungsgründen erlaubt. Gefangene, maßige Fische, die mitgenommen werden sollen, sollte man sofort betäuben, töten und sinnvoll verwerten (z.B. als Nahrung für Menschen oder Tiere). *Werden untermäßige Fische oder geschützte Arten gefangen, sind sie sofort schonend ins Wasser zurückzusetzen.*

E-Fischerei – *Die Elektrofischerei bedarf einer besonderen behördlichen Genehmigung und steht somit für Angler grundsätzlich nicht zur Diskussion.* Sie wird nur an speziell ausgebildete Personen zu besonderen, meist hegerischen Zwecken (Bestandserhebungen, künstliche Vermehrung) erteilt, die dann im Einzelfall über die Fänge eine genaue Statistik führen müssen.

Schonzeiten, Mindestmaße – Schonzeiten und Mindestmaße sind *in den Fischereiordnungen der Bundesländer festgelegt* und weichen – teilweise nur geringfügig, in anderen Fällen erheblich – voneinander ab. Bei den Mindestmaßen wird jeweils von der Maulspitze bis zum Schwanzflossenende eines Fisches gemessen. So ist es für Sie bei einem Wechsel in ein anderes Bundesland schon wichtig, sich darüber zu informieren (vergleiche Anlage 1). Dieses gilt insbesondere für ganzjährig geschützte Fischarten (Anlage 2). Allgemein werden Sie feststellen, daß *Fischereiberechtigte die Mindestmaße und Schonzeiten häufig noch in den jeweiligen Gewässern zu Gunsten der Fische ausweiten,* und dem ist Folge zu leisten. Beachten Sie das bitte auf Ihren Erlaubnisscheinen. Ebenfalls sind in manchen Gewässern *Laich- und Fischschonbezirke* eingerichtet, in denen die Angelei zeitlich begrenzt oder ganzjährig untersagt ist. Solche Bereiche sind häufig ausgeschildert und/oder im Erlaubnisschein deutlich beschrieben.

Fischnacheile – Hochwasser stellt nicht nur für Angler eine ungewöhnliche Situation dar. Fische verlassen durchaus ihr angestammtes Gewässer und begeben sich in die überschwemmten Flächen. In solchen Fällen darf der Fischereiberechtigte (in einigen Bundesländern zeitlich begrenzt) den Fischen auf den überschwemmten Flächen nachstellen, um sie wieder in ihr ursprüng-

5. Gesetzeskunde

liches Gewässer zurückzuführen, wenn dabei nicht andere Fischereirechte berührt werden. Der Gesetzgeber spricht hier von Fischnacheile. Für uns Angler ist das aber auf keinen Fall der Zeitpunkt, über die in Bedrängnis geratenen Fische mit Angeln, Keschern oder anderen Gerätschaften herzufallen und große Beute zu machen.

Das Gesetz erlaubt auch nicht den Fischfang in Fischwegen (z.B: Fischtreppen).

Einsetzen, Umsetzen von Fischen – *Als Angler ist es Ihnen verboten, eigenmächtig Fischbesatz vorzunehmen.* Dieses gilt insbesondere für nichteinheimische Fischarten. Hier können durch falschen Besatz erhebliche Schäden verursacht werden (z.B. Verdrängung von Bachforellen durch Regenbogenforellen).

Betretungsrecht – Um nun endlich den Angelplatz zu erreichen, ist es häufig nicht zu vermeiden, fremde Grundstücke zu betreten. Das wird Ihnen auch mit dem *Uferbetretungsrecht* eingeräumt, hat aber wiederum seine Grenzen. So dürfen Sie Ackerflächen, Wiesen, eingezäunte Viehweiden, Wälder, auch Campingplätze im unmittelbaren Uferbereich, soweit zum Angeln erforderlich, auf eigene Gefahr betreten. *Für Schäden*, die Sie dabei verursachen, *müssen Sie haften*. Es zählt nicht zum Uferbetretungsrecht, mit Fahrzeugen über Wiesen oder Äcker zu fahren, um sehr bequem seinen Angelplatz zu erreichen. Das ist strafbar und bringt zusätzlich die Angler in Verruf. Vom Uferbetretungsrecht *ausgenommen* sind unter anderem *eingefriedete Hofstellen, Gewerbeanlagen, Forstkulturen oder Fischzuchtanlagen*. Im Einzelfall können Gemeinden Uferbereiche aus Sicherheitsgründen für die Begehung zum Angeln sperren.

Fangfertiges Gerät – Kommt es vor, daß Sie ein Gewässer wechseln wollen, so dürfen Sie dabei andere Gewässer, für die Sie keine Fischereierlaubnis besitzen, *nicht mit fangfertigem Angelgerät* passieren (Blinker abmachen, Köder abnehmen, Angeln zerlegen oder im Futteral mitführen).

Schonbezirke – Manche Gewässerstrecken stellt der Gesetzgeber im Interesse der Petrijünger und der Fische unter besonderen Schutz. Es hat sich gezeigt, daß nicht nur Fische zur Vermehrung sehr häufig wieder die gleichen Plätze aufsuchen. Um solche Bereiche der wertvollen natürlichen Vermehrung zu erhalten, werden sie als *Fisch- oder Laichschonbezirke* ausgewiesen. Allgemein sind solche Stellen besonders durch Bojen oder Schilder gekennzeichnet. Diese Gewässerbereiche sind zeitlich *begrenzt oder auch auf Dauer für jegliche Fischerei gesperrt*. Sogar die Störung der Tiere durch entsprechende

5. Gesetzeskunde

Handlungen (z.B. Fahren mit dem Boot) kann mit empfindlichen Geldbußen belegt werden. Strafbar ist es ebenfalls, Markierungen, die Fischereigrenzen oder Schutzzonen ausweisen, zu verschieben, zu zerstören oder unkenntlich zu machen.

Meldepflicht bei Fischsterben – Leider sind Fischsterben immer noch nicht auszuschließen: Fische der unterschiedlichsten Arten und Größen treiben meist an der Oberfäche. Stellen Sie ein *Fischsterben* fest, melden Sie *es sofort der Polizei, dem Fischereiberechtigten und/oder Ihrem Vereinsvorstand.* Ein solcher Schaden muß zügig festgehalten werden, da Beweise, besonders in Fließgewässern, oft schnell entschwinden, und es findet später keine Beachtung, wenn Sie sich ohne behördliche Personen um Fisch- oder Wasserproben bemühen, da diese nicht anerkannt werden.

Küstenfischerei – Für Küstengewässer (es ist in den Fischereigesetzen beschrieben, welche Gewässer dazu zählen) gelten die jeweiligen Küstenfischereiordnungen des entsprechenden Bundeslandes. Auch hier sind für verschiedene Fischarten Mindestmaße und Schonzeiten festgelegt. Besonders im Ostseebereich sind Fisch- und Laichschonbezirke ausgewiesen, die u.a. speziellen Gewässerkarten entnommen werden können. Wollen Sie in den Küstengewässern der Nord- und Ostsee problemlos angeln, sollten Sie nicht ohne entsprechende Informationen ans Wasser gehen.

Ostsee	Mecklenburg-Vorpommern 1999		Schleswig-Holstein 1999	
Fischart	Schonmaß/Schonzeit		Schonmaß/Schonzeit	
Aal	45		35	
Barsch	20		keine Angaben	
Lachs	60	01.08.-31.10	60	01.10.-31.12.
Meerforelle	45		40	01.10.-31.12.
Maifisch	**		**	
Dorsch	35	EU-Maß	35	EU-Maß
Wittling	23		23	
Zander	45	01.05.-31.05.	40	
Ostseeschnäpel	40	01.10.-30.11.	**	
Scholle	25	01.02.-30.04.*	25	01.02.-30.04.*
Steinbutt	30	01.06.-31.07.	30	01.06.-31.07.
Flunder	25	01.02.-30.04.	25	01.02.-30.04.*
(*weibliche Tiere), (**vollkommen geschützte Arten)				

5. Gesetzeskunde

▼ 5. 2. Der Fischereischein

Für alle Personen, die Fische fangen wollen, gilt in den Ländern der Bundesrepublik Deutschland die *Fischereischeinpflicht*. Der Erhalt des *staatlicherseits ausgestellten Fischereischeins* ist unter folgenden Bedingungen möglich: *Nachweis einer speziellen fischereilichen Ausbildung* (z.B. als Fischwirt, Berufsfischer o.ä.) oder Nachweis der erfolgreichen Teilnahme an einem Lehrgang von zum Teil vorgeschriebener Mindestdauer (30 Stunden) mit verbindlichem Themenkatalog *(Fischkunde, Fischhege, Gewässerhege und -pflege, Fanggeräte, Natur-, Tier- und Pflanzenschutz, Behandlung gefangener Fische und Rechtsvorschriften)*.

Mindestalter für den Erwerb des Fischereischeins

Baden-Württemberg, Mecklenburg-Vorpommern	vollendetes 10. Lebensjahr
Hamburg, Schleswig-Holstein	vollendetes 12. Lebensjahr
Rheinland-Pfalz	vollendetes 13. Lebensjahr
Bayern, Brandenburg, Bremen, Hessen, NRW, Saarland, Sachsen, Sachs.-Anh., Thüringen, Niedersachsen und Berlin (Fisch.-Sch.A)	vollendetes 14. Lebensjahr

Jugendfischereischein

Bayern	10.-18. Lebensjahr
Hessen	12.-16. Lebensjahr
Nordrhein-Westfalen, Rheinland-Pfalz, Saarland, Sachsen, Thüringen, Baden-Württemberg	10.-16. Lebensjahr
Brandenburg	8.-18. Lebensjahr
Berlin	12.-18. Lebensjahr
Bremen, Hessen, Saarland	unter 14 Jahre Angeln nur in Begleitung eines volljährigen Fischereischeininhabers (Saarland: nur Fischereischeininhaber)
Sachsen-Anhalt	8.-14. Lebensjahr

Nicht alle Bundesländer sehen die Ausstellung eines Jugendfischereischeins vor.

Gültigkeitsdauer des Fischereischeins

Brandenburg (Schein B)	1 Jahr
Baden-Württemberg, NRW, Saarland, Rheinland-Pfalz	1 Jahr oder 5 Jahre
Hamburg, Niedersachsen, Bremen, Schleswig-Holstein, Mecklenburg-Vorpommern	unbegrenzt
Bayern, Hessen, Thüringen	1 Jahr oder 5 Jahre oder 10 Jahre
Sachsen	1 Jahr oder 3 Jahre oder 5 Jahre
Sachsen-Anhalt	1 bis 5 Jahre

5. Gesetzeskunde

5.3. Schonzeiten und Mindestmaße gemäß Landesfischereiverordnungen – Stand: 01.07.2002

Fischarten	Bayern Mindestmaß/Schonzeiten cm		Berlin Mindestmaß/Schonzeiten cm	
Aal	40		45	
Aland	30		30	
Äsche	35	01.01.-30.04.	30	01.12.-31.05.
Bachforelle	26	01.10.-28.02.	30	01.10.-30.04.
Bachsaibling	20	01.10.-28.02.	25	01.10.-30.04.
Barbe	40	01.05.-15.06.	40	01.05.-31.07.
Barsch	*		*	
Döbel	–		30	
Flunder	–		*	
Edelkrebs	12 (weibl.)	01.10.-31.07.	**	
Hasel	*		15	
Hecht	50	15.02.-15.04.	45	01.01.-30.04.
Huchen	70	15.02.-31.05.	–	
Karpfen	35		25	
Lachs	**		60****	01.10.-31.12.
Große Maräne	–		30****	01.10.-31.12.
Kleine Maräne	–		15	
Meerforelle	**		60****	01.10.-31.03.
Nase	30		**	
Neunauge	**		**	
Quappe/Rutte	30		30	
Rapfen/Schied	40		40	01.04.-30.06.
Regenbogenforelle	26	15.12.-15.04.	25	01.10.-30.04.
Rotauge	–		*	
Rotfeder	–		*	
Schleie	26		25	
Seeforelle	60	01.10.-28.02.	–	
Stör	**		–	
Wels	70		75	
Zährte	*		**	
Zander	50	15.03.-30.04.	45	01.01.-30.04.
Zope	**		20	01.03.-31.05.

* = ohne Angaben zum besonderen Schutz; ** = vollkommen geschützte Arten; *** = vier aufeinander folgende Wochen nach Maßgabe im Hegeplan; **** = dürfen nur dort gefangen werden, wo sie als Besatz ausgebracht wurden; – = nicht aufgeführte Arten

5. Gesetzeskunde

Diese Maße und Schonzeiten dürfen nicht unterschritten werden

Brandenburg Mindestmaß/Schonzeiten cm		Bremen Mindestmaß/Schonzeiten cm		Hamburg Mindestmaß/Schonzeiten cm	
45		35		35	
30		–		–	
30	01.12.-31.05.	35	01.03.-15.05.	35	01.01.-15.05.
25	01.10.-30.04.	30****	15.10.-15.02.	30	15.10.-15.02.
25	01.10.-30.04.	–		–	
40	01.05.-31.07.	40		**	
*		15		–	
30		30		25	
–		25		20	
**		–		**	
15		20		20	
45***		50	01.02.-15.05.	50	01.01.-15.05.
*		–		–	
35		–		35	
60****	01.10.-31.03.	60****	15.10.-15.02.	35****	
30****	01.10.-31.12.	–		–	
15		–		–	
60****	01.10.-31.03.	50****	15.10.-15.02.	35****	15.10.-15.02.
**		**		–	
**		****		**	
30		35		35	
40	01.04.-30.06.	**		40	
25	01.10.-30.04.	–		–	
–		–		–	
–		15		–	
25		–		25	
60	01.10.-31.05.	–		–	
–		100	01.01.-31.07.	**	
75		80		**	
**		–		**	
45***		40	01.02.-15.05.	40	01.01.-15.05.
20	01.03.-31.05.	30		30	

Alle Neunaugen, Bitterling, Groppe, Schmerlen, Schneider, Strömer, Stichling, Perlfisch und Maifisch sind in ganz Deutschland geschützt. Für Brassen, Güster und Kaulbarsch wird in fast allen Bundesländern auf Schonzeiten und Mindestmaße verzichtet.

5. Gesetzeskunde

Schonzeiten und Mindestmaße
gemäß Landesfischereiverordnungen – Stand: 01. 07. 2002

Fischarten	Hessen Mindestmaß/Schonzeit cm		Mecklenburg-Vorpommern Mindestmaß/Schonzeit cm	
Aal	40		45	
Aland	**		25	
Äsche	30	01.03.-15.05.	30	
Bachforelle	25	15.10.-31.03.	30	01.10.-31.03.
Bachsaibling	25	15.10.-31.03.	–	
Barbe	38	01.05.-15.06.	**	
Barsch	*		17	
Döbel	–			01.04.-30.06.
Flunder	–		25	
Edelkrebs	**		**	
Hasel	*			01.03.-31.05
Hecht	50	01.02.-15.04.	45	
Huchen	–		–	
Karpfen	35	15.03.-31.05.	40	
Lachs	**		60	01.07.-31.03.
Große Maräne	–		30	01.10.-31.12.
Kleine Maräne	–		12	01.11.-31.12.
Meerforelle	**		45	01.07.-31.03.
Nase	25	15.03.-30.04.	**	
Neunaugen	**		**	
Quappe/Rutte	**		20	01.12.-31.03.
Rapfen/Schied	*		35	
Regenbogenforelle	22		*	
Rotauge	–		*	
Rotfeder	20	15.03.-31.05.	*	
Schleie	26	01.05.-30.06.	25	
Seeforelle	–		–	
Stör	**		**	
Wels	60	15.05.-15.07.	90	01.05.-30.06.
Zährte	–			01.05.-31.07.
Zander	45	15.03.-31.05.	45	
Zope	–			01.04.-31.05.

* = ohne Angaben zum besonderen Schutz; ** = vollkommen geschützte Arten; *** = vier aufeinander folgende Wochen nach Maßgabe im Hegeplan; **** = dürfen nur dort gefangen werden, wo sie als Besatz ausgebracht wurden; – = nicht aufgeführte Arten

5. Gesetzeskunde

Diese Maße und Schonzeiten dürfen nicht unterschritten werden

Niedersachsen Mindestmaß/Schonzeit cm		Nordrhein-Westfalen Mindestmaß/Schonzeit cm		Sachsen Mindestmaß/Schonzeit cm	
35		35		40	
*		25		20	
30	01.03.-15.05.	30	01.03.-30.04.	28	01.01.-15.06.
25	15.10.-15.02.	25	20.10.-15.03.	28	01.10.-31.04.
*		25	20.10.-15.03.	28	01.10.-31.04.
35		35	15.05.-15.06.	50	15.04.-30.06.
–		–		–	
–		–		25	
–		–		–	
11	01.11.-30.06.	**		**	
*		–		*	
40	01.02.-15.04.	45	15.02.-30.04.	50	01.02.-30.04.
–		–		–	
*		35		35/Grask.60	
50****	15.10.-15.03.	**		60	01.10.-31.04.
*		–		30	01.10.-31.12.
*		–		–	
40****	15.10.-15.02.	**		60	01.10.-31.04.
25****		25	01.03.-30.04.	**	
**		**		**	
35		**		**	
40****		–		40	01.01.-31.05.
25		25****	20.10.-15.03.	25	01.10.-30.03.
*		–		–	
*		–		20	
*		20		25	
*		50	20.10.-15.03.	60	01.09.-31.03.
100****	01.01.-31.07.	**		**	
50		50		80	01.02.-30.06.
–		–		**	
35	15.03.-30.04.	40	01.04.-31.05.	50	01.02.-30.04.
–		–		**	

Alle Neunaugen, Bitterling, Groppe, Schmerlen, Schneider, Strömer, Stichling, Perlfisch und Maifisch sind in ganz Deutschland geschützt. Für Brassen, Güster und Kaulbarsch wird in fast allen Bundesländern auf Schonzeiten und Mindestmaße verzichtet.

5. Gesetzeskunde

Schonzeiten und Mindestmaße
gemäß Landesfischereiverordnungen – Stand: 01. 07. 2002

Fischarten	Sachsen-Anhalt Mindestmaß/Schonzeiten cm		Rheinland-Pfalz)3 Mindestmaß/Schonzeiten cm		Saarland)2 Mindestmaß/Schon cm	
Aal	45		40		40	
Aland	25		–		*	
Äsche	30	01.12.-15.05.	30	15.02.-30.04.	25	01.01.-3
Bachforelle	25	15.09.-30.03.	25	15.10.-15.03.	25	01.10.-3
Bachsaibling	–		25	15.10.-15.03.	25	01.10.-3
Barbe	45****		35	01.05.-15.06.	40	15.03.-1
Barsch	*		–		15	
Döbel	30		–		20	15.04.-3
Flunder	*		–		–	
Edelkrebs	**		**		**	
Hasel	15		–		15	
Hecht	50	15.02.-30.04.	50	01.02.-15.04.	50	15.02.-
Huchen	–		–		–	
Karpfen	35		35		35	16.04.-3
Lachs	50****	01.10.-30.03.	**		**	
Große Maräne	30****		–		–	
Kleine Maräne	12		–		–	
Meerforelle	40****	01.10.-30.03.	**		**	
Nase	**		20	15.03.-30.04.	30	15.03.-1
Neunaugen	**		**		**	
Quappe/Rutte	30		–		30	
Rapfen/Schied	40****		–		*	
Regenbogenforelle	25	15.09.-30.03.	25	15.10.-15.03.	25	01.10.-3
Rotauge	*		15		15	
Rotfeder	*		15		15	
Schleie	25		25		25	16.04.-1
Seeforelle	–		60	15.10.-15.03.	50	
Stör	**		**		**	
Wels	70****	15.02.-30.06.	60		60	
Zährte	30****		–		*	
Zander	50	15.02.-31.05.	45	01.04.-31.05.	45	01.04.-3
Zope	25		–		*	

* = ohne Angaben zum besonderen Schutz; ** = vollkommen geschützte Arten; *** = vier aufeinander folgend Wochen nach Maßgabe im Hegeplan; **** = dürfen nur dort gefangen werden, wo sie als Besatz ausgebrach wurden; – = nicht aufgeführte Arten;)1 = in den Bodenseeflüssen ganzjährige Schonzeit;

5. Gesetzeskunde

Diese Maße und Schonzeiten dürfen nicht unterschritten werden

Schleswig-Holstein)[4] Mindestmaß/Schonzeiten cm		Baden-Württemberg Mindestmaß/Schonzeiten cm		Thüringen Mindestmaß/Schonzeiten cm	
35		40		45	
*		25	01.04.-31.05.	**	
35		30	01.02.-30.04.	30	15.02.-15.05.
30	01.10.-31.12.	28	01.10.-28.02.	25	15.10.-30.04.
–		*	01.10.-28.02.	25	15.10.-15.02.
**		40	01.05.-15.06.	**	
*		–		15	
*		–		25	15.03.-31.05.
–		–		–	
11 (weibl.)	01.11.-30.06.	12	01.10.-31.12.	**	
**		*		20	15.03.-15.05.
45	15.02.-30.04.	50	15.02.-30.04.	45	15.02.-30.04.
–		70	01.02.-31.05.	–	
35		35		35	Wildk.:15.03.-31.05.
60	01.10.-31.12.	**		**	
30		**		25	15.11.-15.12.
*		–		25	15.11.-15.12.
40	01.10.-31.12.	**		**	
–		35	15.03.-31.05.	**	
**		**		**	
35		30	01.11.-28.02.	**	
50		40	01.03.-31.05.	**	
*		*	01.10.-28.02.	25	15.10.-30.04.
*		–		15	
*		–		15	15.03.-31.05.
25		25	15.05.-30.06.	25	15.03.-31.05.
–		50	01.10.-28.02.	–	
**		**		**	
70	01.05.-30.06.	–		50	
**		**		**	
40		45	01.04.-15.05.	45	15.03.-31.05.
**		–		**	

Die Verordnung für die Grenzgewässer Mosel, Sauer und Our gilt gesondert; Frühjahrs- und rschonzeiten (01.04.-31.05. und 16.10.-15.01.) sind zu beachten;)[3] = Frühjahrs- (15.04.-31.05) und schonzeiten (15.10.-15.03.) beachten;)[4] = Winterschonzeiten in einigen Fließgewässern vom 01.10.-31.12.

So klappt's bei der Sportfischerprüfung

Alles, was Sie übers Angeln wissen müssen - in diesen Büchern warten vie[le] Anregungen, Ratschläge und Tipps auf Sie. Und mit unseren Videos kann[...] bei der Fischerprüfung dann nichts mehr schiefgehen.

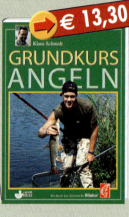

€ 13,30

€ 13[...]

Praxiswissen auf den neuesten Stand gebracht
196 Seiten mit zahlr. Farbfotos, Zeichnungen und Illustrationen, Format 215x280 mm
ISBN 3-86132-626-4

€ 38,-

Alles, was man wissen muß
100 Seiten mit zahlr. Farbfotos, Zeichnungen und Illustrationen, Format 215x280 mm
ISBN 3-86132-580-2

3.100 Stichworte von Aal bis Z[ander]
86 Seiten mit zahlr. Farbfotos, Zeich[nungen] und Illustrationen, Format 215x280[mm]
ISBN 3-86132-249-8

BESTER ANGELFILM 2000

Mit Videos bestens gerüstet

Im 1. Teil werden unsere Angelfische in grandiosen Unterwasserstudien gezeigt. Im 2. Teil folgen ausführliche Einzelporträts und im 3. Teil dann die für die Prüfung so wich[-] tigen Gewässerregionen sowie eine ausführliche Gerätekunde[.] Je ca. 60 Min.

zusammen nur € (D) 61,-
Best.-Nr. 00565

einzeln € (D) 25,-

Allgemeine Fischkunde	Best.-Nr. 00566
Spezielle Fischkunde	Best.-Nr. 00567
Gewässer- und Gerätekunde	Best.-Nr. 00568

JAHR TOP SPECIAL VERLAG

Im Buch- und Fachhandel erhältlich oder Bestell-Hotline
Telefon 05241/8040280 Fax 05241/809352
e-mail VVA-Auftragsservice@bertelsmann.de

6. Frage und Antwort

Prüfungsfragen

Die richtigen Antworten finden Sie auf Seite 312

6. Frage und Antwort

Allgemeine Fischkunde

1. Wir teilen unsere Fische nach dem Bau des Skeletts und ihrer Entwicklungsstufe in zwei große Gruppen ein: a) Knorpelfische (Haie, Rochen) und Knochenfische (Hecht, Karpfen, Lachs). b) hochrückige und schlangenförmige Fische. c) edle Fische und unedle Fische.
a ☒   b ☒   c ☐

2. Der abgebildete Fisch, ein Katzenhai, zählt zu den: a) Knochenfischen. b) Knorpelfischen. c) Plattfischen.
a ☐
b ☒
c ☐

3. Zu den Knochenfischen zählen wir: a) Hecht, Wels, Salmoniden, Cypriniden. b) Neunaugen und Rochen. c) Haie und Störe.
a ☒   b   c

4. Der abgebildete Fisch, ein Karpfen, zählt zu den: a) Knorpelfischen. b) Tiefseefischen. c) Knochenfischen.
a ☐
b ☐
c ☒

5. Der Fischkörper wird in drei Körperbereiche unterteilt. Das sind: a) Kopf, Rumpf und Schwanz. b) Flossen, Rücken und Schuppen. c) Maul, Kiemen und Seitenlinie.
a ☒   b ☐   c ☐

202 Fischerprüfung

Allgemeine Fischkunde

6. Die Körperfärbung der Fische ist für ihre Tarnung im Wasser von großer Wichtigkeit. Hier zeigen unsere Knochenfische weitgehend ähnliche Merkmale: a) Die Oberseite (der Rücken) ist hell, die Unterseite (der Bauch) ist dunkel. b) Die Oberseite (der Rücken) ist dunkel, die Unterseite (der Bauch) ist hell. c) Fische sind meist an den Seiten hell und auf Bauch und Rücken dunkel.
a ❑   b ❑ ✗   c ❑

7. Wir unterscheiden Fische auch nach ihrer Körperform. Der abgebildete Fisch besitzt einen: a) hochrückigen Körper. b) pfeilförmigen Körper. c) spindelförmigen Körper.
a ❑   b ❑   c ❑ ✗

6. Frage und Antwort

8. Wir unterscheiden Fische unter anderem nach ihrer Körperform, die auch Hinweise auf den Lebensraum oder ihr Wachstum zeigen kann. Der abgebildete Fisch hat einen: a) schlangenförmigen Körper. b) hochrückigen Körper. c) pfeilförmigen Körper.

a ☐   b ☒   c ☐

---

9. Der abgebildete Fisch zeigt: a) die Schlangenform. b) die Pfeilform. c) die Bodenform.

a ☒   b ☒   c ☐

---

204   Fischerprüfung

Allgemeine Fischkunde

10. Bei dem abgebildeten Fisch soll die Körperform benannt werden. Der Fisch zeigt: a) die Schlangenform. b) die Bodenform. c) die Pfeilform.
a ☐ b ☒ c ☐

11. Zu den Plattfischen, die einem Leben auf dem Gewässergrund angepaßt sind, zählen wir: a) Brassen, Güster, Zope. b) Barbe und Gründling. c) Scholle, Flunder, Seezunge.
a ☐ b ☐ c ☒

12. Die Flossen dienen dem Fisch zur Bewegung im Wasser. Dabei übernehmen sie unterschiedliche Aufgaben. Die paarigen Brust- und Bauchflossen dienen meist: a) der Steuerung und dem Bremsen. b) dem Antrieb und dem Gleichgewicht. c) der schnellen Vorwärtsbewegung.
a ☒ b ☐ c ☐

13. Zur schnellen Vorwärtsbewegung benutzt der Fisch seinen gesamten Körper, der sich dabei wellenartig bewegt. Eine Flosse unterstützt diese schnelle Fortbewegung nach vorn erheblich: a) Es ist die Afterflosse. b) Es ist die Rückenflosse. c) Es ist die Schwanzflosse.
a ☐ b ☐ c ☒

6. Frage und Antwort

14. Besonders Fische mit einem rundlichen Körperquerschnitt könnten leicht zur Seite abtaumeln. Doch gibt es Flossen, die ihnen Stabilität im Wasser verleihen und den Fischkörper im Gleichgewicht halten. a) Es sind die paarigen Brust- und Bauchflossen. b) Es sind Rücken- und Afterflosse(n). c) Es ist die Schwanzflosse.

a ☐   b ☒   c ☐

---

15. Eine für Salmoniden typische Flosse zeigt keine Flossenstrahlen, sie ist nur ein Hautlappen. Es ist: a) die Schwanzflosse. b) die Rückenflosse. c) die Fettflosse.

a ☐   b ☒   c ☒

---

16. Bei dem abgebildeten Flossenstrahl handelt es sich um einen a) Sägestrahl. b) Stachelstrahl. c) Weichstrahl.

a ☐
b ☐
c ☒

---

17. Die abgebildeten Flossenstrahlen finden wir unter anderem stets in der ersten Rückenflosse unserer barschartigen Fische. Es handelt sich um: a) Stachelstrahlen. b) Weichstrahlen. c) Sägestrahlen.

a ☒
b ☐
c ☐

---

18. Der abgebildete Flossenstrahl ist der erste Strahl in der Rückenflosse des Karpfens. Wir nennen ihn wegen seiner Zähnchen:
a) Weichstrahl. b) Stachelstrahl. c) Sägestrahl.

a ☐   b ☐   c ☒

Allgemeine Fischkunde

19. Als Flössel bezeichnen wir a) die drei Rückenflossen bei dorschartigen Fischen. b) den Flossensaum beim Aal. c) die kleinen Flossen auf Rücken und Bauch bei Makrelen (Thunfischen) zwischen Rücken-, After- und Schwanzflosse.

a   b ☐   c ✓

20. Bei dem abgebildeten Fisch sind deutlich die Bauchflossen zu erkennen. Sie stehen: a) bauchständig. b) brustständig. c) kehlständig.

a ✓   b ☐   c ☐

21. Die in der nebenstehenden Skizze abgebildeten Bauchflossen sitzen
a) bauchständig.
b) brustständig.
c) kehlständig.

a ☐
b ☐ ✓
c ☐

6. Frage und Antwort

22. Die nebenstehende Abbildung zeigt Bauchflossen. Sie stehen:
a) kehlständig. b) bauchständig. c) brustständig.
   a ☒   b ❑   c ❑

23. Maulformen helfen uns beim Unterscheiden von Fischen. Sind Ober- und Unterkiefer gleich lang, sprechen wir von einem: a) oberständigen Maul. b) endständigen Maul. c) unterständigen Maul.
   a ❑   b ☒   c ❑

24. Hier ist der Kopf eines Rapfens abgebildet. Der Unterkiefer ist deutlich länger als der Oberkiefer. Eine solche Maulform nennen wir: a) oberständig. b) endständig. c) unterständig.
   a ☒
   b ❑
   c ❑

25. Die Maulform des abgebildeten Fisches nennen wir: a) oberständig. b) endständig. c) unterständig.
   a ❑
   b ☒
   c ❑

Allgemeine Fischkunde

26. Die Maulform kann uns Anglern auch Hinweise auf den bevorzugten Lebensraum des Fisches geben. Die Abbildung zeigt ein Fischmaul, das sich zum Absuchen des Grundes nach Nahrung als zweckmäßig erweist. Wir nennen es: a) Rundmaul. b) Breitmaul. c) Rüsselmaul.
a ☐   b ☐   c ☒

27. Im Maul des Zanders und Hechtes fallen auf den Kiefern deutlich kräftige Zähne auf. Sie dienen zum Halten der Beute. In der Fachsprache heißen sie: a) Hechelzähne. b) Hunds- oder Fangzähne. c) Sägezähne.
a ☐   b ☐   c ☐

28. Hecht und Wels haben eine Vielzahl kleiner, spitzer, nach hinten gerichteter Zähne, die einen Teil des Maules ausfüllen. Wir bezeichnen sie als: a) Hundszähne. b) Hechelzähne. c) Fangzähne.
a ☐   b ☒   c ☐

29. Im oberen Teil des Fischmauls liegt eine Knochenplatte. Im Gegensatz zu den Cypriniden zeigt sie sich bei den Salmoniden mit kleinen Zähnchen besetzt. Diese Knochenplatte kann eine wesentliche Hilfe zur Unterscheidung einiger Salmonidenarten sein. Es ist: a) das Pflugscharbein. b) der Oberkieferknochen. c) der Unterkieferknochen.
a ☒   b ☐   c ☐

30. Auf dem Pflugscharbein der Salmoniden finden wir eine Besonderheit zum Unterscheiden der Arten. Dabei handelt es sich um: a) Zahnreihen des Pflugscharbeins. b) Färbungen des Pflugscharbeins. c) die Länge des Pflugscharbeins.
a ☒   b ☐   c ☐

6. Frage und Antwort

31. Tief im Rachen der Cypriniden befinden sich zwei gegeneinanderstehende Knochenplatten. Diese Knochenplatten mit ihren zahnartigen Gebilden nennen wir: a) Pflugscharbein. b) Kieferknochen. c) Schlundzähne.
a ☐
b ☐
c ☒

32. Besonders bei Fischen, die vorwiegend am Grund leben, sind am Maul häufiger Barteln vorhanden. Welche Aufgabe erfüllen sie? a) Es sind die Geruchsorgane der Fische. b) Sie dienen zum Tasten und Schmecken. c) Sie haben keine besondere Bedeutung.
a ☐   b ☒   c ☐

33. Könnten die Barteln der Fische für den Angler von Bedeutung sein? a) Ja, sie können zur Unterscheidung einiger Fischarten (z.B. Karausche, Giebel, Karpfen) eine Hilfe sein. b) Nein. c) Ja, sie dienen der Altersbestimmung .
a ☒   b ☐   c ☐

34. Fische sind mit einer Schleimhaut umgeben. Es sind Schleimzellen der Oberhaut, die ständig Schleim absondern. Welche Bedeutung hat die Schleimhaut für den Fisch? a) Sie macht den Fisch u.a. extrem gleitfähig im Wasser und schützt von außen vor Krankheitserregern. b) Sie macht den Fisch glatt, damit der Angler ihn nicht so gut ergreifen kann. c) Sie hat keine besondere Aufgabe.
a ☒   b ☐   c ☐

35. Sie haben einen untermaßigen Fisch gefangen, der zurückgesetzt werden muß. Wie haben sie ihn zu behandeln? a) Ich erfasse ihn mit beiden Händen, um ihn schnell vom Haken zu lösen. b) Die Angelschnur kurz vor dem Maul abschneiden, so daß der Fisch ins Wasser zurückfällt. c) Trockene Gegenstände vom Fisch fernhalten, sie verletzen die Schleimhaut! Nur mit sehr nassen Händen anfassen, Haken vorsichtig lösen und zurücksetzen.
a ☐   b ☐   c ☒

Allgemeine Fischkunde

36. Welche Folgen kann die auch nur stellenweise Zerstörung der Schleimhaut für den Fisch haben? a) Die Zerstörung der Schleimhaut ist für den Fisch ohne Bedeutung. b) Die Zerstörung der Schleimhaut führt beim Fisch meist zu Verpilzungen und zum Tod. c) Durch die Zerstörung der Schleimhaut finden z.B. Fischegel keinen Halt mehr und fallen ab.

a ☐   b ☒   c ☐

37. Die Mehrzahl unserer Fische besitzt unter der Oberhaut ein dichtes Schuppenkleid. Bei den Schuppen treten zwei Formen besonders häufig auf. Es sind: a) die Sommer- und Winterschuppen. b) die Rund- und Kammschuppen. c) die Friedfisch- und Raubfischschuppen.

a ☐   b ☒   c ☐

38. Fische mit Kammschuppen und Rundschuppen sollen lebend transportiert werden. Was ist besonders zu beachten? a) Kammschupper und Rundschupper sind nicht in einem Behälter zu transportieren, da die Schleimhaut der Rundschupper zerstört werden kann. b) Die Fische können alle in einem Behälter transportiert werden, das spart Platz und Arbeit. c) Auf Besonderheiten braucht nicht geachtet zu werden.

a ☒   b ☐   c ☐

39. Die abgebildete Schuppe ist eine: a) Rundschuppe wie bei den Cypriniden. b) Kammschuppe wie beim Zander. c) Schmelzschuppe wie beim Stör.

a ☒
b ☐
c ☐

40. Die abgebildete Schuppe ist eine: a) Rundschuppe wie bei den Cypriniden. b) Schmelzschuppe wie beim Stör. c) Kammschuppe wie beim Zander.

a ☐
b ☐
c ☒

6. Frage und Antwort

41. Halten wir eine Schuppe gegen Licht, so sind deutlich dunkle und helle Ringe zu erkennen. Die hellen Ringe sind a) die Sommerringe. In dieser Zeit ist die Schuppe schnell gewachsen. b) die Winterringe. In dieser Zeit ist der Fisch langsam gewachsen. c) Die Ringe stehen in keinem Zusammenhang mit dem Wachstum.

a ☒   b ☐   c ☐

42. Wir halten eine Schuppe gegen Licht und erkennen helle und dunkle Ringe. Die dunklen Ringe sind a) die Sommerringe. In dieser Zeit hatte der Fisch reichlich Nahrung. b) die Winterringe. In dieser Zeit hatte der Fisch wenig Nahrung. c) Durch die Nahrungsaufnahme entstehen keine Ringe auf den Schuppen.

a ☐   b ☒   c ☐

43. Manchmal ist es von Interesse, das Alter eines Fisches bestimmen zu können. Zur Altersbestimmung eines Fisches benutzen wir unter anderem a) die Schuppen und Kiemendeckelknochen. b) die Größe der Flossen. c) die Länge der Barteln.

a ☒   b ☐   c ☐

44. Nur eine Aussage ist richtig! a) Die Schuppen sitzen dachziegelartig nach hinten gerichtet wie in Taschen in der Lederhaut. b) Die Schuppen sitzen dachziegelartig nach hinten gerichtet in der Schleimhaut. c) Die Schuppen sind fest in der Muskulatur eingewachsen.

a ☒   b ☐   c ☐

45. Ein Fisch hat sich verletzt und Schuppen verloren. Können diese Schuppen nachwachsen? a) Die fehlenden Schuppen verknorpeln. b) Ja, sie können nachwachsen. c) Nein, sie können nicht nachwachsen.

a ☐   b ☒   c ☐

46. Können Schuppen bei der Bestimmung von Fischarten helfen? a) Nein. b) Ja, die Größe der Schuppen ist wichtig zum Erkennen von Arten. c) Ja, die Anzahl der Schuppen auf der Seitenlinie ist bei den Fischarten sehr regelmäßig und somit eine Hilfe bei schwierigen Bestimmungen von Fischarten.

a ☐   b ☐   c ☒

Allgemeine Fischkunde

47. Drei Grundfarben machen die Färbung des Fischkörpers aus. Es sind die Grundfarben: a) Blau, Grün, Gelb. b) Schwarz, Rot, Gelb. c) Rot, Blau, Orange.
a ❑   b ☑   c ❑

48. Fische können sich farblich häufig recht schnell ihrer Umgebung anpassen. Diese Anpassung vollzieht sich a) nur durch die Stärke des Lichteinfalls. b) nur über Hormonsteuerung. c) über das Auge und wird dann durch das Nervensystem gesteuert.
a ❑   b ❑   c ☑

49. Sie entdecken in einem Fischschwarm außerhalb der Laichzeit einen einzelnen auffallend dunkel bis schwärzlich gefärbten Fisch, der sich deutlich von allen anderen Artgenossen abhebt. Was könnten Sie daraus schließen? a) Der Fisch hat bereits seine Laichfärbung angenommen. b) Der Fisch ist erblindet und zeigt deshalb die schwärzliche Körperfärbung. c) Der Fisch hat andere Nahrung zu sich genommen.
a ❑   b ☑   c ❑

50. Besonders einige Salmoniden färben sich zur Laichzeit intensiv. Diese Färbung erfolgt: a) durch Hormone. b) über das Auge. c) durch die Barteln.
a ☑   b ❑   c ❑

51. Welche Erscheinung bezeichnet der Angler als „Laichausschlag"? a) Eine Krankheit, die häufig nach dem Laichen auftaucht. b) Griesartige Verhornungen auf der Haut, die überwiegend bei Milchnern einiger Cypriniden zur Laichzeit auftreten. c) Kräftiges Schlagen der Salmoniden mit dem Schwanz zum Ausspülen einer Laichgrube.
a ❑   b ☑   c ❑

52. Die Augen dienen dem Fisch – wie auch dem Menschen – zum Sehen. Wir können unsere Augen mit Hilfe der Augenlider schließen. Sind unsere einheimischen Fische dazu auch in der Lage? a) Ja, aber nur einige Arten. b) Ja, alle Fische können ihre Augen mit den Lidern schließen. c) Nein, unsere einheimischen Fische besitzen keine Augenlider und können deshalb ihre Augen auch nicht schließen.
a ❑   b ❑   c ☑

6. Frage und Antwort

53. Können Fische Farben erkennen? a) Nein. b) Ja, aber nur zur Laichzeit. c) Ja, sie können Farben sehen und unterscheiden.
a ☐   b ☐   c ☒

54. Können Fische aus dem Wasser heraussehen? a) Ja, aber nur in einem begrenztem Winkel. Deshalb sollten wir uns am Wasser klein machen, um nicht gesehen zu werden. b) Nein. c) Ja, Fische erkennen alles, was sich über Wasser und am Ufer aufhält.
a ☒   b ☐   c ☐

55. Welche Aussage ist richtig? a) Die Seitenlinie ist bei vielen Fischarten gut sichtbar. b) Die Seitenlinie ist bei einigen Fischen nur auf einer Seite zu erkennen. c) Die Seitenlinie ist grundsätzlich nicht zu erkennen.
a ☒   b ☐   c ☐

56. Die Seitenlinie verläuft, bei vielen Fischen gut sichtbar, zu beiden Seiten des Fischkörpers. Sie ist ein wichtiges Sinnesorgan der Fische. a) Mit dem Seitenlinienorgan können Fische schmecken. b) Das Seitenlinienorgan ist der Ferntastsinn der Fische. Sie nehmen damit Druckwellen im Wasser wahr. c) Das Seitenlinienorgan nimmt Gerüche im Wasser wahr.
a ☐   b ☒   c ☐

57. Fische gehören zu den wechselwarmen Tieren. Was bedeutet das? a) Fische wechseln gern vom kalten ins warme Wasser. b) Die Körpertemperatur der Fische ist stets genau so hoch wie die Temperatur des Wassers, in dem sie schwimmen. c) Die Körpertemperatur der Fische wechselt nicht. Sie beträgt stets +20° C.
a ☐   b ☒   c ☐

58. Empfinden Fische Temperaturen und Temperaturschwankungen? a) Nein. b) Ja, aber nur Temperaturen über +4° C. c) Ja. Fische reagieren sehr empfindsam auf Temperaturen. Plötzliche starke Schwankungen können für sie sogar tödlich sein.
a ☐   b ☐   c ☒

59. Sie wollen Fische aus einem kühlen Wasserbehälter im Sommer in einen erwärmten Teich mit deutlich höheren Wassertemperaturen umsetzen. Können Sie diese Maßnahme ohne Bedenken durchführen? a) Ja, die Fische können

Allgemeine Fischkunde

ohne Bedenken umgesetzt werden. b) Nein, starke Temperaturschwankungen können für Fische den Tod bedeuten. Die Besatzfische müssen langsam an die veränderten Temperaturen gewöhnt werden. c) Ja, die Fische können sofort umgesetzt werden. Auf ausreichend Futter ist jedoch zu achten.
a ☐   b ☒   c ☐

60. Besteht ein Zusammenhang zwischen Wassertemperatur und Nahrungsaufnahme des Fisches? a) Ja, Karpfen werden beispielsweise bei niedrigen Wassertemperaturen sehr träge, nehmen keine Nahrung auf und können dann auch nicht mit der Angel gefangen werden. b) Nein, Fische nehmen stets reichlich Nahrung zu sich. c) Ja, Fische nehmen stets in kühlem Wasser viel und in warmem Wasser wenig Nahrung auf.
a ☒   b ☐   c ☐

61. Können Fische im Wasser riechen? a) Nein, Fische können nicht riechen. b) Ja, aber ihr Geruchssinn ist nur schlecht entwickelt. c) Ja, einige Fische besitzen sogar einen ausgezeichneten Geruchssinn.
a ☐   b ☐   c ☒

62. Besitzen Fische Geruchsorgane? a) Ja, zwischen Maulspitze und Augen finden wir meist zwei kleine Öffnungen, die wir als Riechgruben bezeichnen. b) Ja, alle Fische haben aber nur eine Nasenöffnung. c) Nein, Fische besitzen keine Geruchsorgane.
a ☒   b ☐   c ☐

63. Hat der Angler recht, wenn er sagt, man möge am Wasser leise sein, da Fische uns hören könnten? a) Nein, wir können bei Fischen auch keine Ohren erkennen. b) Ja, das Hörorgan der Fische liegt im Kopf und befähigt zu gutem Hören. c) Nein, zum Hören besitzen Fische den Ferntastsinn.
a ☐   b ☒   c ☐

64. Können Fische schmecken? a) Nein, Fische besitzen keinen Geschmackssinn. b) Ja, Fische schmecken nur mit den Geschmacksknospen auf der Zunge. c) Ja, die Geschmacksknospen befinden sich am gesamten Körper, überwiegend am Kopf, an den Lippen und den Barteln.
a ☐   b ☐   c ☒

6. Frage und Antwort

65. Können Fische Geschmacksstoffe unterscheiden? a) Ja, sie können zum Teil ausgezeichnet schmecken und Geschmackstoffe auch unterscheiden. b) Nein, sie können nichts unterscheiden. c) Ja, sie können aber nur teilweise Geschmacksstoffe unterscheiden, da ihr Geschmackssinn allgemein sehr schlecht ausgebildet ist.
a ☒   b ☐   c ☐

66. Welche Aufgaben hat das Gehirn des Fisches zu erfüllen? a) Es ist die zentrale Steuerstelle des Fisches, die sich im Rückenmark fortsetzt. b) Der Fisch benötigt es ausschließlich zum Sehen. c) Fische besitzen kein Gehirn. Sie können auch nichts empfinden.
a ☒   b ☐   c ☐

67. Sie sollen einen Fisch töten. Dazu ist er vorher durch einen Schlag auf das Gehirn zu betäuben. Das Gehirn des Fisches sitzt: a) zwischen Maulspitze und den Augen. b) zwischen den Augen und dem Kopfende zum Körper. c) zwischen den Brustflossenansätzen.
a ☐   b ☒   c ☐

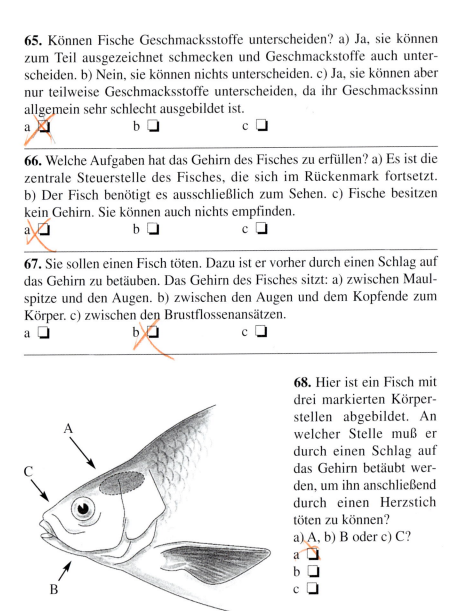

68. Hier ist ein Fisch mit drei markierten Körperstellen abgebildet. An welcher Stelle muß er durch einen Schlag auf das Gehirn betäubt werden, um ihn anschließend durch einen Herzstich töten zu können?
a) A, b) B oder c) C?
a ☒
b ☐
c ☐

Allgemeine Fischkunde

69. Unsere einheimischen Fische atmen mit Hilfe der Kiemen. Wir können sie erkennen, wenn wir den Kiemendeckel anheben. Bei gesunden, frischen Fischen sind die Kiemen: a) leuchtend rot und fest. b) blaßrot und verschleimt. c) matt dunkelrot, verschleimt und sehr weich.
a ☒   b ☐   c ☐

70. Das abgebildete Organ dient der Atmung der Fische. Bei einem gesunden Fisch erscheint es leuchtend rot. Es ist: a) die Leber. b) die Lunge. c) ein Kiemenbogen.
a ☐
b ☐
c ☒

71. Die meisten unserer einheimischen Fische wie Salmoniden, Cypriniden, Barsche oder Schmerlen besitzen: a) drei Kiemenpaare. b) vier Kiemenpaare. c) fünf Kiemenpaare.
a ☐   b ☒   c ☐

72. Das Blut von Aal und Wels zeigt besondere Eigenschaften, die erst durch Erhitzen über +60° C verlorengehen. a) Das Blut dieser Tiere ist giftig und schleimhautreizend. b) Das Blut dieser Fische ist blau. c) Das Blut von Aal und Wels gerinnt nicht.
a ☒   b ☐   c ☐

73. Das Blut der Fische ist unter anderem wichtig für den Transport von Sauerstoff und Nährstoffen im Fischkörper. Kann Fischblut die Gesundheit des Menschen gefährden? a) Fischblut ist stets für Menschen unschädlich. b) Das Blut aller unserer einheimischen Fische ist giftig. c) Das Blut von Wels und Aal wirkt giftig und schleimhautreizend für uns. Erst wenn es über +60° C erhitzt wird, verliert es diese Eigenschaften.
a ☐   b ☐   c ☒

6. Frage und Antwort

74. Blut, das gerinnt (fest wird), verschließt unter anderem auch Wunden. a) Das Blut der Fische gerinnt ca. zehnmal schneller als das Blut der Menschen. b) Fischblut kann im Wasser nicht gerinnen. c) Das Blut der Fische gerinnt zehnmal langsamer als das Blut der Menschen.

a ☒   b ☐   c ☐

75. Hier ist ein Fisch abgebildet, an dem drei Stellen mit A, B und C markiert sind. Wo ist der Fisch nach dem Betäuben (Schlag auf das Gehirn) durch einen <u>Herzstich</u> zu töten? a) hinter den Augen (A). b) zwischen Augen und Nase (B). c) an der Bauchseite vor den Brustflossen (C).

a ☐
b ☐
c ☒

76. Beim Ausweiden eines Hechtes fällt mir eine hellrote Leber auf. Was ist zu bedenken? a) Der Fisch ist gesund, da alle Fische eine helle Leber besitzen. b) Der Hecht ist krank, da alle gesunden Fische eine dunkle, rotbraune Leber besitzen. c) Der Hecht mit hellroter Leber ist gesund, da Hecht und auch dorschartige Fische (Quappe) im gesunden Zustand eine hellrote Leber besitzen.

a ☐   b ☐   c ☒

77. Beim Ausweiden eines Karpfens erkenne ich eine Leber mit deutlich hellroten Flecken. Welchen Schluß kann ich daraus ziehen? a) Der Fisch ist nicht gesund, da bei unseren Cypriniden die gesunde Leber stets dunkelrot und ohne helle Flecken erscheinen muß. b) Cypriniden haben stets eine gefleckte Leber. c) Cypriniden haben stets eine hellrote Leber.

a ☒   b ☐   c ☐

78. Der ausgeweidete Fisch zeigt eine prall gefüllte Gallenblase. Können wir daraus Rückschlüsse auf seine Ernährung ziehen? a) Nein, die Gallenbla-

se hat mit der Ernährung nichts zu tun. b) Ja, die Gallenblase ist dann prall gefüllt, wenn der Fisch längere Zeit zu wenig Nahrung hatte. c) Ja, die Gallenblase ist dann prall gefüllt, wenn der Fisch in letzter Zeit zu reichlich Nahrung aufnehmen konnte.
a ❑   b ❌   c ❑

79. Kann es für den Angler von Interessse sein, den Magen eines gefangenen Fisches auf seinen Inhalt zu untersuchen? a) Nein, da gibt es nichts zu erkennen. b) Nein, die Magensäure löst sofort jede Nahrung im Fischmagen auf. c) Ja, der Mageninhalt kann Aufschluß über die Nahrung geben, die der Fisch in den letzten Stunden zu sich genommen hat.
a ❑   b ❑   c ❌

80. Beim Aufschneiden einer Forelle fällt mir im Bauch ein sehr zottiges Organ auf. a) Das ist die Leber des Fisches. b) Das ist die Niere des Fisches. c) Das ist der Magen, der bei Forellen zottig ist.
a ❑   b ❑   c ❌

81. Beim Aufschneiden der Bauchhöhle des Fisches fällt mir im unteren Bereich der Bauchseite hinter dem Magen ein tief dunkelrotes Organ auf. a) Das kann die Milz des Fisches sein. Sie produziert unter anderem Abwehrstoffe im Körper. b) Das ist ein Bluterguß, der durch eine schwere Verletzung entstanden ist. c) Das ist die Niere des Fisches.
a ❌   b ❑   c ❑

82. Unsere einheimischen Fische vermehren sich fast ausnahmslos durch Ablegen von Eiern, die im Wasser außerhalb des Fischkörpers befruchtet werden. a) Die Eier werden von den Weibchen abgelegt und Rogen genannt. b) Die Eier werden von den Männchen abgelegt und Milch genannt. c) Die Eier werden von den Männchen abgelegt und heißen Rogen.
a ❌   b ❑   c ❑

83. Karpfen, Forellen, Barsche, Schmerlen und andere einheimische Fische werden auch nach Geschlechtern (männlich und weiblich) unterschieden. Dabei nennen Angler die Weibchen: a) Milchner. b) Rogener. c) Mutterfisch.
a ❑   b ❌   c ❑

6. Frage und Antwort

84. Die Männchen und Weibchen der einheimischen Fische erhalten nach der Art der Keimdrüsen einen besonderen Fachnamen. a) Die Weibchen heißen Rogener, die Männchen Milchner. b) Die Weibchen heißen Milchner, die Männchen Rogener. c) Die Weibchen heißen Mutterfisch, die Männchen Milchfisch.
a ❏ b ❏ c ❏

85. Als Milchner bezeichnen Fischer z.B.: a) alle Salmoniden. b) den weiblichen Hecht. c) die männlichen Fische.
a ❏ b ❏ c ❏

86. Unterscheiden sich die Eier der verschiedenen Fischarten? a) Ja, sie unterscheiden sich je nach Fischart zum Teil auffällig in Farbe und Größe. b) Ja, sie unterscheiden sich jedoch nur in der Anzahl. Größe und Farbe sind gleich. c) Nein, Fischeier zeigen in allen Merkmalen keine Unterschiede.
a ❏ b ❏ c ❏

87. Haben Fische gleiche Laichgewohnheiten? a) Ja, sie laichen alle unter gleichen Bedingungen. b) Die Laichgewohnheiten der Fische unterscheiden sich unter anderem wesentlich in Zeit und Ort. c) Alle Fische ziehen zur Laichzeit in stehende Gewässer.
a ❏ b ❏ c ❏

88. Die Eier von Hecht, Wels oder auch Karpfen kleben an Wasserpflanzen bis zum Schlüpfen der Jungfische. Da diese Fische die Eier an eine Unterlage heften, nennen wir sie: a) Substratlaicher b) Freiwasserlaicher. c) Sommerlaicher.
a ❏ b ❏ c ❏

89. Einige Fische schlagen mit dem Schwanz Vertiefungen (Laichgruben) in den steinigen oder kiesigen Untergrund, um dort ihre Eier abzulegen. Diese Fische nennen wir a) Freiwasserlaicher wie Blaufelchen. b) Krautlaicher wie Karpfen und Brassen. c) Kieslaicher wie Salmoniden, Barbe und Nase.
a ❏ b ❏ c ❏

Allgemeine Fischkunde

90. Nur eine Antwort ist richtig! a) Freiwasserlaicher legen ihre Eier in dichten Krautbeständen ab. b) Freiwasserlaicher legen ihre Eier im Freiwasser ab. c) Freiwasserlaicher legen ihre Eier zwischen Steinen und Kies ab.
a ❏   b ❏   c ❏

91. Welche Aussage ist richtig? a) Herbst- und Winterlaicher wie Bachforelle, Lachs oder auch Rutte laichen in den Monaten von November bis Februar. b) Herbst- und Winterlaicher wie Karpfen und Äsche laichen von Februar bis April. c) Herbst- und Winterlaicher laichen grundsätzlich nur im Januar.
a ❏   b ❏   c ❏

92. Fische haben recht unterschiedliche Laichzeiten. Deshalb teilen wir sie nach ihrer Laichzeit in Gruppen ein: a) Januar- und Februarlaicher. b) Monatslaicher je nach Laichmonat. c) Frühjahrslaicher, Sommerlaicher, Herbst- und Winterlaicher.
a ❏   b ❏   c ❏

93. Zu den Sommerlaichern zählen wir unter anderem: a) Karpfen, Schleie, Barbe, Wels. b) Hecht, Zander, Barsch. c) Lachs und Bachforelle.
a ❏   b ❏   c ❏

94. Zu den Frühjahrslaichern, sie laichen von März bis Mai, zählen wir unter anderem: a) Rutte, Karpfen und Schleie. b) Aal, Lachs und Meerforelle. c) Hecht, Zander, Barsch, Stint, Aland.
a ❏   b ❏   c ❏

95. Nach einer bestimmten Entwicklungszeit schlüpfen aus den Fischeiern Jungfische. a) Diese Entwicklungszeit dauert bei den Fischen stets 21 Tage. b) Die Entwicklungszeit läßt sich je nach Fischart nach Tagesgraden berechnen. c) Die Entwicklung vom Ei bis zum Schlüpfen des Jungfisches dauert nie länger als drei Tage.
a ❏   b ❏   c ❏

6. Frage und Antwort

96. Sie beobachten große Fische bei ihrem Laichgeschäft. Wie verhalten Sie sich? a) Die Fische sollen auf keinen Fall gestört werden. Die natürliche Vermehrung garantiert den Fischbestand der nächsten Jahre. b) Fische können beim Laichgeschäft durchaus Störungen vertragen. Ich versuche deshalb, einige große Exemplare zu angeln. c) Fische beißen nicht während des Laichgeschäftes. Ich versuche, sie deshalb mit dem Kescher zu fangen.
a ❏   b ❏   c ❏

97. Haben Sie eine Erklärung dafür, daß sich Makrelen an der Angel sehr wild in jeder Wassertiefe zeigen? a) Nein, dafür gibt es keine Erklärung. b) Makrelen sind so gefräßig, daß sie ständig allen Ködern nachjagen. c) Makrelen besitzen keine Schwimmblase, die dem Druck der unterschiedlichen Wassertiefen angepaßt werden muß.
a ❏   b ❏   c ❏

98. Die abgebildete zweiteilige Schwimmblase ist folgenden Fischen zuzuordnen: a) Salmoniden. b) Cypriniden. c) Barschen.
a ❏
b ❏
c ❏

99. Eine Gruppe der aufgeführten Fische besitzt keine Schwimmblase. Das sind: a) Forellen und Barsche. b) Hechte und Karpfen. c) Neunaugen, Haie, Mühlkoppe und Makrele.
a ❏   b ❏   c ❏

100. Nur eine Aussage ist richtig: a) Salmoniden und Barsche besitzen eine einteilige Schwimmblase. b) Salmoniden und Barsche besitzen keine Schwimmblase. c) Salmoniden und Barsche besitzen eine zweiteilige Schwimmblase.
a ❏   b ❏   c ❏

101. Kann die Wetterlage oder ein Wetterumschwung Auswirkungen auf das Verhalten eines Fisches haben? a) Nein, Fische reagieren nicht auf Wetterveränderungen. b) Ja, der wechselnde Luftdruck zeigt Auswirkungen auf die Schwimmblase. Das kann auch das Beißverhalten der Fische beeinflussen. c) Ja, besonders

Allgemeine Fischkunde

Fische ohne Schwimmblase zeigen starke Veränderungen in der Körperfärbung.

a ☐   b ☐   c ☐

---

102. Auch Fische besitzen Nieren, die wichtige Körperfunktionen zu erfüllen haben. a) Die Nieren liegen langgestreckt und tiefbraun unterhalb der Wirbelsäule. Sie reinigen das Blut. b) Die Nieren der Fische liegen als bohnenförmige Organe über der Leber. c) Die Nieren liegen langgestreckt und hellrot über der Wirbelsäule.

a ☐   b ☐   c ☐

---

103. Können Sie einem Fisch im Wasser an seinem Verhalten ansehen, ob er unter Umständen krank ist? a) Nein, dazu müßte man den Fisch aus dem Wasser holen. b) Ja, ein Fisch, der kein Fluchtverhalten bei Störungen zeigt oder sogar in die Seitenlage fällt, ist sehr wahrscheinlich krank. c) Ja, Fische springen aus dem Wasser, wenn sie krank sind.

a ☐   b ☐   c ☐

---

104. Sind Fischkrankheiten übertragbar? a) Ja, Fischkrankheiten können sehr leicht übertragen werden. b) Nein, Fischkrankheiten sind nicht übertragbar. c) Fischkrankheiten sind für den Angler ohne Bedeutung, da sie für Menschen keine Gefahr darstellen.

a ☐   b ☐   c ☐

---

105. Sind Fischkrankheiten leicht übertragbar? a) Nein, Fischkrankheiten können nur durch Fische übertragen werden. b) Nein, Fischkrankheiten sind nicht auf andere Gewässer übertragbar. c) Ja, Fischkrankheiten können leicht durch Kescher, Gefäße, Besatz, Köderfische, Fischerbekleidung oder auch Wasservögel übertragen werden.

a ☐   b ☐   c ☐

---

106. Sie landen einen Fisch mit dem Kescher. Der Fisch liegt im nassen Kescher in der Seitenlage, und die Augen scheinen verdreht, als wollte der Fisch nach unten schauen. Was schließen Sie daraus? a) Der Fischer bezeichnet das „Schielen" als Augendrehreflex. Er tritt bei gesunden Fischen auf. b) Der Fischer bezeichnet das als Augendrehreflex, der nur bei kranken Fischen auftritt. c) Der Augendrehreflex ist ohne Bedeutung.

a ☐   b ☐   c ☐

6. Frage und Antwort

107. Hier ist ein Außenparasit, der sich saugend von Körpersäften eines Fisches ernährt, abgebildet. Es ist: a) ein Fischegel. b) eine Karpfenlaus. c) ein Kiemenkrebs.
a ❏
b ❏
c ❏

108. Die nebenstehende Abbildung zeigt einen bei Fischen auftretenden Außenparasiten. Er ernährt sich saugend von Fischkörpersäften. Es ist a) ein Bachflohkrebs. b) eine Karpfenlaus. c) ein Fischegel.
a ❏
b ❏
c ❏

109. Beim Angeln treiben plötzlich tote, aber auch mit dem Bauch nach oben schwimmende Fische in unterschiedlicher Größe verschiedenster Arten vorbei. Was ist zu vermuten? a) Hier liegt eine Fischkrankheit vor, die viele Arten erfaßt hat. b) Das sind Fische, die nach dem Laichen erschöpft absterben. c) Hier liegt ein Fischsterben vor, da unterschiedliche Fischarten und Größen betroffen sind. Der Fischereiberechtigte oder der Vorstand (Gewässerwart) ist schnellstens zu informieren!
a ❏   b ❏   c ❏

110. Beim Angeln treiben vereinzelt tote Fische ein und derselben Art ohne sichtbare äußere Verletzungen auf sie zu. Einige Fische bewegen sich noch, jedoch mit Bauch nach oben oder in der Seitenlage. Was vermuten Sie? a) Da nur Fische einer Art betroffen sind, kann wahrscheinlich eine Fischkrankheit angenommen werden. Der Gewässerwart oder Fischereiberechtigte ist zu benachrichtigen. b) Hier liegt eindeutig ein

224 Fischerprüfung

Fischsterben vor. Es ist sofort Anzeige zu erstatten. c) Die toten Fische sind ausschließlich Sache des Gewässerwartes oder des Fischereiberechtigten.

a ❏ b ❏ c ❏

---

111. Die Wirbelsäule des Fisches hat nicht die Stützfunktion wie bei Landtieren. Sie gibt aber der Muskulatur des Fisches Halt und erfüllt noch eine weitere wichtige Funktion: a) Sie schützt das in ihr verlaufende Rückenmark (Hauptnervenstrang). b) In der Wirbelsäule verlaufen die Nieren. c) In der Wirbelsäule liegt der Luftkanal zur Schwimmblase.

a ❏ b ❏ c ❏

Spezielle Fischkunde

112. Wir unterscheiden Breitkopf- und Spitzkopfaale. a) Der Breitkopfaal hat sich zum Raubfisch entwickelt und lebt auch von Fischen. b) Der Spitzkopfaal hat sich zum Räuber entwickelt und lebt auch von Fischen. c) Der Breitkopfaal ist laichreif und nimmt keine Nahrung mehr zu sich.

a ❏ b ❏ c ❏

---

113. Einer der aufgeführten Fische besitzt zwar Brustflossen, jedoch fehlen ihm die Bauchflossen. Es ist: a) der Aal. b) der Karpfen. c) der Hecht.

a ❏ b ❏ c ❏

---

114. Glasaale sind: a) in Aspik eingelegte Aale. b) Jungaale mit noch durchsichtigem Körper. c) silberglänzende, laichreife Aale vor dem Abwandern.

a ❏ b ❏ c ❏

---

115. Aale laichen im Sargasso-Meer vor der amerikanischen Küste. a) Der laichreife Flußaal zieht deshalb im Spätsommer die Flüsse abwärts den Meeren zu. b) Aale ziehen im Winter ab in Richtung Sargasso-Meer. c) Blankaale verlassen uns im zeitigen Frühjahr zum Laichen.

a ❏ b ❏ c ❏

6. Frage und Antwort

116. Der zum Laichen abwandernde Aal (Blankaal) ist deutlich an seinen äußeren Körpermerkmalen zu erkennen. Das sind: a) kleine Augen, sehr fett, breites Maul. b) deutlich gelber Bauch, spitzes Maul. c) dunkler Rücken, silbern glänzender Bauch, Augen stark vergrößert, After leicht eingezogen.
a ❑ b ❑ c ❑

117. Das Blut einiger unserer Fische wirkt auf uns schleimhautreizend und giftig. Wir sollten sie deshalb nicht mit Verletzungen an den Händen ausnehmen. Es ist das Blut von: a) Brassen und Güster. b) Aal und Wels. c) Hecht und Zander.
a ❑ b ❑ c ❑

118. Nur eine Beschreibung für den Meeraal (Conger) ist richtig! a) Der Conger ist ein reiner Meeresfisch mit aalähnlicher Gestalt. Er wird deutlich größer als der Flußaal. Sein Rückenflossensaum beginnt bereits kurz hinter dem Brustflossenansatz. b) Der Conger ist vom Flußaal nicht zu unterscheiden. c) Der Rückenflossenansatz liegt auf gleicher Höhe mit dem Bauchflossenansatz.
a ❑ b ❑ c ❑

119. Raubfisch, Stachelstrahlen in der ersten Rückenflosse und in den Bauchflossen, erste Rückenflosse von der zweiten abgesetzt, am Ende der ersten Rückenflosse ein schwarzer Fleck, spitzer Dorn im Kiemendeckel, Kammschuppen: a) Kaulbarsch. b) Flußbarsch. c) Zander.
a ❑ b ❑ c ❑

120. Kaulbarsch, Zander und Flußbarsch lassen sich besonders im Jugendstadium miteinander verwechseln. Aber nur einer hat am Ende der ersten, stachelstrahligen Rückenflosse einen schwarzen Fleck. Diesen Fleck sehen wir beim a) Zander. b) Flußbarsch. c) Kaulbarsch.
a ❑ b ❑ c ❑

Spezielle Fischkunde

121. Unveränderliche Kennzeichen dieses Fisches sind: kräftiger Dorn am Kiemendeckel, kein schwarzer Fleck am Ende der ersten Rückenflosse, erste mit der zweiten Rückenflosse verbunden, zwei Stachelstrahlen an der Afterflosse. Es ist der: a) Flußbarsch. b) Kaulbarsch. c) Zander.
a ☐ b ☐ c ☐

122. Unsere einheimischen Barscharten haben unverwechselbare, äußerliche Kennzeichen. Das sind unter anderem: a) Kammschuppen und zwei Rückenflossen, wobei die erste mit Stachelstrahlen versehen ist. b) Rundschuppen und Stachelstrahlen in der zweiten Rückenflosse. c) Kammschuppen und kehlständige Bauchflossen.
a ☐ b ☐ c ☐

123. Nur einer der genannten barschartigen Fische besitzt keinen großen spitzen Dorn am Kiemendeckel und ist deshalb auch im Jugendstadium leicht von den anderen beiden zu unterscheiden. Dieser Dorn fehlt beim: a) Flußbarsch. b) Kaulbarsch. c) Zander.
a ☐ b ☐ c ☐

6. Frage und Antwort

124. Die Abbildung zeigt einen barschartigen Fisch. Er kann bis über 1 m lang werden, hat ein endständiges, tief gespaltenes Maul mit Hunds- und Hechelzähnen, ist silbrig gefärbt, hat keinen spitzen Dorn am Kiemendeckel.

Es handelt sich um den: a) Flußbarsch. b) Zander. c) Kaulbarsch.
a ❏　　　　　b ❏　　　　　c ❏

---

125. Welcher Fisch ist hier abgebildet?
a) Zander. b) Stör. c) Hecht.
a ❏
b ❏
c ❏

---

126. Einer der aufgeführten Fische besitzt keine Stachelstrahlen in der ersten Rückenflosse: a) Zander. b) Hecht. c) Flußbarsch.
a ❏　　　　　b ❏　　　　　c ❏

127. Neben Zander, Barsch und Kaulbarsch gibt es in Deutschland weitere Barscharten, zum Beispiel Zingel, Streber und Schrätzer. Sie leben nur im: a) Elbe-/Odergebiet. b) Rhein-/Emsgebiet. c) Donaueinzugsbereich.
a ❏　　　　　b ❏　　　　　c ❏

128. Einige der aufgeführten Fische zählen wir zu den Salmoniden.
a) Meerforelle, Bachforelle, Lachs und Huchen. b) Hecht, Zander, Barsch. c) Schleie, Karausche, Karpfen.
a ❏　　　　　b ❏　　　　　c ❏

129. Fische stellen unterschiedliche Ansprüche an den Sauerstoffgehalt eines Gewässers. Den höchsten Sauerstoffbedarf haben: a) Schleien. b) Barsche. c) Forellen.
a ❏　　　　　b ❏　　　　　c ❏

Spezielle Fischkunde

130. Welche Fischart benötigt kühles, klares, sauerstoffhaltiges Wasser mit steinigem bis kiesigem Grund (Kieslaicher) und ist standorttreu? Ist es: a) der Brassen? b) der Karpfen? c) die Bachforelle?
a ❏   b ❏   c ❏

131. Dunkle Flecken in Querreihen auf der Rückenflosse, seitlich rote Punkte weiß umrandet, Fettflosse mit roten Punkten oder rot abgesetzt, Bauchseite gelblich, Maul bis tief hinter die Augen gespalten. Die Abbildung zeigt: a) die Regenbogenforelle. b) die Bachforelle. c) den Stint.
a ❏   b ❏   c ❏

132. Ein Salmonidenvertreter taucht im Norden Deutschlands durch besondere Bemühungen einiger Vereine wieder auf. Die wichtigsten Erkennungsmerkmale sind: Leichte Ausbuchtungen am Kiemendeckel, Fettflosse im Jugendstadium rot, später dunkel gezeichnet, Pflugscharbein mit einer Quer- und zwei Längsreihen Zähnchen, das Auge liegt mehr oberhalb einer gedachten Linie von der Oberkieferspitze zum Ansatz der Seitenlinie am Kopf. Es ist: a) die Meerforelle. b) die Regenbogenforelle. c) der Bachsaibling.
a ❏   b ❏   c ❏

6. Frage und Antwort

133. Dort, wo sie gemeinsam vorkommen, können Lachs und Meerforelle durchaus als Jungfische verwechselt werden. Für die Meerforelle gelten folgende Körpermerkmale: a) Junglachse haben im Vergleich zur Meerforelle keine Fettflosse. b) Junge Lachse und Meerforellen lassen sich nicht unterscheiden. c) Dicker Schwanzstiel; rote, später schwarze Zeichnung auf der Fettflosse; Pflugscharbein mit einer Quer- und zwei Längsreihen Zähne; Auge liegt über einer gedachten Linie von der Maulspitze zum Ansatz der Seitenlinie am Kopf.

a ❑ b ❑ c ❑

134. Welche Aussage ist richtig? a) See- und Meerforellen sind eine besondere Form der Bachforelle. b) See- und Meerforellen zeigen keinerlei Ähnlichkeiten mit der Bachforelle. c) See- und Meerforellen sind Kümmerformen der Bachforelle.

a ❑ b ❑ c ❑

135. Ein Wanderfisch mit einer Längsreihe Zähne auf dem Pflugscharbein, Schwanzflosse wenig eingebuchtet, dünner Schwanzstiel, schwarze x-förmige Flecken an den Seiten, Maul bis hinter das Auge gespalten ist hier abgebildet. Es ist: a) die Bachforelle. b) die Regenbogenforelle. c) der Lachs.

a ❑ b ❑ c ❑

Spezielle Fischkunde

136. Milchner der großmauligen Salmoniden zeigen zur Laichzeit unter anderem eine deutliche körperliche Veränderung: a) Am Körper bildet sich Laichausschlag. b) Die Augen vergrößern sich deutlich. c) Am Unterkiefer bildet sich ein Laichhaken aus, der sich nach der Laichzeit wieder zurückentwickelt.

a ❑　　　　b ❑　　　　c ❑

---

137. Im Donaugebiet ist dieser Fisch der größte Salmonidenvertreter. Deutlich große Fettflosse, eine Querreihe Zähne auf dem Pflugscharbein, Kopf und Rumpf mit schwärzlichen Tupfen, spindelförmig runder Körper, Maul bis hinter die Augen gespalten, sind wichtige Kennzeichen. Es ist: a) der Huchen. b) die Meerforelle. c) die Äsche.

a ❑　　　　b ❑　　　　c ❑

---

138. Diese Salmonidenart stammt aus Nordamerika, Schwanz- und Rückenflosse mit dunklen Querbändern, weißer Vorderrand der Bauch- und Afterflosse schwarz abgesetzt, an den Seiten gelbe und rote Punkte, kräftige Farben. Es ist: a) der Bachsaibling. b) die Bachforelle. c) die Äsche.

a ❑　　　　b ❑　　　　c ❑

---

139. Ein Fisch ist durch seine weißschwarz abgesetzten Bauchflossen und Afterflosse unter den Salmoniden leicht zu erkennen. Es ist: a) die Meerforelle. b) die Äsche. c) der Bachsaibling.

a ❑　　　　b ❑　　　　c ❑

6. Frage und Antwort

140. Zwei Salmoniden wurden aus Nordamerika in unsere Gewässer eingesetzt. Es sind: a) Meerforelle und Seeforelle. b) Regenbogenforelle und Bachsaibling. c) Lachs und Äsche.
a ❑   b ❑   c ❑

141. Eine aus Nordamerika eingeführte Salmonidenart hat auf der Rücken-, Fett-, After- und Schwanzflosse schwarze Punkte und regenbogenartig schillernde Seitenstreifen: a) Regenbogenforelle. b) Bachforelle. c) Bachsaibling.
a ❑
b ❑
c ❑

142. Diese kleinmaulige Salmonidenart ist ein Grundfisch mit großer Rückenflosse, sie ist Leitfisch einer Flußregion, riecht nach Thymian, hat eine nach vorn zugespitzte Pupille im Auge: a) Äsche b) Bachsaibling c) Stint.
a ❑
b ❑
c ❑

143. Eine kleinmaulige Salmonidenart ist durch ihre große Rückenflosse (Fahne) unverwechselbar. Diese „Fahne" finden wir: a) beim Lachs. b) bei der Bachforelle. c) bei der Äsche.
a ❑   b ❑   c ❑

144. In den Voralpenseen und im Bodensee lebt ein bedeutender Speisefisch. Sein Körper ist heringsähnlich, aber mit einer Fettflosse versehen. Sein Maul ist endständig. Als Schwarmfisch steigt er besonders nachts an die Ober-

fläche zur Nahrungsaufnahme. Es ist: a) die Seeforelle. b) das Blaufelchen. c) die Rotfeder.
a ☐
b ☐
c ☐

---

145. Haben außer Forellen und Zwergwels noch weitere Fische eine Fettflosse? a) Ja, die Coregonen, der Stint. b) Nein. c) Ja, die Makrelen.
a ☐ b ☐ c ☐

---

146. Kennen Sie den Fisch, der nach frischer grüner Salatgurke riecht und zur Laichzeit in Schwärmen aus dem Meer in die Flußmündungen wandert? Es ist: a) der Hornhecht. b) die Makrele. c) der Stint.
a ☐
b ☐
c ☐

---

147. Heringsgroßer Fisch, bezahntes Maul, Fettflosse, Maul oberständig, Körpergeruch nach frischer Salatgurke, bis 30 cm langer Küstenfisch, der in Flüssen (Elbe, Weser) laicht: a) Hering. b) Stint. c) Makrele.
a ☐ b ☐ c ☐

---

148. Cypriniden und Salmoniden sind allgemein durch ein klar erkennbares äußeres Merkmal leicht zu unterscheiden: a) Seitenlinie. b) lange Afterflosse. c) Fettflosse.
a ☐ b ☐ c ☐

6. Frage und Antwort

149. Einige der aufgeführten Fische stellen nur geringe Sauerstoffansprüche. Es sind: a) Schleie, Karausche. b) Bachforelle, Äsche. c) Hecht, Zander.
a ❏   b ❏   c ❏

150. Suchen Sie die richtige Antwort heraus!
a) Cypriniden haben keine Fettflosse und eine einteilige Schwimmblase.
b) Cypriniden haben eine Fettflosse und eine zweiteilige Schwimmblase.
c) Cypriniden erkenne ich unter anderem daran, daß sie keine Fettflosse und eine zweiteilige Schwimmblase besitzen.
a ❏   b ❏   c ❏

151. Schuppenkarpfen, Spiegelkarpfen und Lederkarpfen sind Zuchtformen aus dem Wildkarpfen. Sie haben sich für die Fischerei als günstig erwiesen, da sie bessere Abwachseigenschaften als der Wildkarpfen zeigen. Eine der drei Zuchtformen hat keinerlei Schuppen. Es ist der: a) Schuppenkarpfen. b) Spiegelkarpfen. c) Lederkarpfen.
a ❏   b ❏   c ❏

152. Die meisten Karpfen sind heute in unseren Gewässern Zuchtformen. Sie alle haben den gleichen Stammvater. Es ist der: a) Schuppenkarpfen. b) Wildkarpfen. c) Spiegelkarpfen.
a ❏   b ❏   c ❏

153. Karpfen lieben warmes Wasser. Sie nehmen den Köder deshalb besonders gut: a) im Sommer und im Winter. b) im Sommer. c) im Winter.
a ❏   b ❏   c ❏

154. Ein Sommerlaicher mit vier Barteln, Rüsselmaul, Sägestrahl zu Beginn der Rückenflosse und vereinzelt sehr großen Schuppen und keinem schwarzen Fleck auf der Schwanzwurzel ist gesucht:
a) Karpfen. b) Karausche. c) Güster.
a ❏   b ❏   c ❏

Spezielle Fischkunde

155. Einige der aufgeführten Fische sind Krautlaicher: a) Brassen, Karpfen, Schleie. b) Forellen. c) Barbe, Äsche, Aalquappe.
a ❏   b ❏   c ❏

156. Dieser Sommerlaicher, lange Rückenflosse mit Sägestrahl, vier Barteln, Körper vollständig mit Schuppen bedeckt, liebt warmes Wasser: a) Karausche. b) Schuppenkarpfen. c) Lederkarpfen.
a ❏   b ❏   c ❏

157. Ein karpfenartiger Fisch zeigt häufig einen schwarzen Fleck auf der Schwanzwurzel: a) Karausche. b) Giebel. c) Schuppenkarpfen.
a ❏   b ❏   c ❏

158. Karpfenartig, hoher Rücken, große Rückenflosse, keine Barteln, meist schwarzer Fleck auf der Schwanzwurzel, Maul klein und endständig,

6. Frage und Antwort

Bauchseite messinggelb, sehr anspruchslos in meist stehenden Gewässern: a) Brassen. b) Schuppenkarpfen. c) Karausche.

a ☐
b ☐
c ☐

159. Karpfenähnlicher Körper, keine Barteln, kein schwarzer Fleck auf dem Schwanzstiel, Bauchfell schwarz, Rückenflosse nach innen gebogen. Es ist der: a) Schuppenkarpfen. b) Giebel. c) Döbel.

a ☐
b ☐
c ☐

160. Schleimige, dicke Haut mit sehr kleinen Rundschuppen, olivgrün, zwei kleine Barteln, abgerundete Flossen, Maul endständig, heimlicher Grundfisch der Uferzonen: a) Schleie. b) Karausche. c) Lederkarpfen.

a ☐
b ☐
c ☐

161. Milchner und Rogener der Schleie lassen sich auch außerhalb der Laichzeit unterscheiden. a) Der Milchner ist größer. b) Beim Rogener ist der zweite Strahl der Bauchflosse verdickt. c) Beim Milchner ist der zweite Bauchflossenstrahl verdickt. Die Bauchflossen können den After bedecken.

a ☐   b ☐   c ☐

236 Fischerprüfung

Spezielle Fischkunde

162. Fast gerader Rücken und stark gebogener Bauch, wellenförmige Seitenlinie, Körper leicht abgeflacht, Maulspalte zeigt steil nach oben, kleine Rückenflosse, lange Afterflosse, sehr lange Brustflossen: a) Rotauge. b) Güster. c) Ziege (Sichling).

a ☐
b ☐
c ☐

163. Leicht hochrückig, Maul endständig, keine netzartige Zeichnung der kleinen Schuppen, Afterflossensaum nach innen gebogen, größere Fische (bis 80 cm) bilden auch Schwärme: a) Aland (Nerfling). b) Döbel (Aitel). c) Hasel.

a ☐   b ☐   c ☐

164. Aland, Döbel und Hasel können leicht verwechselt werden. Doch nur bei einem dieser drei Fische stehen Rücken- und Bauchflossenansatz nicht auf gleicher Höhe. Die leicht nach hinten versetzte Rückenflosse finden wir: a) beim Aland. b) beim Döbel. c) beim Hasel (Häsling).

a ☐   b ☐   c ☐

165. Dicker Kopf mit massigem, torpedoförmigem Körper, meist in Fließgewässern; gern in der Forellen- bis Barbenregion, Maul groß und endständig, netzartige Zeichnung durch schwarz gesäumte Schuppen, Afterflosse nach außen gebogen: a) Aland. b) Döbel. c) Nase.

a ☐   b ☐   c ☐

6. Frage und Antwort

166. Döbel, Hasel und Aland werden vom Aussehen leicht verwechselt. Doch nur einer der Fische zeigt klar schwarz umrandete Rundschuppen, ein endständiges, tief gespaltenes Maul mit relativ großem Kopf. Diese Merkmale passen zum: a) Aland. b) Döbel. c) Hasel (Häsling).
   a ❑   b ❑   c ❑

167. Der abgebildete Fisch bevorzugt schnellfließende Gewässer, das geschlossene Maul ist leicht unterständig, der Afterflossensaum nach innen gebogen, Bauch- und Brustflossen meist schwach gelblich, Körperquerschnitt fast drehrund, Rücken- und Bauchflossenansatz sind auf gleicher Höhe. Es ist: a) der Aland. b) der Döbel. c) der Hasel (Häsling).
   a ❑   b ❑   c ❑

168. Folgende Erkennungsmerkmale gelten für diesen Fisch: Karpfenartiger Schwarmfisch mit rötlichen Flossen in der unteren Körperhälfte, die Rückenflosse beginnt deutlich hinter dem Bauchflossenansatz, hinter den Bauchflossen ist der Bauch (v- förmig) gekielt, selten erreicht er Längen von 30 cm: a) Rotauge. b) Rotfeder. c) Aland.

   a ❑   b ❑   c ❑

Spezielle Fischkunde

169. Einen scharf gekielten Bauch zwischen Bauch- und Afterflossen besitzt: a) das Rotauge. b) die Rotfeder. c) der Häsling (Hasel).
a ❏   b ❏   c ❏

170. Karpfenartiger Fisch, selten länger als 35 cm, rotes Auge, runder Bauch zwischen Bauch- und Afterflosse, Bauch- und Rückenflossenansatz in gleicher Höhe: a) Rotauge. b) Rotfeder. c) Güster.
a ❏   b ❏   c ❏

171. Rotauge und Rotfeder lassen sich unter anderem am Ansatz von Bauch- und Rückenflossen unterscheiden. a) Beim Rotauge setzen Rücken- und Bauchflossen nach hinten versetzt an. b) Bei der Rotfeder setzen Rücken- und Bauchflossen auf gleicher Höhe an. c) Das Rotauge zeigt den Flossenansatz auf gleicher Höhe, die Rotfeder zeigt die Rückenflosse nach hinten versetzt.
a ❏   b ❏   c ❏

172. Wie lassen sich Rotfeder und Rotauge an äußerlichen Körpermerkmalen leicht unterscheiden? a) Die Rotfeder hat einen runden Bauch zwischen Bauch- und Afterflossen. b) Das Rotauge hat zwischen Bauch- und Afterflossen einen runden Bauch; der Bauch der Rotfeder ist scharf gekielt. c) Rotauge und Rotfeder lassen sich nur am Auge unterscheiden.
a ❏   b ❏   c ❏

6. Frage und Antwort

173. Die Schnauze des Fisches links oben springt nasenartig vor, das Maul ist unterständig mit hornig scharfem Rand, Bauchfell schwarz, verhältnismäßig kurze Afterflosse, Laichzeit März bis Mai, Kieslaicher, bis 50 cm lang, gefährdete Art: a) Zährte. b) Aland. c) Nase.

a ❏ b ❏ c ❏

174. Ein räuberisch lebender Cyprinidenvertreter lebt scheu, meist als Einzelgänger und kann beachtliche Größen erreichen. Die Rückenflosse ist kurz und spitz ausgezogen, sein Maul oberständig und tief gespalten, um größere Beute aufnehmen zu können, der Körper erscheint spindelförmig. Es ist: a) der Graskarpfen. b) der Döbel. c) der Rapfen (Schied).

a ❏ b ❏ c ❏

Spezielle Fischkunde

175. Einige ausgewachsene Cypriniden verhalten sich wie Großtierfresser (Raubfische). Das beobachten wir bei: a) Döbel und Rapfen. b) Karpfen und Brassen. c) Hecht und Aal.
a ❏   b ❏   c ❏

176. Grundfisch, Kieslaicher, stark unterständiges Maul, vier Barteln, Rogen giftig, bevorzugt schnellfließende Gewässer: a) Gründling. b) Barbe. c) Aland.
a ❏   b ❏   c ❏

177. Allgemein kann der Rogen der Fische sehr schmackhaft sein. Doch Vorsicht! Welcher Fisch hat giftigen Rogen? a) Wels. b) Stör. c) Barbe.
a ❏   b ❏   c ❏

178. Ein karpfenartiger Grundfisch ist in unseren Gewässern selten geworden. Es fehlt an Kiesbänken zum Laichen. Er hat vier Barteln und giftigen Rogen: Diese Beschreibung paßt: a) zur Nase. b) zur Barbe. c) zum Gründling.
a ❏   b ❏   c ❏

179. Ein bis 20 cm langer Grundfisch, Schwarmfisch, zwei Barteln, Maul unterständig, rüsselartig, liebt klares Fließgewässer mit sandigem Grund, Körper rund, bräunlich:
a) Gründling.
b) Barbe.
c) Zwergwels.
a ❏   b ❏   c ❏

Fischerprüfung 241

6. Frage und Antwort

180. Den Brassen mit seinen nächsten Verwandten zeichnen folgende Merkmale aus: a) hoher Rücken und lange Afterflosse. b) hoher Rücken und kurze Afterflosse. c) Fettflosse.
a ❏ b ❏ c ❏

181. Hochrückiger Fisch mit langer Afterflosse, Rüsselmaul, besonders ältere Fische mit goldgelbem Bauch, Augendurchmesser kleiner als der Abstand Augenrand bis Maulspitze, Schwarmfisch. Hier ist: a) der Brassen b) die Karausche c) das Rotauge abgebildet.
a ❏
b ❏
c ❏

182. Einer der aufgeführten Fische besitzt keine Zähne auf den Kiefern: a) Bachforelle. b) Flußbarsch. c) Brassen.
a ❏ b ❏ c ❏

183. Ein Fisch, der den Gewässergrund liebt, hochrückig, lange Afterflosse, Augendurchmesser größer als der Abstand vom Auge bis zum Maulende, paarige Flossen auch mit rötlichem Schimmer, Körper meist silberfarben, Rüsselmaul:
a) Brassen (Blei). b) Schuppenkarpfen. c) Güster.
a ❏ b ❏ c ❏

Spezielle Fischkunde

184. Das Bild zeigt einen Verwandten des Brassens mit schwach hochrückigem Körper, großer Afterflosse (bis 22 Weichstrahlen), vorgestülptem Oberkiefer mit rußig-blauer Färbung, Sommerlaicher, unterständiges Maul leicht rüsselartig: a) Zährte. b) Nase. c) Aland.

a ❏   b ❏   c ❏

185. Ein schwach hochrückiger, brassenähnlicher Fisch mit sehr langer, schwarz abgesetzter Afterflosse, Maul endständig, Kopf und Rücken bläulich, Bauch rötlich. Es ist: a) die Zope. b) der Brassen. c) das Rotauge.

a ❏   b ❏   c ❏

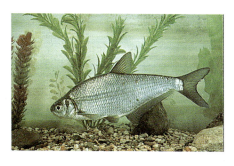

186. Selten wird dieser Verwandte des Brassens (Blei) länger als 35 cm und schwerer als 800 g. Der stark abgeflachte, silbrig glänzende, hochrückige Körper ähnelt stark dem der Güster. Doch die Afterflosse dieses Fisches aus dem Donauraum ist mit bis zu 48 Strahlen deutlich länger. Diese Art ist vom Aussterben bedroht. Es ist: a) der Brassen. b) der Zobel. c) die Zährte.

a ❏   b ❏   c ❏

6. Frage und Antwort

187. Meist in Weihern lebt ein kaum 10 cm langes, anspruchsloses Schwarmfischchen mit spindelförmigem Körper und oberständigem Maul. Die Seitenlinie ist nur kurz erkennbar. Sein Bauch ist hinter den Bauchflossen gekielt. Welcher Fisch ist gemeint? a) Stichling. b) Moderlieschen. c) Häsling (Hasel).

a ❑   b ❑   c ❑

188. Kaum mehr als 10 cm lang wird ein karpfenähnliches Fischchen. Sonst unscheinbar, färben sich die Männchen zur Laichzeit an den Seiten bläulich bis violett. Zur Vermehrung sind sie auf die Teichmuschel angewiesen – dort hinein legt das Weibchen mit einer Legeröhre seine Eier. Dafür sorgt der Fisch für die Verbreitung der Muschellarven. Gemeint ist: a) das Moderlieschen. b) der Gründling. c) der Bitterling.

a ❑   b ❑   c ❑

189. Kennen Sie dieses Schwarmfischchen, das kaum länger wird als 20 cm, mit steil nach oben gerichtetem oberständigem Maul und relativ langer Afterflosse. An warmen Tagen geht es gern zur Nahrungsaufnahme an die Oberfläche. Die Abbildung zeigt: a) die Laube (Ukelei). b) den Häsling (Hasel). c) die Rotfeder.

a ❑   b ❑   c ❑

244 Fischerprüfung

Spezielle Fischkunde

190. Kleinfisch der Forellenregion oder kühler, klarer Seen, stumpfes Maul, Schwarmfisch, bis 10 cm lang, an den Seiten meist dunkle Flecken, keine Barteln. Es ist: a) die Rotfeder. b) die Elritze. c) der Gründling.

a ❑ b ❑ c ❑

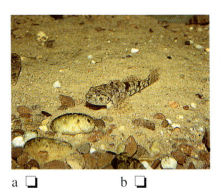

191. Ein kleines Fischchen in fließendem, klarem Wasser mit steinigem Grund, großem Maul und zwei Rückenflossen, hat keine Schwimmblase und keine Schuppen, aber einen kräftigen Stachel auf dem Kiemendeckel. Hier handelt es sich um: a) die Mühlkoppe (Groppe). b) den Stichling. c) das Moderlieschen.

a ❑ b ❑ c ❑

192. Schmerlen unserer einheimischen Gewässer lassen sich sehr leicht erkennen. Sie haben einen kleinen, langgestreckten Körperbau und besitzen: a) keine Barteln. b) weniger als vier Barteln. c) sechs und mehr Barteln.

a ❑ b ❑ c ❑

193. Sie lebt in klaren, sauberen Gewässern mit möglichst sandigem bis kiesigem Grund, hat einen länglich gestreckten, rundlichen Körper, kleine Augen, sechs Barteln und abgerundete Flossen, Grundfisch. Diese Beschreibung paßt: a) zur Bartgrundel (Bachschmerle). b) zur Barbe. c) zum Gründling.

a ❑ b ❑ c ❑

6. Frage und Antwort

194. Körper aalartig gestreckt, bis 30 cm lang, zehn Barteln, Kopf, Augen und Schuppen sehr klein, dicke Schleimhaut, Körper gelbbraun, Bauchseite orangegelb; es ist:
a) der Schlammpeitzger.
b) der Zwergwels.
c) das Neunauge.
a ❏
b ❏
c ❏

---

195. Welcher Fisch unserer einheimischen Gewässer besitzt die meisten Barteln? a) Katzenwels. b) Wels. c) Schlammpeitzger.
a ❏   b ❏   c ❏

---

196. Unscheinbar, ausgewachsen nur wenig länger als 10 cm, sehr langgestreckter Körper mit sechs sehr kurzen Barteln, lebt diese seltene Schmerlenart am Grund sauberer Gewässer. Es ist: a) die Elritze. b) der Steinbeißer. c) der Schlammpeitzger.
a ❏
b ❏
c ❏

---

197. Ein kleines Fischchen baut ein Nest für die Eiablage, das Männchen bewacht die Brut, an Stelle der ersten Rückflosse finden wir drei Stacheln,

Spezielle Fischkunde

die Bauchflossen bestehen aus je einem Stachel. a) Kaulbarsch. b) Flußbarsch. c) Stichling.
a ❑
b ❑
c ❑

---

198. Der Hecht sucht im Frühling bereits seine Laichplätze auf. a) Er bevorzugt im Frühjahr überschwemmte Wiesen, Gräben und die Uferzonen. b) Der Hecht ist ein Kieslaicher. c) Der Hecht laicht im Sommer im Freiwasser.
a ❑   b ❑   c ❑

---

199. Einem einheimischen Fisch sollten Sie beim Festhalten nicht in die Kiemen greifen, scharfe Reusenzähnchen könnten Sie verletzen. Also vorsichtig beim: a) Brassen. b) Hecht. c) Karpfen.
a ❑   b ❑   c ❑

200. Typische Pfeilform, entenschnabelartiges, stark bezahntes Maul, Rücken- und Afterflosse weit nach hinten versetzt, Kiemenbogen mit sehr spitzen Reusenzähnchen: a) Zander. b) Flußbarsch. c) Hecht.
a ❑   b ❑   c ❑

6. Frage und Antwort

201. Nur eine Aussage ist richtig! a) Die Rutte gilt als nächtlicher Laichräuber. Ihre Laichzeit liegt im Januar bis Februar. b) Die Rutte lebt im Freiwasser und sucht ihre Nahrung an der Oberfläche. c) Die Rutte hat zwei Barteln und laicht im Sommer.

a ❏ b ❏ c ❏

202. Dorschartiger Fisch mit unverkennbarer Körperform, heller Leber, einer kurzen Bartel, Bauchflossen kehlständig, lebt im Süßwasser:
a) Kabeljau. b) Aalquappe (Rutte). c) Wels (Waller).

a ❏
b ❏
c ❏

203. Einer der aufgeführten Fische besitzt nur eine Bartel. a) Rutte (Aalquappe). b) Schleie. c) Barbe.
a ❏ b ❏ c ❏

204. Einer unserer Süßwasserfische besitzt kehlständige Bauchflossen. Es ist: a) der Barsch. b) der Zander. c) die Aalquappe (Rutte).
a ❏ b ❏ c ❏

205. Er hat keine Schuppen, kleine Augen, sehr lange Afterflosse, sehr kleine Rückenflosse, zwei lange Barteln am Oberkiefer und vier kurze am Unterkiefer, schleimhautreizendes Blut: a) Wels. b) Zwergwels. c) Rutte (Aalquappe).

a ☑
b ❏
c ❏

Spezielle Fischkunde

206. Die Barteln können zum Erkennen von Fischen ein wichtiges Merkmal sein. Eine der nachfolgenden Angaben über die Anzahl der Barteln ist richtig.
a) Schleie-4; Gründling-4; Karpfen-4; Wels-6; Aalquappe-1.
b) Schleie-2; Gründling-2; Karpfen-4; Wels-6; Aalquappe-1.
c) Schleie-1; Gründling-2; Karpfen-2; Wels-8; Aalquappe-2.
a ❏   b ❏   c ❏

207. Viele Fische legen ihre Eier ab und kümmern sich nicht mehr um ihre Brut. Kann es vorkommen, daß einheimische Fische ihren Laich auch bewachen? a) Ja, kurzfristig zum Beispiel bei Zander, Wels und Stichling. b) Ja, der Karpfen bewacht seine Brut. c) Nein, Fische bewachen niemals ihren Laich.
a ❏   b ❏   c ❏

208. Dieser Grundfisch aus Nordamerika hat acht Barteln und eine Fettflosse als auffällige Merkmale. Es ist:
a) der Wels. b) die Mühlkoppe (Groppe). c) der Zwergwels (Katzenwels).
a ❏
b ❏
c ☒

209. Ein Fisch unserer Fließgewässer hat weder Bauchflossen noch Brustflossen. Er besitzt jedoch ein rundes Saugmaul. Es ist: a) der Aal. b) das Neunauge. c) die Rutte.
a ❏   b ❏   c ❏

210. Neunaugen haben sieben Kiemenöffnungen an jeder Seite, ein Rundmaul und die paarigen Flossen (Brust- und Bauchflossen) fehlen. Eine weitere Besonderheit gilt als leichtes Erkennungsmerkmal für Neunaugen: a) Zwei deutliche Nasenöffnungen. b) Neunaugen haben nur eine Nasenöffnung. c) Neunaugen haben keine sichtbaren Nasenöffnungen.
a ❏   b ❏   c ❏

6. Frage und Antwort

211. Wie erklärt sich der Name „Neunauge"? a) Dieses Tier hat neun Augen. b) Dieses Tier hat acht Kiemenöffnungen und ein Auge. c) Dieses Tier hat eine Nasenöffnung, auf jeder Körperseite ein Auge und sieben Kiemenspalten.
a ❏ b ❏ c ❏

212. Der Dornhai ist durchaus in der Nordsee, zum Beispiel um Helgoland, zu fangen. Er lebt gern gesellig in Schwärmen, und aus ihm werden Schillerlocken hergestellt. Er ist als Dornhai schon seinem Namen nach leicht zu erkennen. a) Er hat zwei Rückenflossen und vor jeder einen spitzen Dorn. Eine Afterflosse fehlt. b) Er hat eine Rückenflosse mit einem spitzen Dorn. Die Afterflosse ist vorhanden. c) Er hat keine Dornen vor den beiden Rückenflossen und eine Afterflosse.
a ❏ b ❏ c ❏

213. Ein sicheres Erkennungsmerkmal des Dornhaies: Er besitzt zwei Rückenflossen, vor jeder befindet sich ein spitzer Dorn. Doch eine Flosse fehlt ihm. Es ist die: a) Bauchflosse. b) Brustflosse. c) Afterflosse.
a ❏
b ❏
c ❏

214. Dieser Fisch, vom Aussterben bedroht, hat eine unverwechselbare Gestalt. Das Maul ist unterständig mit Barteln am Unterkiefer, an den Seiten sind Längsreihen von knöchernen Platten, Bauch-, Rücken- und Afterflossen sitzen weit hinten. Es ist: a) der Sterlet. b) der Kabeljau. c) der Dornhai.
a ❏ b ❏ c ❏

Spezielle Fischkunde

215. Ein Plattfisch der Nord- und Ostsee ist bekannt durch seine auffallend orangefarbigen Punkte auf der gesamten Oberseite, dem langen Rücken- und Afterflossensaum, den kehlständigen Brustflossen und den wenigen knochigen Höckern in Augennähe. Diese Merkmale zeigt:
a) die Flunder. b) die Scholle.
c) der Steinbutt.

a ❏ b ❏ c ❏

216. Dieser Plattfisch der Nord- und Ostsee geht bis in Flüsse, hat kleine gelbliche Punkte auf der Körperoberseite, die Augenseite ist rauh, knöcherige Höcker finden wir entlang der fast geraden Seitenlinie und am Ansatz des Flossensaumes. Es ist:
a) die Scholle. b) die Flunder.
c) die Seezunge.

a ❏ b ❏ c ❏

217. Schwarmfisch in Nord- und Ostsee, Rücken bläulich bis grün, Maul oberständig, keine sichtbare Seitenlinie, meist nur bis 35 cm lang, flache Afterflosse und kleine Rückenflosse:
a) Dorsch. b) Stint.
c) Hering.

a ❏ b ❏ c ❏

6. Frage und Antwort

218. Das Seitenlinienorgan ist bei Fischen wichtig zur Wahrnehmung ihrer Umwelt. a) Die Seitenlinien sind bei allen Fischen deutlich sichtbar. b) Die Seitenlinien sind u.a. beim Hering nicht sichtbar. c) Die Seitenlinien sind nur im Sommer sichtbar.
a ❏ b ❏ c ❏

219. Ein dem Hering verwandter Küstenfisch, vom Aussterben bedroht, zieht zum Laichen aus dem Meer in die Mündungsbereiche der Flüsse. Seine Kiemendeckel zeigen auffällige Streifen, dicht am Kopf oberhalb der Seitenlinie ist ein schwarzer Fleck, dem meist zwei weitere, kleinere folgen. Die Afterflosse ist niedrig, die Schwanzflosse mit dunklen Querbändern gezeichnet. Es ist: a) der Maifisch (Alse). b) die Meerforelle. c) der Stint.
a ❏ b ❏ c ❏

220. Diese vom Aussterben bedrohten Fische aus dem Nord- und Ostseebereich sind in ihrer Körperform dem Hering ähnlich. Doch die Kiemendeckel zeigen auffällige Streifen, und an der Seitenlinie hinter dem Kopf sind zwei bis drei schwarze Flecken deutlich sichtbar. Es handelt sich um: a) den Maifisch (Alse). b) den Wittling. c) den Hering.
a ❏ b ❏ c ❏

Spezielle Fischkunde

221. Meeresfisch, Pfeilform, deutlich spitzes, bezahntes Maul, Körper sehr lang gestreckt, verliert leicht seine Schuppen und besitzt grüne Gräten: a) Hornhecht. b) Zander. c) Makrele.
a ❏
b ❏
c ❏

222. Schwarmfisch, Atlantik bis Nord- und Ostsee, torpedoförmig, grünblau glänzende obere Körperhälfte mit wellenartiger Zeichnung, stark gegabelte Schwanzflosse, Bauchflossen brustständig, Schwanz dünn auslaufend mit Flösseln, keine Schwimmblase: a) Hering. b) Stint. c) Makrele.
a ❏   b ❏   c ❏

223. Einige der aufgeführten Fische besitzen keine Schwimmblase, es sind: a) Rotauge und Karpfen. b) Makrele und Groppe. c) Wels und Aal.
a ❏   b ❏   c ❏

224. Einer der aufgeführten Fische hat eine helle Seitenlinie, drei Rücken- und zwei Afterflossen und eine Bartel. Seine Leber ist hellrosa und vitaminreich. Diese Beschreibung trifft für den: a) Zander, b) Flußbarsch, c) Dorsch zu.
a ❏   b ❏   c ❏

Fischerprüfung 253

6. Frage und Antwort

225. Eine Bartel am Unterkiefer, marmoriert, Leber hellrot, Bauchflossen kehlständig, drei Rücken- und zwei Afterflossen, helle Seitenlinie, in Nord- und Ostsee als Angelfisch; diese Merkmale finden wir beim: a) Dorsch. b) Hering. c) Köhler.

a ❑ b ❑ c ❑

226. Dieser dorschartige Fisch aus Nord- und Ostsee hat keinen Bartfaden am Unterkiefer, zwei After- und drei Rückenflossen, kehlständige Bauchflossen und am Brustflossenansatz einen dunklen Fleck. Seine gebogene Seitenlinie ist dunkel. Gemeint ist hier: a) die Rutte. b) der Wittling. c) der Dorsch.

a ❑ b ❑ c ❑

227. Nur eine Antwort ist richtig: a) Flußkrebse sind Bodenlaicher. b) Das Krebsweibchen heftet seine Eier an Wurzeln. c) Das Krebsweibchen trägt seine Eier mit sich unter dem Schwanz, bis die jungen Krebse schlüpfen.

a ❑ b ❑ c ❑

228. Flußkrebse sind vom Aussterben bedroht. Welche schwerwiegende Erklärung gibt es dafür? a) Die Krebspest, sie befällt den Flußkrebs als tödliche Krankheit, in Gemeinschaft mit Wasserverunreinigungen hat sie die Tiere an den Rand des Aussterbens gebracht. b) Der Krebs ist zu stark befischt worden. c) Flußkrebse wurden in zu großem Umfang exportiert.

a ❑ b ❑ c ❑

229. Flußkrebse zählen nicht zu den Wirbeltieren wie die Fische. Wie sind sie richtig zu töten? a) Krebse werden durch Herzstich getötet. b) Krebse dürfen nur getötet werden, indem man sie einzeln in reichlich brodelnd

heißes Wasser wirft. c) Krebse müssen vor dem Töten durch einen kräftigen Schlag auf den Kopf betäubt werden.
a ❑ b ❑ c ❑

230. Der gesuchte Krebs zeigt als typische Merkmale kräftige, kompakte, unterseits rote Scheren, die sich fast glatt anfühlen. An den Gelenkstellen sehen wir deutliche Rötungen. Wir suchen: a) den Amerikanischen Flußkrebs (Camberkrebs). b) den Europäischen Flußkrebs. c) den Steinkrebs.
a ❑ b ❑ c ❑

Gerätekunde

231. Viele Angeln werden aus Fiberglas hergestellt. Welche Vorteile haben Fiberglasruten für den Angler? a) Das Material ist robust und verrottet nicht bei Nässe. b) Es ist das leichteste Material für Angelruten. c) Fiberglas ist grundsätzlich bruchsicher.
a ❑ b ❑ c ❑

232. Mehr und mehr hat die Kohlefaser (Carbon) auch bei Angelgeräten Materialien wie Fiberglas oder gar Bambus verdrängt. Was macht die Kohlefaserrute unter den Angeln zur Qualitätsrute? a) Sie leitet Strom. b) Sie ist hochelastisch. c) Die Ruten zeigen eine gute Aktion, sind leicht und gut zu handhaben, doch sie leiten Strom.
a ❑ b ❑ c ❑

233. Besonders robuste und weitgehend bruchsichere Ruten werden massiv aus Fiberglas hergestellt (Vollglasruten). Bei welchen Angelmethoden sind sie sinnvoll eingesetzt? a) Stippangeln. b) schweres Grund- und Schleppangeln. c) Fliegenfischen.
a ❑ b ❑ c ❑

234. Die meisten Ruten lassen sich durch Ineinanderschieben gut und platzgünstig handhaben. Diese ineinanderschiebbaren Ruten heißen: a) Vollglasruten. b) Teleskopruten. c) Fliegenruten.
a ❑ b ❑ c ❑

6. Frage und Antwort

235. Beim Kauf einer neuen Rute sehen Sie auf der Rute den Aufdruck „Wurfgewicht 30 g". Welche Bedeutung hat dieser Aufdruck? a) Die Rute wiegt 30 g. b) Die Rute darf beim Wurf mit höchstens 30 g Wurfgewicht belastet werden. c) Die Rute eignet sich nur zum Fang sehr kleiner Fische.
a ❏   b ❏   c ❏

236. Sie wollen zum Dorsch- oder Makrelenangeln auf Nord- oder Ostsee. Welche Rute wählen Sie hierfür aus? a) Eine sehr lange Rute mit feiner Spitze. b) Eine kurze Rute mit feiner Spitze. c) Eine Rute zwischen ca. 2,5 m bis 4 m Länge und einem Wurfgewicht von möglichst über 100 g.
a ❏   b ❏   c ❏

237. Mit einer Grundangel stellt der Angler speziell Grundfischen nach. Diese Grundangelei hat sich besonders beim Angeln auf folgende Fische bewährt: a) Aale. b) Aland und Döbel. c) großmaulige und kleinmaulige Salmoniden.
a ❏   b ❏   c ❏

238. Einige Ruten werden aus technischen Gründen stets als zusammensteckbare Ruten angeboten (Steckruten). Dieses gilt für Vollglasruten und für solche, bei denen optimalste Rutenaktion notwendig ist. Solche Steckruten aus Vollglas werden unter anderem eingesetzt: a) beim schweren Schleppfischen, Grundfischen. b) beim Stippangeln. c) bei allen Angelmethoden, die denkbar sind.
a ❏   b ❏   c ❏

239. Sie hören Anglerkollegen von einer „Rutenaktion" sprechen. Was ist damit gemeint? a) die Länge der Ruten. b) die Rutenstärke. c) die Biegsamkeit der Rute bei Belastungen.
a ❏   b ❏   c ❏

240. Welche Teile der Angelrute sind ständig besonders zu kontrollieren? a) Der Griff sollte immer sauber gehalten werden. b) Schnurführungsringe und Endring dürfen nicht fehlerhaft werden, da sonst die Schnur beschädigt wird. c) Die Rute bedarf nie einer besonderen Pflege.
a ❏   b ❏   c ❏

Gerätekunde

241. Ruten werden zum Teil ohne Schnurführungsringe im Handel angeboten. Meist fallen sie auch durch ihre beachtliche Länge (bis 14 m) auf. Diese Ruten eignen sich gut für das: a) Grundangeln. b) Pilken. c) Stippangeln.
a ❏   b ❏   c ❏

242. Das Stippangeln zählt zu den gebräuchlichsten Angelmethoden besonders auf Cypriniden. Die typische Stippangel besteht aus: a) einer längeren Rute (je nach Uferbeschaffenheit) mit Rolle, Schnur, Pose und Haken. b) einer kurzen Vollglasrute mit Rolle, Schnur, Laufblei und Haken. c) langer Rute mit Rolle, Schnur und Wobbler.
a ❏   b ❏   c ❏

243. Zum Einhandspinnfischen eignen sich besonders Ruten mit einer Länge von ungefähr a) 9 m. b) 5 m. c) 2,5 m.
a ❏   b ❏   c ❏

244. Bei einigen Anglern ist das Brandungsangeln an der Nord- und Ostsee sehr beliebt. Dabei muß der Köder häufig weit draußen angeboten werden. Wie sollte deshalb eine Brandungsangel beschaffen sein? a) Die Angel sollte robust und so lang sein, wie es die Kraft des Anglers erlaubt, um weite Würfe möglich zu machen. b) Die Rute sollte möglichst kurz sein, weil das Meer am Strand sehr flach ist. c) Die Länge der Rute spielt keine Rolle.
a ❏   b ❏   c ❏

245. Gern wird von Anglern eine Angel mit Rolle benutzt. Welche Vorteile bringt sie ihm? a) Die Rolle bringt keine Vorteile. b) Beim Anbiß unerwartet großer Fische kann durch Schnurgeben ein Schnurbruch verhindert werden. c) Die Rolle gibt der Angel ein besseres Aussehen.
a ❏   b ❏   c ❏

246. An vielen Gewässern ist der Einsatz einer Angel mit Rolle sehr zweckmäßig. a) Der Köder kann damit durch Werfen auch in größerer Entfernung angeboten werden. b) Der Einsatz der Rolle bringt nur Nachteile (Schnur verheddert). c) Mit der Rolle kann auch gut über Büsche am Ufer geangelt werden.
a ❏   b ❏   c ❏

6. Frage und Antwort

247. Welche Rolle zeigt unter anderem ideale Eigenschaften für die Hochseeangelei in Nord- und Ostsee? a) die kleine Stationärrolle. b) die mittlere Stationärrolle. c) die große Stationärrolle.
   a ❏   b ❏   c ❏

248. Der häufigste Rollentyp ist die Stationärrolle. Was macht sie so beliebt bei den Anglern? a) Sie kann viel Schnur fassen. b) Sie ist vielseitig einsetzbar und preisgünstig. c) Bei dieser Rolle beißen gern große Fische an.
   a ❏   b ❏   c ❏

249. Für welche Angelmethoden wird häufig die Multirolle eingesetzt? a) vom leichten Schleppfischen bis zur Hochseeangelei. b) beim Stippangeln auf Köderfische. c) beim Fliegenfischen auf Salmoniden.
   a ❏   b ❏   c ❏

250. Welcher Rollentyp ist hier abgebildet? a) Multirolle mit rotierender Spule. b) Stationärrolle mit feststehender Spule. c) Fliegenrolle mit rotierender Trommel.
   a ❏
   b ❏
   c ❏

251. Zum Fliegenfischen wird eine spezielle Fliegenrolle benutzt. a) Das wäre nicht nötig, eine Stationärrolle ginge auch. b) Zum Fliegenfischen kann jede beliebige Rolle benutzt werden. c) Die Fliegenrolle garantiert eine optimale Schonung der Fliegenschnur beim Einholen und Abziehen.
   a ❏   b ❏   c ❏

Gerätekunde

252. Die abgebildete Rolle mit einer Übersetzung und sich drehender Spule zeigt ihre Vorzüge besonders beim schweren Spinnfischen und Schleppangeln auch auf hoher See. Es ist eine:
a) Stationärrolle.
b) Multirolle.
c) Nottinghamrolle.
a ☐
b ☐
c ☐

---

253. Die Stationärrolle kann beim Drill eines Fisches dem Angler eine wichtige Hilfe sein. Welcher Rollenteil ist stets in regelmäßigen Abständen besonders zu kontrollieren, um ein fischgerechtes Angeln zu gewährleisten? a) Die Spule muß auf reichlich Schnur kontrolliert werden. b) Der Schnurfangbügel hat ständige Kontrolle nötig. Er darf nicht rauh werden oder rosten, da sonst die Schnur bricht. c) Die Schnurbremse muß stets fest eingestellt sein, damit der Fisch beim Drill keine Schnur nehmen kann.
a ☐   b ☐   c ☐

---

254. Bei einem Rollentyp dreht sich die Spule nicht mit. Die Schnur läuft über einen Schnurfangbügel. So arbeitet: a) die Multirolle. b) die Fliegenrolle. c) die Stationärrolle.
a ☐   b ☐   c ☐

---

255. Für viele Angler ist die geschlossene Stationärrolle (Kapselrolle) besonders angenehm in der Handhabung. Hat sie auch Nachteile? a) Nein, die Kapselrolle bietet nur Vorteile. b) Ja, sie faßt nicht genügend starke Schnüre und die Wurfeigenschaften bei starken Schnüren sind schlechter. c) Sie hat keine Nachteile, da sie auch reichlich starke Schnur faßt.
a ☐   b ☐   c ☐

6. Frage und Antwort

256. Die Nottinghamrolle ist aus der Mode. Sie entspricht nicht den Vorstellungen der Angler im praktischen Gebrauch. Trotzdem hat sie auch Vorteile. Das sind: a) Der direkte Kontakt zum Fisch besteht beim Drill. Die Schnur kann ohne Schnurfangbügel schonend eingeholt werden. Ein großer Spulendurchmesser schont die Schnur. b) Die Nottinghamrolle bringt keine Vorteile. c) Die Nottinghamrolle macht Weitwürfe ideal möglich und wickelt die Schnur sauber auf.
a ❏   b ❏   c ❏

257. Bei Angelschnüren unterscheiden wir zwischen monofilen und geflochtenen Schnüren. a) Monofile Schnüre bestehen aus mehreren dünnen, verflochtenen Fasern. b) Monofile Schnüre bestehen aus einem einzelnen Faden, dessen Stärke mit dem Durchmesser angegeben wird. c) Monofile Schnüre sind besonders lange, verdrehte und starke Schnüre.
a ❏   b ❏   c ❏

258. Häufiges Angeln erfordert die Sorgfalt des Anglers – auch bei der Angelschnur. Was ist bei der Angelschnur ständig zu beachten? a) Die letzten Meter einer Schnur sind am häufigsten in Gebrauch. Dieser Teil ist regelmäßig auf schadhafte Stellen hin zu untersuchen. b) Die Schnur ist nach dem Angeln zu trocknen. c) Die Schnur ist regelmäßig einzufetten.
a ❏   b ❏   c ❏

259. Nach längerer Zeit entschließen Sie sich, wieder einmal zum Angeln zu gehen. Was sollten Sie bei Ihrem Gerät besonders beachten? a) Es sind genügend frische Köder mitzunehmen. b) Schnurführungsringe auf Beschädigungen kontrollieren, Schnur darf keine spröden Stellen aufweisen, einwandfrei glatter Schnurfangbügel der Rolle und korrekte Einstellung der Schnurbremse. c) Es ist ratsam, eine Ersatzrute mitzunehmen.
a ❏   b ❏   c ❏

260. Auf einer Schnurrolle lesen Sie den Aufdruck „0,50 mm". Welche Bedeutung hat dieser Aufdruck? a) Es ist eine verhältnismäßig starke Schnur mit einem Durchmesser von 0,50 mm. b) Auf der Rolle befinden sich 50 m Schnur. c) Die Schnur hält ein Gewicht von 50 kg.
a ❏   b ❏   c ❏

Gerätekunde

261. Welche Beziehung besteht zwischen Schnurdurchmesser und Tragkraft? a) Je dicker die Schnur, um so höher ist die Tragkraft. b) Je dicker die Schnur, um so geringer ist die Tragkraft. c) Die Tragkraft ist unabhängig von der Schnurstärke.

a ❏   b ❏   c ❏

262. Sie wollen zum Aalangeln mit einer Grundangel. Welche Schnurstärke ist bei einer herkömmlichen monofilen Schnur mindestens zu wählen? Sie wählen Schnur mit einer Tragkraft von: a) ca. 10 kg. b) ca. 20 kg. c) ca. 2,5 kg.

a ❏   b ❏   c ❏

263. Sie wollen zum Stippfischen auf Rotaugen. Welche Schnurstärke ist bei einer herkömmlichen monofilen Schnur mindestens zu wählen? a) ca. 8,5 kg. b) ca. 5 kg. c) ca. 2,5 kg.

a ❏   b ❏   c ❏

264. Sie angeln in einem Teich auf Karpfen. Welche Schnurstärke sollten Sie bei einer herkömmlichen monofilen Schnur mindestens gewählt haben? Sie wählen: a) ca. 7 kg. b) ca. 2,5 kg. c) ca. 12,5 kg.

a ❏   b ❏   c ❏

265. Sie freuen sich auf das Hochseeangeln auf der Nordsee. Welche Schnurstärke einer herkömmlichen monofilen Schnur wählen Sie mindestens dafür auf Ihrer Rolle? a) 0,15 mm. b) 0,30 mm. c) 0,50 mm.

a ❏   b ❏   c ❏

266. Herbstzeit ist Hechtzeit – zum Hechtangeln mit totem Köderfisch und Stahlvorfach benötigen Sie eine neue Schnur. Sie wählen dazu eine Schnur mit einer Tragkraft von mindestens a) 3,5 kg. b) 10,0 kg. c) 5,0 kg.

a ❏   b ❏   c ❏

267. Je nach Fischart wird eine unterschiedliche Schnurstärke empfohlen. Ist das sinnvoll? a) Ja, der Fisch könnte eine zu schwache Schnur zerreißen und dadurch verenden. b) Ja, weil die Schnurstärken auf die Beißlust der Fische abgestimmt sind. c) Nein, sehr dünne Schnüre fordern erst das Können des Anglers.

a ❏   b ❏   c ❏

6. Frage und Antwort

268. Gibt es für Sie eine Faustregel bei der Auswahl von Schnüren zum Angeln? a) Ja, wählen Sie die Schnur nie dünner als nötig. b) Nein, bei der Schnurwahl sind Ihnen keine Grenzen gesetzt. c) Nein, Sie wählen grundsätzlich nur die dicksten Schnüre.
a ❏   b ❏   c ❏

269. Ist es zu verantworten, wenn unter Umständen auch dünnere als die empfohlenen Schnüre zum Angeln gewählt werden? a) Grundsätzlich nein. b) Die Schnurstärke kann grundsätzlich in jedem Fall deutlich unterschritten werden. Die empfohlenen Schnurstärken sind nur für Anfänger gedacht. c) Ja, wenn es sich um eine Qualitätsschnur mit deutlich höherer Tragkraft handelt.
a ❏   b ❏   c ❏

270. Sie haben Pech gehabt. Die Schnur hat sich hoffnungslos verheddert. Da hilft nur noch das Abschneiden. Aber wohin mit diesem Abfall? a) Die verhedderte Schnur kann am Wasser liegen bleiben. b) Die Schnur ist so stark zu zerkleinern, daß sich kein Tier darin fangen kann, und in einem Müllgefäß zu entsorgen. c) Die Schnur mit Blei beschweren und im Wasser versenken.
a ❏   b ❏   c ❏

271. Sie stellen nach dem Drill eines großen Fisches fest, daß sich die Schnur auf den ersten Metern aufgerauht hat. Was ist zu tun? a) Die ersten Meter Schnur werden abgeschnitten und unschädlich entsorgt. b) Es kann beruhigt weitergeangelt werden. c) Die Schnur abschneiden und am Ufer liegen lassen.
a ❏   b ❏   c ❏

272. Welchen Teil der Angelschnur bezeichnet der Angler als Hauptschnur?
a) die Schnur auf der Rolle bis zum Vorfach.
b) die Schnur von der Pose bis zum Haken.
c) eine neue und noch unbenutzte Schnur.
a ❏   b ❏   c ❏

273. Welchen Teil der Angelschnur bezeichnet der Angler als Vorfach? a) die auf der Rolle aufgewickelte Schnur. b) eine mehrfach gebrauchte

Gerätekunde

Schnur. c) das letzte, meist dünnere Ende der Schnur vor dem Angelhaken.

a ❏   b ❏   c ❏

---

274. Welcher Teil des Angelgerätes wird als Vorfach bezeichnet? a) der dünnere Teil der Schnur zwischen Haken und Hauptschnur. b) die Rutenspitze. c) der Wirbel an der Hauptschnur.

a ❏   b ❏   c ❏

---

275. Ist es wichtig, die Schnurenden mit speziellen Knoten zu verknüpfen? a) Nein, das spielt keine Rolle. b) Ja, sonst könnten Fische den Knoten sehen. c) Ja, weil der Knoten eine Schwachstelle in der Schnur ist und die Schnur an der Stelle zu leicht reißen könnte.

a ❏   b ❏   c ❏

---

276. Jeder gute Angler geht zum Hechtangeln nicht ohne ein Stahlvorfach. Ist das sinnvoll? a) Das ist nur Angeberei. b) Bei einer fünfziger Schnur ist ein Stahlvorfach nicht mehr erforderlich. c) Das Stahlvorfach ist in jedem Fall fischwaidgerecht. Es verhindert, daß die scharfen Zähne des Hechtes die Angelschnur zerstören.

a ❏   b ❏   c ❏

---

277. Haken sind in unterschiedlichsten Größen im Handel zu haben. Dabei sind Haken der Größe 1,2,3: a) große Haken. b) mittlere Haken. c) kleine Haken.

a ❏   b ❏   c ❏

---

278. Haken werden in den verschiedensten Größen im Handel angeboten. Dabei sind Haken der Größe 18, 19 und 20: a) große Haken. b) mittlere Haken. c) die kleinsten Haken.

a ❏   b ❏   c ❏

---

279. Kann beim Raubfischangeln auch auf Drillingshaken verzichtet werden? a) Ja, ein großer Einfachhaken ist in jedem Fall fischschonender. b) Nein, nur Drillingshaken lassen sich an Stahlvorfächern befestigen. c) Nein, Raubfische sind ohne Drillinge nicht zu fangen.

a ❏   b ❏   c ❏

6. Frage und Antwort

280. Kann das Angeln mit Haken ohne Widerhaken oder mit angedrücktem Widerhaken auch erfolgreich sein? a) Nein, ohne Widerhaken läßt sich kein Fisch fangen. b) Ja, auch das Angeln ohne Widerhaken ist sehr erfolgreich und schonend, wenn die Angelschnur dabei stets auf Spannung zum Fisch geführt wird. c) Das Angeln ohne Widerhaken ist grundsätzlich abzulehnen.
a ❏ b ❏ c ❏

281. Welche Haken sind für das Hochseeangeln auf Dorsch zu verwenden? a) große Haken. b) kleine Drillinge. c) kleine Einfachhaken.
a ❏ b ❏ c ❏

282. Bei welcher Angelmethode werden im allgemeinen Drillinge benutzt? a) beim Angeln auf Friedfische. b) beim Fliegenfischen. c) beim Spinnfischen und Pilken.
a ❏ b ❏ c ❏

283. Warum sind für das Friedfischen Zwillings- und Drillingshaken verboten? a) Dieses Verbot ist absolut unnötig. b) Drillinge können beim Karpfenangeln gut in der Kartoffel versteckt werden. c) Es ist nicht fischwaidgerecht, da z.B. auch untermaßige Fische zu stark verletzt werden könnten.
a ❏ b ❏ c ❏

284. Mit welchem Haken ist grundsätzlich auch Ihre Stippangel auszurüsten? a) mit einem Einfachhaken. b) mit einem Zwillingshaken. c) mit einem Drillingshaken.
a ❏ b ❏ c ❏

285. Eine Faustregel für den Einsatz von Angelhaken sollten Sie unbedingt beherzigen, wenn Sie ein fairer und waidgerechter Petrijünger sein wollen: a) Den Haken nie kleiner wählen als nötig. b) Den Haken so klein wählen wie möglich. c) Den Haken auch für große Fische immer klein wählen.
a ❏ b ❏ c ❏

286. Sie haben es auf große, leider sehr vorsichtige Karpfen abgesehen. Um sie zu überlisten, wählen Sie einen sehr kleinen Haken. Ist das fischwaidgerecht? a) Da sonst die Karpfen nicht zu fangen sind, muß so verfahren werden. b) In keinem Fall darf ein zu kleiner Haken für große Fische

Gerätekunde

benutzt werden. Der Haken könnte aufbiegen oder brechen. c) Die Hakengröße spielt keine Rolle.
a ❏   b ❏   c ❏

287. Die Posen sind beim Stippangeln von großer Bedeutung. Welche besonderen Aufgaben erfüllen sie? a) Sie zeigen nur den Biß an. b) Die Pose ermöglicht nur ein weites Auswerfen des Köders. c) Mit der Pose kann der Köder in der gewünschten Tiefe angeboten werden, und sie zeigt den Biß an.
a ❏   b ❏   c ❏

288. Posen dienen unter anderem als Bißanzeiger, und sehr groß ist die Auswahl. Bei der Auswahl der Posen zum Angeln ist grob folgende Faustregel günstig: a) Ei- oder kugelförmige Posen sind günstig in stehenden Gewässern. b) Ei- oder kugelförmige Posen sind vorteilhaft in Gewässern mit stärkerer Strömung. c) Ei- oder kugelförmige Posen haben sich gut in sehr flachen Gewässern bewährt.
a ❏   b ❏   c ❏

289. Die Auswahl der Posenform nach der Gewässerart bringt Vorteile. Dabei gilt grob: a) Schlanke Posen eignen sich gut für stehende und sehr langsam fließende Gewässer. b) Schlanke Posen zeigen gute Eigenschaften in starker Strömung. c) Schlanke Posen eignen sich vorzüglich für sehr flache Gewässer.
a ❏   b ❏   c ❏

290. Auch in sehr tiefen Gewässern kann mit einer Pose geangelt werden. In sehr tiefen Gewässern ist a) die Antennenpose, b) die Leuchtpose oder c) die Laufpose (Gleitpose) mit einem Stopper vorteilhaft.
a ❏   b ❏   c ❏

291. In manchen Gewässern kann der Gebrauch einer Gleitpose (Laufpose) sinnvoll sein. Was ist eine Gleitpose? a) Diese Pose „läuft" lose auf der Schnur. Ein Stopper hält sie in der gewünschten Höhe. b) Diese Pose liegt stets flach auf dem Wasser. c) Diese Pose steckt fest auf der Schnur und läßt keine Tiefeneinstellung zu.
a ❏   b ❏   c ❏

6. Frage und Antwort

292. Beim Spinnfischen sollten Sie auf keinen Fall auf einen Wirbel verzichten – welche Begründung gibt es dafür? a) Der Wirbel verhindert ein Verdrehen der Schnur. Die Schnur wird sonst mit der Zeit unbrauchbar. b) Ein Wirbel beschwert den Spinner und zieht ihn besser auf den Grund. c) Eine gute Schnur verdreht auch ohne Wirbel nicht.
a ❏   b ❏   c ❏

293. Sie stellen sich Ihr Gerät zum Karpfenangeln zusammen. Ist hierfür ein Wirbel zwingend erforderlich? a) Ja, das erhöht die Tragkraft der Schnur. b) Nein, die Schnur wird beim Stipp- oder Grundangeln nicht verdreht. c) Ja, sonst kann das Vorfach nicht an der Hauptschnur befestigt werden.
a ❏   b ❏   c ❏

294. Bei welcher Angelmethode sind besonders starke Wirbel zu wählen? a) beim Pilkfischen. b) beim Stippen. c) beim Fliegenfischen.
a ❏   b ❏   c ❏

295. Groß ist die Zahl der im Handel angebotenen Wirbel. Werden sie auch nach Größen unterschieden? a) Nein. b) Ja, dabei sind (ähnlich wie bei den Haken) große Wirbel kleinen Zahlen (1, 2, 3, ...) und kleine Wirbel größeren Zahlen (20, 19, ...) zuzuordnen. c) Ja, große Wirbel sind durch höhere Zahlen (20, 19, ...) und kleinere Wirbel durch kleine Zahlen (1, 2, ...) gekennzeichnet.
a ❏   b ❏   c ❏

296. Wird dieser Kunstköder aus Metall durch das Wasser gezogen, so macht er taumelnde Bewegungen und imitiert einen kranken Fisch. Es ist: a) ein Wobbler. b) ein Spinner. c) ein Blinker.
a ❏
b ❏
c ❏

Gerätekunde

297. Welcher Kunstköder zum Spinnfischen ist hier abgebildet?
a) Blinker. b) Spinner. c) Pilker.
a ❏
b ❏
c ❏

298. Der abgebildete Kunstköder ist mit einer Tauchschaufel ausgerüstet; er wird beim Fischen auf Raubfische eingesetzt. Es ist: a) ein Wobbler. b) ein Spinner. c) ein Pilker.
a ❏
b ❏
c ❏

299. Wobbler sind mit einer Tauchschaufel versehen. Welche Aufgabe erfüllt sie? a) Sie erhöht den Wasserwiderstand und hält so die Schnur stramm. b) Durch sie kann der Wobbler in gewünschter Wassertiefe geführt werden und der Kunstköder macht taumelnde Bewegungen im Wasser. c) Hinter der Tauchschaufel ist der Drilling versteckt.
a ❏   b ❏   c ❏

300. Der abgebildete Kunstköder ist aus Metall und wird zum Angeln auf Dorsche in Nord- und Ostsee eingesetzt. Es ist: a) ein Spinner. b) ein Blinker. c) ein Pilker.
a ❏
b ❏
c ❏

Fischerprüfung

6. Frage und Antwort

301. Der Einsatz eines Unterfangkeschers beim Landen besonders größerer Fische sollte auch für Sie selbstverständlich sein. a) Im Unterfangkescher kann der Fisch gleich gehältert werden. b) Der Unterfangkescher ermöglicht ein elegantes Landen des Fisches. c) Der Unterfangkescher verhindert zusätzliche Verletzungen des Fisches durch sein Eigengewicht und das Abreißen der Schnur.
a ❏   b ❏   c ❏

302. Eine Löseschere gehört zur notwendigen Ausrüstung des Anglers, weil a) damit die Köderreste gut vom Haken gelöst werden können. b) damit auch der tiefer im Maul gehakte Fisch schonend gelöst werden kann. c) Eine Löseschere ist nicht notwendig. Der Haken kann auch so gelöst werden, da Fische kaum Schmerzen empfinden.
a ❏   b ❏   c ❏

303. Welche Hilfsgeräte muß der Angler beim Fischen grundsätzlich bei sich haben und auch einsetzen? a) Unterfangkescher, Löseschere, Schlagholz, Messer, Maßstab. b) Futter und eine größere Auswahl an Ködern. c) Ersatzangeln und Haken.
a ❏   b ❏   c ❏

304. Grundbleie werden in verschiedensten Gewichten und Formen zum Angeln benötigt. Gewicht und Form richten sich dabei u.a. nach a) Gewässergröße. b) Untergrund und Strömung. c) Trübung des Gewässers.
a ❏   b ❏   c ❏

305. Welche besondere Eigenschaft zeichnet Trockenschnüre aus? a) Sie werden auch bei Regen nicht naß. b) Sie schwimmen auf dem Wasser. c) Sie sinken im Wasser ab.
a ❏   b ❏   c ❏

306. Welche besondere Eigenschaft zeichnet Naßschnüre aus? a) Sie trocknen schlecht nach dem Angeln. b) Sie schwimmen auf dem Wasser. c) Sie sinken im Wasser ab.
a ❏   b ❏   c ❏

Gerätekunde

307. Beim Fliegenfischen wird eine künstliche Fliege als Köder geworfen, obgleich sie kaum Gewicht hat. Wie ist das möglich? a) Die Fliege wird mit Blei beschwert. b) Die Fliege wird vom Wind getragen. c) Die Fliegenschnur bringt das zu werfende Gewicht.
a ❑   b ❑   c ❑

308. Welche Bedeutung hat der Aufdruck „DT 7" auf einer Fliegenschnur? a) Der Aufdruck gibt die Firma an, die diese Schnur hergestellt hat. b) DT steht für Double Taper, die 7 gibt die Gewichtsklasse der Schnur an. c) Der Aufdruck ist ein Hinweis auf die Tragkraft der Fliegenschnur.
a ❑   b ❑   c ❑

309. Was sollten Sie beim Kauf einer Fliegenschnur unter anderem unbedingt beachten? a) Die Gewichtsklasse der Schnur muß auf die Angel abgestimmt sein. b) Die Schnur muß günstig im Preis sein. c) Die Farbe der Schnur muß dem Gewässer angepaßt sein.
a ❑   b ❑   c ❑

310. Fliegenschnüre haben häufig die Bezeichnung „DT". Das bedeutet:
a) Die Schnur verjüngt sich an beiden Enden.
b) Die Schnur ist besonders schwer.
c) Die Schnur sinkt im Wasser sofort ab.
a ❑   b ❑   c ❑

311. Bei welcher Angelmethode benutzen Sie eine doppelt verjüngte Angelschnur (Double Taper)? a) Grundangeln. b) Spinnfischen. c) Fliegenfischen.
a ❑   b ❑   c ❑

312. Beim Fliegenfischen werden u.a. zwei Gruppen von Kunstfliegen angeboten. Es werden unterschieden:
a) Naß- und Trockenfliegen.
b) Schwimmfliegen und Mücken.
c) Schwebefliegen und Libellen.
a ❑   b ❑   c ❑

6. Frage und Antwort

313. Die Abbildung zeigt einen Kunstköder der Fliegenfischerei mit leicht angelegten Hecheln. Es ist: a) ein Streamer. b) ein Spinner. c) eine Naßfliege.
a ☐
b ☐
c ☒

314. Hier ist ein Kunstköder der Fliegenfischerei abgebildet. Es handelt sich um: a) einen Wobbler. b) eine Naßfliege. c) eine Trockenfliege mit deutlich abstehenden Hecheln.
a ☐
b ☐
c ☒

315. Beim Fliegenfischen wird ein Kunstköder eingesetzt, der durchaus einem kleinen Fischchen oder einem größeren Insekt ähnelt. Dieser abgebildete Köder wird als: a) Streamer, b) Wobbler, c) Käfer … bezeichnet.
a ☒
b ☐
c ☐

4. Gewässerkunde und Naturschutz

316. Wasser ist ein wichtiger Lebensraum für viele Pflanzen und Tiere. Die Vielfalt der Lebewesen in diesem Lebensraum ist insbesondere von folgenden Faktoren abhängig: a) Gehalt an gelösten Nährsalzen, Temperatur, Licht und Sauerstoffgehalt. b) Besatz und Fütterung. c) Anzahl der Fischereiberechtigten und Fangbegrenzungen.
a ☐   b ☐   c ☐

Gewässerkunde und Naturschutz

317. Wir unterscheiden unter anderem zwischen Süß - und Salzwasser. Was ist mit Süßwasser gemeint? a) Süßwasser ist zuckerhaltiges Wasser. b) Süßwasser gibt es nicht. c) Als Süßwasser bezeichnen wir das Wasser in unseren Flüssen und Seen sowie das Grundwasser. Es steht uns nur begrenzt zur Verfügung.

a ❑ b ❑ c ❑

318. Sehen Sie einen Zusammenhang zwischen dem Lebensraum Wasser und Grundwasser? a) Ja, wenn das Grundwasser absinkt, fällt in vielen stehenden und fließenden Gewässern auch der Wasserspiegel. Sämtliches Leben im Wasser kann bei Grundwassermangel gefährdet sein. b) Nein, da besteht kein Zusammenhang. c) Grundwasser ist nur für die Trinkwassergewinnung wichtig.

a ❑ b ❑ c ❑

319. Das Klima nimmt ständig Einfluß auf den Lebensraum Wasser. So ist Wasser regelmäßigen, natürlichen Schwankungen unterworfen. Folgende Klimafaktoren sind dabei besonders wichtig: a) Nur die jahreszeitlichen Temperaturschwankungen sind von Bedeutung. b) Das Klima kann keinen Einfluß auf das Wasser nehmen. c) Temperatur, Luft, Licht und Niederschläge beeinflussen den Lebensraum Wasser ständig.

a ❑ b ❑ c ❑

320. Sauerstoff ist auch im Wasser sehr wichtig für die Atmung der Lebewesen. Wie gelangt ausreichend Sauerstoff ins Wasser? a) durch heftige Regenfälle. b) durch Wasserbewegung und am Tag durch Pflanzen. c) durch das Grundwasser.

a ❑ b ❑ c ❑

321. Auch Wasserpflanzen erzeugen Sauerstoff. a) Sie können nur bei ausreichenden Lichtverhältnissen Sauerstoff erzeugen. b) Sie erzeugen nur nachts Sauerstoff. c) Sie erzeugen tags und nachts Sauerstoff.

a ❑ b ❑ c ❑

322. Sie entdecken im Sommer verschiedene Fischarten (auch Grundfische) mit bewegten Mäulern langsam schwimmend an der Wasseroberfläche. Was vermuten Sie? a) Die Fische haben Hunger. b) Die Fische leiden

unter Sauerstoffmangel und schnappen an der Oberfläche nach Luft. c) Die Fische wollen ihren Feinden am Gewässergrund entfliehen.
a ❏   b ❏   c ❏

---

323. Welche Faktoren können sich auf den Sauerstoffgehalt im Wasser sehr ungünstig auswirken? a) Schlamm und hohe Wassertemperaturen. b) starker Lichteinfall. c) niedrige Wassertemperaturen im Winter.
a ❏   b ❏   c ❏

---

324. Zwischen Wassertemperatur und Sauerstoffgehalt besteht ein direkter Zusammenhang. a) Je höher die Wassertemperatur, um so weniger Sauerstoff kann im Wasser sein. b) Je höher die Wassertemperatur, um so höher ist auch der Sauerstoffgehalt. c) Je niedriger die Wassertemperatur, um so niedriger ist auch der Sauerstoffgehalt.
a ❏   b ❏   c ❏

---

325. Eines der aufgeführten Gewässer ist als deutlich sauerstoffarm zu bewerten. Es ist: a) ein schattiger, verschlammter Tümpel ohne Wasserpflanzen. b) ein schnell fließender klarer Gebirgsbach. c) ein flacher Teich mit gutem Pflanzenwuchs, sandigem Untergrund und klarem Wasser.
a ❏   b ❏   c ❏

---

326. Eines der aufgeführten Gewässer ist als deutlich sauerstoffreich einzustufen. Es ist: a) eine Tümpelquelle. b) ein langsam fließendes Gewässer mit sehr trübem Wasser und schlammigem Untergrund. c) ein klarer, kühler, schnell fließender Bach.
a ❏   b ❏   c ❏

---

327. Wasser ist je nach Temperatur unterschiedlich schwer. Eis ist zum Beispiel auch Wasser und schwimmt. Bei welcher Temperatur ist Wasser am schwersten und sinkt auf den Grund? a) 0° C. b) +8° C. c) +4° C.
a ❏   b ❏   c ❏

---

328. Zweimal im Jahr hat das Wasser in stehenden Gewässern vom Grund bis zur Oberfläche die gleiche Temperatur von +4° C. So kann sich das gesamte Wasser umwälzen und mischen (Vollzirkulation). Dieses ist

Gewässerkunde und Naturschutz

der Fall: a) im Sommer. b) im Frühjahr und im Herbst. c) im Winter.
a ❏   b ❏   c ❏

329. Mit dem pH-Wert geben wir den Säuregrad des Wassers an. Diese Säuregradeinteilung geht von O bis 14. Dabei gilt: a) O ist extrem sauer und 7 neutral. b) 7 ist schwach und 14 sehr sauer. c) O ist neutral und 14 sehr sauer.
a ❏   b ❏   c ❏

330. Ein Gewässer hat einen pH-Wert von 6,5. Welche Folgerungen ziehen Sie daraus? a) Das Gewässer ist zu sauer und muß dringend intensiv gekalkt werden. b) Werte über pH 6 und unter pH 8 sind gut für Pflanzen und Tiere. c) Der pH-Wert von 6,5 ist für Fische gefährlich, Sauerstoff muß ins Gewässer gebracht werden.
a ❏   b ❏   c ❏

331. Welche pH-Werte werden von Fischen gut vertragen? a) pH O bis 4. b) pH 10 bis 14. c) pH 6 bis 8.
a ❏   b ❏   c ❏

332. Welche pH-Werte sind für die meisten unserer einheimischen Fische tödlich? a) pH-Werte unter 4 und über 11. b) Fische vertragen alle Säuregrade. c) pH-Werte um 7.
a ❏   b ❏   c ❏

333. Moorige Gewässer sind meist sehr artenarm. Nur wenige Pflanzen- und Tierarten finden hier ihren Lebensraum. Das hat seinen Grund. a) Das Wasser ist zu braun. b) Der pH-Wert liegt zu weit über 7. Das Wasser ist zu alkalisch. c) Der pH-Wert liegt zu weit unter 7. Das Wasser ist zu sauer.
a ❏   b ❏   c ❏

334. Sie haben den Verdacht, daß der Säuregrad (pH-Wert) im Gewässer sehr ungünstig für die Fische ist. Können Sie den pH-Wert leicht feststellen? a) Nein, das können nur Fachleute. b) Ja, zum Beispiel mit Indikatorpapierstreifen und einfachen Geräten kann der pH-Wert schnell und leicht bestimmt werden. c) Es ist nicht notwendig, den pH-Wert zu messen, da er auf das Leben im Wasser keinen Einfluß hat.
a ❏   b ❏   c ❏

6. Frage und Antwort

335. Gelöste Nährsalze im Wasser entsprechen in ihrer Wirkung den Pflanzennährstoffen (Dünger). Sie fördern in dosierten Mengen das Pflanzenwachstum entscheidend. Gelöst sind diese Nährstoffe mit unseren Augen auch nicht erkennbar. Zu den wichtigsten Nährsalzen zählen wir a) Stickstoff-, Phosphor- und Kaliumverbindungen. b) Eisen- und Bleiverbindungen. c) Sauerstoff und Wasserstoff.
a ❑   b ❑   c ❑

336. Können stark überhöhte Mengen an gelösten Nährsalzen zu negativen Veränderungen im Wasser führen? a) Nein, je mehr Nährstoffe vorhanden sind, um so besser ist das Wachstum. b) Ja, eine Überdüngung bringt besonders im Herbst erhebliche Nachteile für viele andere Wassertiere. c) Nein, Nährstoffe können nie genug im Wasser vorhanden sein.
a ❑   b ❑   c ❑

337. In einem neu angelegten Baggersee oder Teich wollen keine Pflanzen wachsen. Kann es richtig sein, dieses Gewässer nach Prüfung künstlich zu düngen? a) Nein, Wasser benötigt grundsätzlich keine Düngung. b) Nein, es gelangen genügend Nährsalze mit dem Regen ins Wasser. c) Ja, wenn eine Wasseruntersuchung Nährstoffmangel anzeigt, kann eine Düngung des Gewässers den wichtigen Pflanzenwuchs sinnvoll fördern.
a ❑   b ❑   c ❑

338. Gelangen Nährstoffe auch auf natürlichem Wege in das Wasser? a) Ja, u.a. durch Nährsalze aus dem Boden und durch die Zersetzung von Pflanzen und Pflanzenresten. b) Nein, Nährsalze sind auch nicht notwendig. c) Nein, deshalb ist stets eine künstliche Düngung erforderlich.
a ❑   b ❑   c ❑

339. Sind auch heute noch Überdüngungen eines Gewässers denkbar? a) Nein, so etwas ist in unserer umweltbewußten Gesellschaft nicht mehr möglich. b) Ja, z.B. durch nährsalzhaltige Abwässer und Düngung von Randflächen eines Gewässers. c) Nein, der Dünger zieht in den Boden ein und kann das Gewässer nicht mehr belasten.
a ❑   b ❑   c ❑

Gewässerkunde und Naturschutz

340. Können Sie unter Umständen in einem Gewässer eine Überdüngung vermuten? a) Nein, das ist einem Gewässer nie anzusehen. b) Ja, die Vermutung liegt bei extremem Pflanzenwuchs (Algenwuchs) nahe. c) Ja, die Fische sind dann sehr groß.

a ❏   b ❏   c ❏

341. Firmen bieten heute einfache Geräte und Teststreifen zur Wasseruntersuchung an. Läßt sich auch der Sauerstoffgehalt eines Gewässers leicht ermitteln? a) Ja, einige Stoffe lassen sich heute im Wasser leicht nachweisen. b) Nein, die Sauerstoffmessung ist nicht möglich. c) Nein, Sauerstoffmessungen sind so schwierig, daß nur ein Fachmann diese Messung vornehmen kann.

a ❏   b ❏   c ❏

342. Nährstoffe sind in einem Gewässer für seine Fruchtbarkeit von Bedeutung. Wie gelangen sie ins Wasser? a) Nährstoffe müssen immer als Dünger durch die Fischereiberechtigten ins Wasser gebracht werden. b) Stoffe gelangen reichlich mit dem Regen ins Wasser. c) Nährstoffe können natürlicherweise mit dem Regen, durch Zuflüsse, durch Oberflächenwasser, Grundwasser oder durch Zersetzung von pflanzlichen und tierischen Stoffen ins Wasser gelangen.

a ❏   b ❏   c ❏

343. Ein Gewässer soll auf Säuregehalt, Sauerstoffgehalt, auf Nitrate und Phosphate untersucht werden. Ist das heute für den Laien möglich? a) Nein, es sind erhebliche chemische Kenntnisse erforderlich. b) Ja, u.a. Teststreifen und Indikatorpapiere ermöglichen einfachste Handhabung bei solchen Kontrollen. c) Nein, nur Sauerstoff läßt sich für Laien leicht nachweisen.

a ❏   b ❏   c ❏

344. Im Zusammenhang mit der Umwelt hören wir häufig von einem Biotop. Was ist damit gemeint? a) Biotop bezieht sich nur auf Pflanzen. b) Unter Biotop verstehen wir den Lebensraum einer Pflanze oder eines Tieres oder deren Lebensgemeinschaften mit all seinen Merkmalen. c) Biotop bezieht sich nur auf Tiere.

a ❏   b ❏   c ❏

6. Frage und Antwort

345. Sind Pflanzen oder auch Tiere einem festgelegten Lebensraum angepaßt? a) Nein, sie können in jeden anderen Lebensraum beliebig wechseln. b) Nein, nur die Tiere sind einem bestimmten Lebensraum angepaßt. c) Ja, Fische und Wasserpflanzen sind beispielsweise fest dem Lebensraum Wasser angepaßt.
a ❏	b ❏	c ❏

346. Sauerstoff ist im Wasser für Fische, aber auch für andere Tiere und Pflanzen ein lebenswichtiger Grundstoff, der ständig benötigt wird, weil er ständig gebunden wird. Der Fachmann spricht von Sauerstoffzehrung. Was „verbraucht" denn ständig den Sauerstoff im Wasser? a) Sauerstoff wird im Wasser gar nicht „verbraucht". b) Sauerstoff benötigen viele Tiere im Wasser zum Atmen und Bakterien zur Zersetzung von pflanzlichen und tierischen Abfallstoffen. c) Sauerstoff benötigen nur die Pflanzen.
a ❏	b ❏	c ❏

347. Wasserpflanzen gelten als die Produzenten im Gewässer. Was produzieren sie, daß man ihnen den Beinamen Produzenten gibt? a) Sie produzieren Sauerstoff und Kohlenhydrate als Grundstoffe für das Leben. b) Sie produzieren nur Kohlenhydrate. c) Pflanzen bieten den Fischen nur Schutz vor Freßfeinden.
a ❏	b ❏	c ❏

348. Was ist damit gemeint – „Nahrungskreislauf im Wasser"? a) Unter Nahrungskreislauf im Wasser verstehen wir das in der Strömung kreisende Futter beim Anfüttern vor dem Angeln. b) Nahrungskreislauf im Wasser meint die Wechselbeziehung zwischen Produzenten (Pflanzen), Konsumenten (Tieren) und Zersetzern, die als sich wiederholender Kreislauf dargestellt werden kann. c) Es gibt im Wasser keinen Nahrungskreislauf.
a ❏	b ❏	c ❏

349. Eine Gruppe Lebewesen wird als Konsumenten bezeichnet, weil sie, wie der Name schon sagt, konsumiert. Sie ernähren sich von anderen Pflanzen und Tieren. Zu den Konsumenten zählen wir: a) die Bakterien. b) die Pflanzen. c) die Tiere.
a ❏	b ❏	c ❏

Gewässerkunde und Naturschutz

350. Auch Bakterien haben im Wasser eine wesentliche Aufgabe zu erfüllen. a) Sie sind die Zersetzer. Sie sorgen für die Umwandlung von pflanzlichen und tierischen Abfallstoffen in neue Nährstoffe. Zum großen Teil benötigen sie dafür Sauerstoff. b) Bakterien werden als Produzenten bezeichnet. c) Bakterien gelten im Wasser als schädlich, da sie nur Krankheiten verbreiten.
a ❏   b ❏   c ❏

351. Nicht nur im Wasser sind „organische Substanzen" von Bedeutung, da sie die Grundlage für neue Nährstoffe bilden. Was ist unter „organischen Substanzen" zu verstehen? a) Es sind nur tierische Stoffe gemeint. b) Es sind nur Pflanzenstoffe gemeint. c) Es sind Stoffe, die von Pflanzen oder Tieren (Organismen) erzeugt wurden.
a ❏   b ❏   c ❏

352. Wir unterscheiden zwischen aeroben (sauerstoffbedürftigen) und anaeroben (nicht sauerstoffbedürftigen) Bakterien. Den Fischen bringen die aeroben Bakterien mehr Vorteile. a) Sie lassen bei der Zersetzung von organischen Abfallstoffen nicht den giftigen Schwefelwasserstoff entstehen. b) Sie erzeugen bei der Zersetzung von pflanzlichen und tierischen Abfallstoffen viel Schwefelwasserstoff. c) Sie erzeugen Sauerstoff.
a ❏   b ❏   c ❏

353. Algen zählen zu den Pflanzen. Viele sind mikroskopisch klein, besitzen keine Wurzeln und treiben im Wasser. a) Sie stören im Gewässer, weil sie es trüben. b) Sie sind sehr wichtig als Nahrung für viele Kleintiere und liefern Sauerstoff. Massenauftreten kann jedoch schädlich sein. c) Sie haben keine Bedeutung für ein Gewässer.
a ❏   b ❏   c ❏

354. In der warmen Jahreszeit kann es zu solch massenhaftem Auftreten von Algen kommen, daß das Wasser auch an der Oberfläche grüne bis blaugrüne Trübungen zeigt. Dieses Massenauftreten nennen wir: a) Wasserwachstum. b) Wasserblüte. c) Wasserstern.
a ❏   b ❏   c ❏

6. Frage und Antwort

355. Unter Plankton verstehen wir: a) kleinste Pflanzen und Tierchen, die in der Nahrungskette eine große Rolle spielen. b) Plattfische, die in der Uferzone leben. c) Pflanzen der Uferzone mit gut ausgebildetem Wurzelwerk.
a ☐   b ☐   c ☐

356. Einige der aufgezählten Lebewesen zählen zum tierischen Plankton. a) kleine Fische und Molche. b) Kaulquappen und Libellenlarven. c) Wasserfloh und Hüpferling.
a ☐   b ☐   c ☐

357. Plankton stellt meist für kleinere Tiere einen wichtigen Bestandteil der Nahrung dar. Was ist Plankton? a) Unter Plankton verstehen wir winzige Pflanzen und Tiere, meist kleiner als ein Millimeter, die im Wasser schweben. b) Unter Plankton verstehen wir kleine Fische und Kaulquappen. c) Mit Plankton sind die Pflanzen am Ufer gemeint.
a ☐   b ☐   c ☐

358. „Ein Gewässer kippt um" – was bedeutet das? a) Aus einem Teich läuft das Wasser ab. b) Ein Gewässer ist leer gefischt, neuer Besatz muß eingebracht werden. c) In einem Gewässer sterben nach und nach in großen Mengen durch Belastungen irgendwelcher Art Pflanzen und Tiere.
a ☐   b ☐   c ☐

359. Da die Sauerstofferzeugung der Wasserpflanzen sich in den grünen Blättern vollzieht, sind auch nur die Pflanzen für den Sauerstoffgehalt entscheidend, die ihre Blätter unter Wasser haben. a) Schilf, Rohrkolben und Binsen sind deshalb für die Anreicherung des Wassers mit Sauerstoff wichtig. b) Grüne Unterwasserpflanzen sind für die Anreicherung des Wassers mit Sauerstoff wichtig. c) Wasserpflanzen sind nicht wichtig, die Wasserbewegung ist im jedem Falle ausreichend.
a ☐   b ☐   c ☐

Gewässerkunde und Naturschutz

360. Wasserpflanzen bestehen – wie andere Pflanzen – häufig aus Wurzeln, Stielen und Blättern. Welche Teile sind für die Sauerstofferzeugung im Wasser von entscheidender Bedeutung? a) die grünen Blätter. b) die Stiele. c) die Wurzeln.

a ❑   b ❑   c ❑

361. Die Photosynthese gehört zu den grundlegenden Lebensvorgängen auf der Erde. Photosynthese bedeutet: a) Aus Licht, Kohlendioxid und Wasser werden in den Blättern der Pflanzen Kohlenhydrate und Sauerstoff hergestellt. Tiere benötigen diese Stoffe zum Leben. b) Tiere bauen aus Licht und Sauerstoff Kohlenhydrate auf. c) die Verdunstung von Wasser im Sonnenlicht.

a ❑   b ❑   c ❑

362. Die Photosynthese ist für alle Lebensvorgänge auf der Erde von größter Bedeutung. Was ist darunter zu verstehen? a) der Einfall des Sonnenlichtes ins Wasser. b) Große Fische werden fotographiert. c) Mit Hilfe des Sonnenlichtes erzeugen grüne Pflanzen wichtige Nährstoffe und Sauerstoff.

a ❑   b ❑   c ❑

363. Dichter Erlenbestand beschattet das Flußbett. Welche Auswirkungen hat das auf den Wasserpflanzenwuchs in diesem Bereich? a) Die Wasserpflanzen wachsen hier besonders üppig. b) Die Pflanzen wachsen hier sehr stark eingeschränkt oder gar nicht. c) Der Schatten der Bäume wirkt sich nicht auf den Pflanzenwuchs im Wasser aus.

a ❑   b ❑   c ❑

364. Die Erle zählt zum natürlichen Uferbewuchs. Dabei erfüllt sie mehrere wichtige Aufgaben. Das sind unter anderem: a) Sie befestigt das Ufer, erschließt mit Hilfe der Bakterienkolonien an ihren Wurzeln lebenswichtigen Stickstoff, und ihr fallendes Laub dient als Nahrung für Wasserkleintiere. b) Erlen stören nur am Wasser, sie müssen entfernt werden. c) Wenn Erlen unterspült werden, brechen die Ufer weg. Dann kann endlich eine dauerhafte, künstliche Uferbefestigung vorgenommen werden.

a ❑   b ❑   c ❑

6. Frage und Antwort

365. Die abgebildete Pflanze liebt nährstoffreichen, feuchten Boden. So taucht sie häufig im Uferbereich auf, wird mannshoch und löst mit ihren Brennhaaren bei Berührung mit der Haut Juckreiz aus. Sie gilt auch als Heilpflanze. Es ist a) die Taubnessel. b) die Große Brennessel. c) die Kratzdistel.

a ❑
b ❑
c ❑

366. Diese Pflanze ist geschützt, die Wurzeln werden für Heilzwecke gesammelt, die langen Blätter ähneln der einer Schwertlilie, ihr grüner Blütenstand im Mai/Juni ist unverwechselbar. Es ist: a) der Kalmus. b) die Schwertlilie. c) die Segge.

a ❑   b ❑   c ❑

367. Diese Uferpflanze ist zur Blütezeit leicht an ihrem igelähnlichen Blütenstand zu erkennen. Es handelt sich um: a) den Kalmus. b) die Schwertlilie. c) den Igelkolben.

a ❑
b ❑
c ❑

Gewässerkunde und Naturschutz

368. Diese Pflanze verdankt ihren Namen der Blattform. Mit ihren weißen Blüten wächst sie im Uferbereich stehender und an ruhigen Stellen fließender Gewässer. Es ist: a) das Pfeilkraut. b) die Seerose. c) der Froschlöffel.

a ❑
b ❑
c ❑

369. Unverwechselbar ist zur Zeit der Blüte im Mai/Juni diese weißblühende Pflanze des Uferbereichs. Später bilden sich rote scharfschmeckende Früchte. Sie wird kaum höher als 30 cm. Sie ist streng geschützt. Es ist: a) der Igelkolben. b) die Schwertlilie. c) der Schlangenwurz.

a ❑   b ❑   c ❑

370. Mit ihren gelben Blüten und den schwertförmigen Blättern finden wir sie als typische Uferpflanzen in Bülten wachsend häufiger unmittelbar an der Wasserkante. Sie steht unter Naturschutz! Es handelt sich um: a) den Froschlöffel. b) die gelbe Teichrose. c) die Schwertlilie.

a ❑
b ❑
c ❑

6. Frage und Antwort

371. Hier sind Blüten und Blätter einer sehr bekannten Wasserpflanze stehender und fließender Gewässer abgebildet. Es ist: a) die Seerose. b) die gelbe Teichrose. c) die Wasserpest.
a ❏ b ❏ c ❏

372. Die Uferzone eines stehenden Gewässers bezeichnet einen begrenzten Bereich. a) Die Uferzone eines stehenden Gewässers sind die dicht am Wasser liegenden Landflächen. b) Zur Uferzone zählt der Bereich vom Ufer bis zur Seemitte, soweit die Pflanzen wachsen. c) Die Uferzone eines stehenden Gewässers bezeichnet den Bereich bis zu einer Wassertiefe von einem Meter.
a ❏ b ❏ c ❏

373. In tieferen Seen kann das Licht den Grund nicht mehr erreichen. Pflanzenwachstum ist an solchen Stellen nicht mehr möglich. Am Boden lagern sich Sinkstoffe ab. Diesen Bereich des Sees bezeichnen wir als a) Tiefenzone (Bodenzone). b) Freiwasserzone. c) Seemitte.
a ❏ b ❏ c ❏

374. Häufige Pflanzen des Schilfgürtels sind: a) Schilf und Rohrkolben. b) Seerosen und Erlen. c) Wasserstern und Binsen.
a ❏ b ❏ c ❏

Gewässerkunde und Naturschutz

375. Schilf ist zum Teil in dichtem Bestand in der Uferzone zu finden und läßt an vielen Stellen das Fischen mit der Angel nicht zu. Deshalb gilt:
a) Schilf ist so zu entfernen, daß die Fischerei in allen Bereichen möglich ist. b) Schilf erfüllt auch wichtige Aufgaben, zum Beispiel: Schutz und Brutraum für Wasservögel, schützt Uferzone vor Wellenschlag von Wind und Booten. c) Schilf sollte restlos abgemäht werden, um einer Verlandung des Sees vorzubeugen.
a ❏   b ❏   c ❏

376. Zu den Schwimmblattpflanzen zählen wir unter anderem: a) die Seerose und die Gelbe Teichrose. b) die Wasserpest und den Wasserstern. c) Algen und die Schwertlilie.
a ❏   b ❏   c ❏

377. Schilf, Rohrkolben und Schwimmblattpflanzen sind in der Fischerei nicht gern gesehen, wenn sie in zu dichten Beständen auftreten. Das hat seinen Grund. a) Sie behindern das Laichgeschäft der Fische. b) Ihre Blüten sind als Schnittblumen nicht geeignet. c) Sie geben mit ihren über dem Wasserspiegel liegenden Blättern zu wenig Sauerstoff an das Wasser ab und behindern die Fischerei.
a ❏   b ❏   c ❏

378. See- und Teichrosen vergehen zum Winter. Ihre Stiele und Blätter sterben ab. Die Zeit des Raubfischangelns beginnt. Wie überstehen diese Pflanzen die kalte Jahreszeit? a) Blätter und Stiele sterben nicht ab, sie wachsen auch im Winter weiter. b) Sie müssen jedes Frühjahr neu angepflanzt werden. c) Ihre Wurzeln im Gewässergrund bleiben erhalten und treiben im nächsten Frühjahr neu aus.
a ❏   b ❏   c ❏

379. Als besonders wertvolle Wasserpflanzen in einem Gewässer werden die Unterwasserpflanzen eingestuft. Gibt es eine Erklärung dafür? a) Nein. b) Die Unterwasserpflanzen produzieren im Wasser reichlich Sauerstoff und Nahrung für Wassertiere aller Art. c) Die Unterwasserpflanzen blühen besonders schön.
a ❏   b ❏   c ❏

6. Frage und Antwort

380. Die abgebildete Unterwasserpflanze taucht häufiger in stehenden Gewässern auf. Mit ihren auf der Oberfläche schwimmenden, länglichen Blättern ist sie für Kleintiere Schutz und Lebensraum. Es ist: a) Seerose. b) schwimmendes Laichkraut. c) Pfeilkraut.

a ❏
b ❏
c ❏

381. In stehenden Gewässern finden wir häufiger eine Unterwasserpflanze mit stark welligen Blatträndern. Die Blätter fassen sich hart an und sie bleiben unter der Wasseroberfläche. Der Stengel ist leicht vierkantig. Es handelt sich um: a) das Schwimmende Laichkraut. b) die Wasserpest. c) das Krause Laichkraut.

a ❏
b ❏
c ❏

382. Diese Pflanze wurde aus Kanada nach Deutschland eingeschleppt und hat sich hier rasant vermehrt. Dichte Polster im Wasser lassen sie teilweise fast zur Plage werden. Ihre kleinen dunkelgrünen Blättchen bilden am Stiel stets einen dreizähligen Quirl. Aus den leicht brechenden Stengeln wachsen schnell wieder neue Pflanzen. Gemeint ist hier: a) die Wasserpest. b) der Wasserhahnenfuß. c) das Schwimmende Laichkraut.

a ❏   b ❏   c ❏

Gewässerkunde und Naturschutz

383. Kleine, helle, schmale Blättchen, die sich wechselseitig gegenüberstehen, kennzeichnen diese Unterwasserpflanze. Ragen ihre Triebe bis an die Oberfläche, bilden die Blätter kleine Rosetten. Sie wachsen sowohl in stehenden wie auch in fließenden Gewässern. Die Abbildung zeigt: a) das Krause Laichkraut. b) den Wasserstern. c) die Wasserpest.
a ❑
b ❑
c ❑

384. Die abgebildete Pflanze zeigt schwertförmige, stachelige Blätter, die eine trichterförmige Rosette bilden. Die Wurzeln sind kurz und meist nicht im Boden verankert. Zum Winter sinkt sie auf den Grund ab. Sie ist geschützt, auch wenn mancherorts ihr dichter Bestand das Angeln unmöglich macht. Gemeint ist: a) die Schwertlilie. b) der Wasserstern. c) die Krebsschere.
a ❑   b ❑   c ❑

385. Manchen kleinen Tümpel oder Weiher können diese wenige Millimeter großen Schwimmblattpflänzchen ohne Stiel an der gesamten Oberfläche so stark bewachsen, daß kaum noch Licht hindurchdringen kann. Unterhalb der Blättchen sind haarfeine kurze Wurzeln zu erkennen. Es ist: a) die Wasserlinse. b) die Wasserpest. c) die Teichrose.
a ❑
b ❑
c ❑

6. Frage und Antwort

386. In einem Gewässer stellen Sie in großen Mengen den rötlich aussehenden, kaum fünf Zentimeter langen Schlammröhrenwurm (Tubifex) fest. Welchen Schluß ziehen Sie daraus? a) Das Wasser ist sauerstoffreich. Es steht viel Nahrung zur Verfügung. b) Das Wasser ist durch Verunreinigungen belastet. Nur dort tritt Tubifex in großen Mengen auf. c) Aus dem Vorkommen großer Mengen Tubifex läßt sich kein Rückschluß auf die Wasserqualität ziehen.
a ❏   b ❏   c ❏

387. Welche Schnecke können Sie in der Abbildung erkennen? a) Schlammschnecke. b) Posthornschnecke. c) Das ist keine Schnecke, sondern eine Muschel.
a ❏   b ❏   c ❏

388. Die nebenstehende Abbildung zeigt eine Muschel. Zwei feste Schalen bieten ihr erheblichen Schutz. Die auffällig große Muschel lebt von Schwebstoffen, die sie aus dem Wasser filtert. Sie ist für die Fortpflanzung des Bitterlings entscheidend. Es ist:
a) die Teichmuschel. b) die Weinbergschnecke. c) die Miesmuschel.
a ❏   b ❏   c ❏

Gewässerkunde und Naturschutz

389. Was verstehen wir unter einer „Symbiose"? a) Symbiose ist ein Lockstoff für Raubfische. b) Von einer Symbiose sprechen wir, wenn z. B. zwei Lebewesen zum gegenseitigen Nutzen zusammenleben wie Bitterling und Teichmuschel. c) Von Symbiose sprechen wir, wenn Raubfische genügend Futterfische in ihrem Gewässer haben.
a ❏   b ❏   c ❏

390. Insekten sind leicht von anderen Tieren zu unterscheiden. Sie haben typische Kennzeichen: a) Alle Insekten besitzen Flügel. b) Insekten haben einen zweigegliederten Körper und acht Beine. c) Typische Kennzeichen der Insekten sind der dreigegliederte Körper (Kopf, Brustteil, Hinterleib) und sechs Beine.
a ❏   b ❏   c ❏

391. Insekten, dazu zählen wir beispielsweise Fliegen, Mücken, Libellen, Käfer, Schmetterlinge, machen eine ähnliche Entwicklung durch: a) Insekten bekommen lebende Junge. b) Insekten legen Eier, aus denen die Insekten schlüpfen. c) Das Insekt legt Eier, daraus schlüpfen Larven, manche Larven verpuppen sich, dann entsteht daraus wieder ein Insekt.
a ❏   b ❏   c ❏

392. Hier ist ein Insekt abgebildet. Es handelt sich um: a) eine Steinfliege. b) eine Raublibelle. c) eine Eintagsfliege.
a ❏   b ❏   c ❏

6. Frage und Antwort

393. Die Larve des abgebildeten Insekts wächst im Wasser heran. Sie ernährt sich von Kleintieren -— auch von kleinen Fischen. Es ist eine:
a) eine Libelle. b) eine Eintagsfliege. c) eine Köcherfliege.

a ☐
b ☐
c ☐

394. Das nebenstehende Insekt gilt als ausgezeichnete Fischnahrung. Seine Eier legt es ins Wasser, danach stirbt es sehr schnell. Die Larven entwickeln sich zum Teil über mehrere Jahre im Wasser. Bei diesem Insekt fallen zwei deutliche Kennzeichen auf: vier Flügel, das hintere Flügelpaar ist kleiner, und meist drei lange Schwanzfäden. Es ist: a) eine Köcherfliege. b) eine Stechmücke. c) eine Eintagsfliege.

a ☐   b ☐   c ☐

395. Diese Larve hat sich für ihren weichen Körper einen schützenden Behälter aus Pflanzenresten gebaut. Zieht man sie aus ihrem Bauwerk, kann sie als fängiger Köder dienen. Es ist die Larve: a) der Libelle. b) der Eintagsfliege. c) der Köcherfliege.

a ☐
b ☐
c ☐

Gewässerkunde und Naturschutz

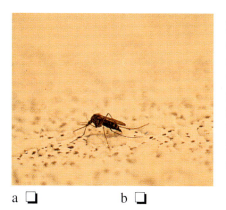

396. Das abgebildete Insekt legt seine Eier an der Wasseroberfläche ab. Dort entwickeln sich die Larven oft zu Tausenden. Einige Arten sind als Nährtiere für Fische wichtig. Uns Anglern werden sie am Wasser oft zur Plage. Es ist: a) die Stechmücke. b) die Köcherfliege. c) die Schwebefliege.

a ❏   b ❏   c ❏

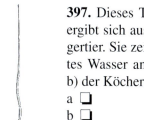

397. Dieses Tier ist die Rattenschwanzlarve. Ihr Name ergibt sich aus ihrem Aussehen. Für uns gilt sie als Zeigertier. Sie zeigt uns durch ihr Vorkommen stark belastetes Wasser an. Es ist die Larve: a) der Schwebefliege. b) der Köcherfliege. c) der Stechmücke.
a ❏
b ❏
c ❏

398. Dieser Käfer und auch seine Larve leben räuberisch, und nicht selten zählen kleine Fische zu ihren Beutetieren. Der gelbe Rand an seinem Körper und seine Größe unter den Wasserkäfern machen kaum Verwechslungen möglich. Es ist: a) der Taumelkäfer. b) der Gelbrandkäfer. c) der Kolbenwasserkäfer.

a ❏   b ❏   c ❏

Fischerprüfung

6. Frage und Antwort

399. Fassen Sie diesen auf dem Rücken schwimmenden Käfer mit Vorsicht an. Er kann stechen. Mit zwei langen Ruderbeinen bewegt er sich flink im Wasser. Seine Nahrung, Kleintiere, nimmt er überwiegend an der Oberfläche auf. Es handelt sich um: a) den Gelbrandkäfer. b) den Rückenschwimmer (Wasserbiene). c) den Wasserläufer.
a ❑   b ❑   c ❑

400. Er fehlt auf kaum einem Gewässer, sogar auf Regenwasserpfützen geht er auf der Wasseroberfläche auf Nahrungssuche nach dahintreibenden Insekten und anderen Kleintieren. Er kann fliegen und so schnell neue Lebensräume besiedeln. Es ist: a) der Taumelkäfer. b) der Bachflohkrebs. c) der Wasserläufer.
a ❑   b ❑   c ❑

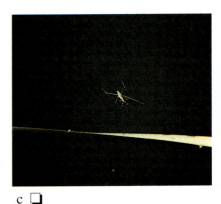

401. Nicht nur als Nahrungstier für Fische in sauberen, klaren, meist fließenden Gewässern ist er von Bedeutung. Er hält sich überwiegend am Boden auf und bewegt sich häufig in der Seitenlage. Seine Nahrung besteht meist aus Pflanzenresten. Die Abbildung zeigt: a) den Bachflohkrebs. b) die Libellenlarve. c) den Flußkrebs.
a ❑   b ❑   c ❑

Gewässerkunde und Naturschutz

402. Zu den Lurchen zählen wir: a) Hummer, Flußkrebs und Wollhandkrabbe. b) Schlangen und Eidechsen. c) Frösche, Kröten und Molche.
a ❏   b ❏   c ❏

403. Als Schädling betrachten Fischer dieses Kleintier. Kaum einen Zentimeter lang schmarotzt es mit seinem schildförmigen Körper auf der Haut von Fischen. Es handelt sich um: a) den Bachflohkrebs. b) die Karpfenlaus. c) die Wasserassel.
a ❏   b ❏   c ❏

404. Nur eine Aussage ist richtig! a) Lurche sind gute Angelköder. b) Lurche zählen weitgehend zu den bedrohten Arten und stehen vollkommen unter Naturschutz. c) Lurche stehen nicht unter Naturschutz. Sie machen durch ihr Quaken nur Lärm und vertreiben die Fische.
a ❏   b ❏   c ❏

405. Sie finden einen faustgroßen Laichballen schwimmend im Uferbereich. a) Er muß von einem Frosch stammen, da Frösche den Laich in Ballen ablegen. b) Kröten legen den Laich in Ballen ab. c) Laichballen kennen wir nur von Fischen.
a ❏   b ❏   c ❏

406. Bei dem abgebildeten Lurch handelt es sich um: a) den grünen Wasserfrosch. b) die Erdkröte. c) den Grasfrosch.
a ❏
b ❏
c ❏

Fischerprüfung

6. Frage und Antwort

407. Sie entdecken im Frühsommer im Teich eidechsenähnliche, bis 10 cm lange Tiere. Regelmäßig kommen sie an die Oberfläche, um Luft zu schnappen. Das sind: a) Molche. b) Wasserschildkröten. c) Eidechsen.

a ❑
b ❑
c ❑

408. Dieser Lurch geht nur im Frühjahr zum Laichen in stehende Gewässer. Dabei führt er regelrechte Laichwanderungen durch. Die Eier legt er in Schnüren ab. Der Bauch ist hell, die Haut sehr warzig. Es ist: a) eine Unke. b) eine Erdkröte. c) ein Teichmolch.

a ❑   b ❑   c ❑

409. Eine Schlange bewegt sich an Ihrem Angelplatz vorbei. Vereinzelt zeigt sie schwarze Punkte auf dem Körper. Am Kopf sehen Sie deutlich zwei helle, halbmondförmige Flecken. Es ist: a) die Kreuzotter, deren Biß für uns schmerzhaft und nicht ganz ungefährlich ist. b) die Blindschleiche. c) die harmlose, ungiftige Ringelnatter.

a ❑   b ❑   c ☒

292   Fischerprüfung

Gewässerkunde und Naturschutz

410. Nur eine Antwort ist richtig! a) Zu den Kriechtieren zählen wir Schlangen, Eidechsen und Schildkröten (Sumpfschildkröte). Sie alle stehen in Deutschland unter Schutz. b) Die Kreuzotter zählt zu den Kriechtieren. Sie ist giftig und deshalb sofort zu erschlagen. c) Die Ringelnatter zählt zu den Kriechtieren. Sie ist giftig und muß deshalb sofort erschlagen werden.
a ❑   b ❑   c ❑

---

411. Viele Vogelarten haben sich dem Lebensraum Wasser angepaßt. Durch ihre Nahrung und ihre Abfallprodukte sind sie ein wichtiges Glied im Nahrungskreislauf am Wasser. Dürfen wir sie vertreiben oder gar fangen? a) Vögel stören häufig beim Angeln und sind zu vertreiben. b) Vögel vertreiben auch Fische und dürfen deshalb auch mit der Angel gefangen werden. c) Vögel sind jagdbare Tiere. Treten sie zu häufig auf, kann nur der Jagdberechtigte den Bestand im gesetzlichen Rahmen regulieren. Wir Angler betrachten sie als Bestandteil des Gewässers und nehmen besonders zur Brutzeit auf sie Rücksicht.
a ❑   b ❑   c ❑

---

412. Sie haben Ihren Angelplatz in der Nähe eines Vogelnestes eingerichtet. Das Vogelpaar „schimpft" mächtig. Wie verhalten Sie sich? a) Ruhig weiterangeln, die Vögel werden sich schon beruhigen. b) Das Vogelpaar muß verjagt werden, da sich sonst die Fangaussichten erheblich verschlechtern. c) Um zu vermeiden, daß die Vögel das Nest verlassen, suche ich mir einen anderen Angelplatz.
a ❑   b ❑   c ❑

---

413. Der abgebildete Vogel mit seinen langen Watbeinen wird Ihnen am Wasser nicht lange unbekannt bleiben. Mit seinem langen Schnabel versteht er sich gut auf den Fischfang. Langer Hals und oberseits graues Gefieder kennzeichnen ihn. a) Schwarzstorch. b) Kranich. c) Graureiher.
a ❑
b ❑
c ❑

6. Frage und Antwort

414. Unverwechselbar und sehr scheu ist dieser Vogel durch seine langen, roten Beine, das schwarz erscheinende Gefieder auf Rücken und Flügeln, den hellen Bauch und den langen, roten Schnabel. Auf seiner Speisekarte stehen auch Fische, die er, im Wasser stehend, fängt. Es ist: a) der Schwarzstorch. b) der Eisvogel. c) der Graureiher.

a ❏
b ❏
c ❏

415. Teichhuhn und Wasserhuhn lassen sich unter Umständen verwechseln, da beide ein dunkles Gefieder haben. Einige Merkmale machen sie unverwechselbar. a) Das Teichhuhn hat eine rote Stirn, und die Schwanzspitze ragt deutlich nach oben. b) Das Teichhuhn hat eine weiße Blässe auf der Stirn, die Schwanzspitze zeigt zum Wasserspiegel. c) Das Bläßhuhn hat eine rote Stirn.

a ❏   b ❏   c ❏

416. Einige Vögel haben sich dem Lebensraum Wasser sehr stark angepaßt. Dieser Vogel bevorzugt dabei zum Brüten das schützende Röhricht, zur Nahrungssuche begibt er sich in die Freiwasserzone und sucht dort weite Strecken tauchend nach Beute. Welcher Vogel ist hier abgebildet? a) Teichhuhn. b) Kormoran. c) Haubentaucher.

a ❏   b ❏   c ❏

Gewässerkunde und Naturschutz

417. Dieser Vogel ist als schneller, geschickter und ausdauernder Schwimmer bekannt. Sein kräftiger Schnabel zeigt eine gebogene Spitze zum Beutefang. Seine Nahrung besteht fast ausschließlich aus Fischen, die er meist unter Wasser fängt. Es ist: a) der Graureiher. b) der Kormoran. c) der Haubentaucher.
a ❑
b ❑
c ❑

418. Ein Säugetier wurde bei uns aus Nordamerika eingeführt. Mit über 30 cm Körperlänge unterwühlt dieser Nager und Pflanzenfresser die Ufer der Gewässer, schwimmt und taucht ausgezeichnet. Sein langer Schwanz ist seitlich abgeplattet. Es ist: a) der Bisam. b) der Biber. c) der Fischotter.
a ❑   b ❑   c ❑

419. Scheu und überwiegend nachts aktiv ist dieser abgebildete Wassermarder. Der geschickte Schwimmer und Taucher jagt im Wasser nach Lurchen, Fischen und auch Wasserratten. Zwischen den Zehen besitzt er Schwimmhäute. Sein begehrter Pelz, Fische als Nahrung und Mangel an ungestörtem Lebensraum brachten ihn fast zum Aussterben. Es handelt sich um: a) den Biber. b) den Waschbär. c) den Fischotter.
a ❑
b ❑
c ❑

Fischerprüfung

6. Frage und Antwort

420. Die der Quelle am nächsten liegende Flußregion nennen wir die Forellenregion. Sie ist wie folgt gekennzeichnet: a) langsam fließendes, warmes Wasser mit mäßigem Sauerstoffgehalt. b) kühles, klares und sauerstoffreiches Wasser mit sauberem Grund. c) kühles, stehendes und trübes Wasser mit schlammigem Grund.
a ❏   b ❏   c ❏

---

421. Häufige Fische der Forellenregion sind: a) Brassen, Döbel, Karpfen, Aal und Hecht. b) Bachforelle, Mühlkoppe, Bachneunauge, Bachsaibling und Schmerlen. c) Regenbogenforelle, Stint, Güster und Kaulbarsch.
a ❏   b ❏   c ❏

---

422. Der sich von der Quelle aus der Forellenregion anschließende Fließgewässerbereich heißt in der Fachsprache: a) Äschenregion. b) Brassenregion. c) Barbenregion.
a ❏   b ❏   c ❏

---

423. Häufige Kleintiere der Forellenregion sind: a) Bachflohkrebs, Steinfliegenlarven und Eintagsfliegenlarven. b) Tubifex und Köcherfliegenlarven. c) Schlammröhrenwürmer, Wasserasseln und Wasserflöhe.
a ❏   b ❏   c ❏

---

424. Typische Fische der Äschenregion sind: a) Zander, Kaulbarsch und Zährte. b) Äsche, Schleie, Karausche und Karpfen. c) Äsche, Hasel, Döbel, Gründling und Rutte.
a ❏   b ❏   c ❏

---

425. In welcher Antwort ist die Reihenfolge der Fließgewässerregionen von der Quelle zur Mündung richtig angegeben? a) Forellenregion, Barbenregion, Brassenregion, Brackwasserregion. b) Forellenregion, Äschenregion, Brassenregion, Barbenregion, Brackwasserregion. c) Forellenregion, Äschenregion, Barbenregion, Brassenregion, Brackwasserregion.
a ❏   b ❏   c ❏

---

426. Einige der aufgezählten Fische gehören nicht in die Brassenregion. Das sind: a) Bachsaibling, Bachforelle, Mühlkoppe. b) Güster, Schleie, Aland. c) Kaulbarsch, Flußbarsch, Zander.
a ❏   b ❏   c ❏

Gewässerkunde und Naturschutz

427. Nur eine Antwort ist richtig!
a) Die Artenvielfalt der Fische ist von der Quelle zur Mündung gleich.
b) Die Artenvielfalt der Fische nimmt von der Quelle zur Mündung ab.
c) Die Artenvielfalt der Fische nimmt von der Quelle zur Mündung zu.
a ❏   b ❏   c ❏

428. In welcher Fließgewässerregion tauchen im Laufe des Jahres die größten Temperaturschwankungen auf: a) in der Forellenregion. b) in der Barbenregion. c) in der Brassenregion.
a ❏   b ❏   c ❏

429. Pflanzen haben sich wie Tiere ihrem Lebensraum angepaßt. So finden wir in der Forellenregion mit kaltem, klarem, sauerstoffreichem, stark strömendem Wasser andere Pflanzen als in der Brassenregion. Typische Pflanzen der Forellenregion sind: a) Wasserstern und Quellmoos. b) Pfeilkraut und Schwimmendes Laichkraut. c) Seerose und Rohrkolben.
a ❏   b ❏   c ❏

430. Unter Brackwasser verstehen wir: a) stark salzhaltiges Meereswasser. b) stark durch Industrie, Landwirtschaft und Haushalte belastetes Wasser. c) Meereswasser, das sich im Mündungsbereich der Flüsse auch unter dem Einfluß von Ebbe und Flut mit dem Süßwasser eines Flusses vermischt hat.
a ❏   b ❏   c ❏

431. Sind Begradigungen von Bächen und Flüssen aus der Sicht des Naturschutzes vertretbar? a) Grundsätzlich ja, da Wasser schnell abfließen muß. b) Begradigungen bringen eine Vielzahl von erheblichen Nachteilen für Natur und Mensch, daß sie nicht mehr vertretbar sind. c) Flußbegradigungen sollten uns Angler nicht stören. Fischbestände können durch Besatz beliebig reguliert werden.
a ❏   b ❏   c ❏

432. Altwasser werden von einigen Fischarten gern als Lebensraum angenommen. Was ist das, ein „Altwasser"? a) Altwasser sind Gewässer, in denen das Wasser abstehen muß, da weder Abfluß noch Zufluß vorhanden sind. b) Altwasser nennt man die Mündungsbereiche der großen Flüsse.

6. Frage und Antwort

c) Altwasser nennt man in der Fachsprache die alten, im Zuge von Begradigungen erhalten gebliebenen Flußschleifen.
a ❏   b ❏   c ❏

433. Durch den Schiffsverkehr in Deutschland sind eine Vielzahl von Kanälen entstanden, die Fischen neuen Lebensraum bieten. Kennzeichen dieser Kanäle sind geringe Strömung, gleichmäßige Wassertiefe, schlammiger Untergrund und mäßiger Sauerstoffgehalt. Welche Fischarten haben sich hier eingestellt? a) Der Fischbestand der Kanäle ähnelt stark der Forellenregion. b) Der Fischbestand gleicht dem Fischbestand der Barbenregion. c) Der Fischbestand der Kanäle ähnelt sehr dem der Brassenregion.
a ❏   b ❏   c ❏

434. Die Zahl der Angelfreunde, die sich mehr und mehr gegen Ausbaumaßnahmen an unseren Fließgewässern einsetzt, ist ständig größer geworden. Welche Gründe sprechen dafür, Gewässer möglichst in ihrem naturnahen Zustand zu erhalten? a) Darin ist kein Sinn zu sehen. b) Die Angler sehen nur ihre Fischbestände gefährdet. c) Naturnahe und natürliche Gewässer bieten durch ihre unterschiedlichen Ufer, Wassertiefen, Strömungsgeschwindigkeiten, Untergründe und anderes mehr ganzen Pflanzen- und Tiergesellschaften vielseitigen Lebensraum.
a ❏   b ❏   c ❏

435. Fast täglich erhalten wir über die Medien Informationen über Gewässerverunreinigungen verschieden großen Ausmaßes. Sind Gewässerverunreinigungen für uns Angler von Bedeutung? a) Ja! Da wir alle ohne Wasser nicht leben können – auch die Fische nicht – , schaden wir uns selbst. b) Die Verunreinigungen der Gewässer sind nur von geringer Bedeutung, Flüsse reinigen sich selbst wieder. c) Gewässerverunreinigungen kommen heute nicht mehr vor.
a ❏   b ❏   c ❏

436. Kann Wasser auch durch Regen verunreinigt werden? a) Nein. b) Ja, unser Wasser kann auch durch Regen verunreinigt werden. Sind Schadstoffe in der Luft, kann Regen sie herauswaschen. c) Nein, das ist nicht möglich. Da unsere Luft stets sauber ist, bleibt auch der Regen sauber.
a ❏   b ❏   c ❏

Gesetzeskunde

437. Kann ein Angler auch einen Beitrag zur Reinhaltung der Gewässer leisten? a) Nein, Angler sollen sich um die Fische kümmern. b) Ja, es ist bereits ein kleiner Beitrag zur Reinhaltung der Gewässer, wenn wir unseren Angelplatz möglichst sauber hinterlassen und nur stark begrenzt Futter und Lockstoffe einsetzen. c) Nein, es steht den Anglern nicht zu, sich um die Reinhaltung der Gewässer zu bemühen.
a ❏ b ❏ c ❏

438. Endlich am Wasser. Wir richten uns den Angelplatz ein, um möglichst bequem unserem Hobby nachgehen zu können. Was ist dabei zu berücksichtigen? a) Alle störenden Kräuter, Sträucher und Zweige werden weiträumig entfernt, damit wir nicht mit der Angel hängen bleiben können. b) Störende Pflanzen werden nur soweit behutsam entfernt, wie es unbedingt erforderlich ist. c) Auch auf geschützte Pflanzen muß keine Rücksicht genommen werden, da sie wieder nachwachsen können.
a ❏ b ❏ c ❏

Gesetzeskunde

439. Abgesehen von wenigen Ausnahmen wird in der Bundesrepublik für Angler der Nachweis einer speziellen, fischereilichen Ausbildung verlangt, um den Fischfang, auch mit der Angel, betreiben zu dürfen. Was gilt als solch ein Nachweis? a) Als Nachweis gilt mindestens die Fischerprüfung (Sportfischerprüfung) oder eine Fischerausbildung. b) Es genügt als Nachweis die Zugehörigkeit zu einem Fischereiverein. c) Man muß mindestens 14 Jahre alt sein und eine Angel halten können.
a ❏ b ❏ c ❏

440. Gibt es in Deutschland ein einheitliches, gleiches Fischereirecht? a) Ja, das Fischereirecht ist in ganz Deutschland gleich. b) Nein, jedes Bundesland der Bundesrepublik Deutschland hat ein eigenes Fischereirecht. c) Das Fischereirecht gilt für ganz Europa.
a ❏ b ❏ c ❏

6. Frage und Antwort

441. Sie wollen in ein anderes Bundesland zum Angeln fahren und müssen sich dort einen Fischereierlaubnisschein beschaffen. Welche Ausweispapiere sollten Sie unbedingt vorlegen können? a) Führerschein. b) Vereinsausweis. c) Staatlichen Fischereischein.
a ❏ b ❏ c ❏

442. Welche Rechte gesteht Ihnen als Angler das Fischereigesetz zu? a) Es gesteht Ihnen das Recht zu, Fische dort zu fangen, wo Sie die Erlaubnis besitzen, sich diese Fische auch anzueignen (mitzunehmen). b) Sie dürfen Fische überall in beliebigen Mengen fangen. c) Sie dürfen Fische zwar fangen, müssen sie aber wieder zurücksetzen.
a ❏ b ❏ c ❏

443. Sie möchten sich eingehend über Ihre gesetzlich vorgeschriebenen Rechte und Pflichten als Angler oder Fischer informieren. Wo können Sie das nachlesen. a) Die Fischereirechte und -pflichten sind u.a. in den Fischereigesetzen und Fischerei(ver)ordnungen der Bundesländer festgehalten. b) Diese Informationen stehen in der Vereinssatzung. c) Informationen zum Fischereirecht finde ich im Sportfischerpaß des VDSF.
a ❏ b ❏ c ❏

444. Mit dem Recht, Fische zu fangen, haben Sie auch die Pflicht zur Hege. Was bedeutet das für Sie? a) Untermaßige gefangene Fische sorgfältig zurückzusetzen. b) Hege ist, mit dafür Sorge zu tragen, daß die Gewässer mit ihren Pflanzen und anderen Tieren sowie die Fischbestände mit ihren Entwicklungsstufen erhalten bleiben und gefördert werden. c) Regelmäßige Fischfütterung in allen Gewässern, um ein gutes Abwachsen zu gewährleisten.
a ❏ b ❏ c ❏

445. Sie haben in Ihrem Bundesland Ihre Fischerprüfung (Sportfischerprüfung) abgelegt und gelernt, daß für einige Fischarten bestimmte Mindestmaße und Schonzeiten gesetzlich vorgeschrieben sind. Nun fahren Sie in ein anderes Bundesland in Urlaub. Kann es sein, daß Sie dort andere Bestimmungen beachten müssen?
a) Nein, für Angler gelten in ganz Deutschland gleiche Bestimmungen. b) Nein, die Fischereigesetze gelten einheitlich für Europa. c) Ja,

Gesetzeskunde

denn die Fischereigesetze sind je nach Bundesland recht unterschiedlich.
a ❏ b ❏ c ❏

446. Von einem guten Angler werden zusätzliche Rechtskenntnisse erwartet. Das sind: a) Kenntnisse zur Straßenverkehrsordnung. b) Kenntnisse über Pflanzenschutz, Tierschutz, Artenschutz, Naturschutzgesetze. c) Es sind keine weiteren Rechtskenntnisse erforderlich.
a ❏ b ❏ c ❏

447. Das Fischereigesetz gesteht Anglern Rechte zu: a) das Recht, beliebig viele Fische zu fangen. b) das Recht, Fische, Neunaugen und Muscheln zu fangen. c) das Recht, Fische zu fangen und mitzunehmen, aber die Pflicht, Fischbestände und deren Lebensräume zu hegen.
a ❏ b ❏ c ❏

448. Die Landesverbände der Angler und Sportfischer führen unter anderem Vorbereitungslehrgänge zur Fischerprüfung durch. Sie ist für viele die Voraussetzung zum Erhalt des staatlichen Fischereischeins. Dazu werden zu folgenden Sachgebieten besondere Kenntnisse verlangt: a) allgemeine Fischkunde, Artenkenntnis, Gewässerkunde, Umgang mit Angelgeräten, Gesetzeskunde und Naturschutz. b) Herstellen von Angelgeräten und Netzen. c) Regeln zur Fischzubereitung und zur gesunden Ernährung.
a ❏ b ❏ c ❏

449. Der Gesetzgeber erklärt den Begriff „Fische". Dazu zählen bundesweit: a) nur Fische, die sich gut mit der Angel fangen lassen. b) Neunaugen, Fische, zehnfüßige Krebse (teilweise auch Muscheln und Fischnährtiere). c) alle Tiere, die im und am Wasser leben.
a ❏ b ❏ c ❏

450. Welche Tiere faßt der Gesetzgeber unter dem Begriff „Fische" zusammen? a) nur Salmoniden und Cypriniden. b) Mit „Fische" meint der Gesetzgeber Neunaugen, Fische, zehnfüßige Krebse und Muscheln (Muscheln werden in einigen Bundesländern [z.B. Bremen] gesondert behandelt). c) Nur die maßigen Fische sind vom Gesetzgeber gemeint.
a ❏ b ❏ c ❏

6. Frage und Antwort

451. Dürfen Sie als Angler auch Enten oder andere Wasservögel fangen? a) Ja, besonders Enten gibt es reichlich, und sie schmecken gut. b) Ja, wenn man sie mit der Hand fangen kann. c) Auf keinen Fall. Ich mache mich der Wilddieberei strafbar, da Vögel dem Jagdrecht und nicht dem Fischereirecht unterliegen.
a ❏ b ❏ c ❏

---

452. Sie entdecken an Ihrem Angelplatz eine brütende Stockente auf dem Nest. Wie verhalten Sie sich? a) Es wird weitergeangelt. Die Ente muß sich damit abfinden. b) Die Ente wird verjagt, da sie die Angelei stören könnte. c) Sie verlassen den Angelplatz, um das Brutgeschäft des Vogels nicht zu stören.
a ❏ b ❏ c ❏

453. Ich habe für ein mir unbekanntes Gewässer einen Erlaubnisschein erworben. Wie verhalte ich mich vor dem Angeln? a) Ich beschaffe mir ausreichend Köder und versuche, möglichst viele Fische zu fangen. b) Ich lese mir den Erlaubnisschein sorgfältig durch, da er alle für mich wichtigen Informationen über Mindestmaße, Schonzeiten und Fangbeschränkungen enthält. c) Ich versuche, möglichst früh ans Wasser zu gelangen, um die Angelzeit voll auszuschöpfen.
a ❏ b ❏ c ❏

454. Ich habe im März einen großen Hecht gefangen. Ein Fischereiaufseher, der das getötete Tier sieht, erklärt mir, daß der Hechtfang laut Erlaubnisschein ausdrücklich verboten sei. Habe ich mit einer Strafe zu rechnen? a) Nein, denn ich habe nicht gewußt, daß Hechte nicht gefangen werden dürfen. b) Nein, der Fischereiaufseher kann den Hecht mitnehmen. c) Ja, denn ich habe mich vor dem Angeln über alle Fangbeschränkungen und Schonzeiten zu informieren.
a ❏ b ❏ c ❏

455. Ich habe einen Erlaubnisschein zum Angeln erhalten und gehe ans Gewässer. Dort werde ich von der Fischereiaufsicht kontrolliert. Ich habe nur den Erlaubnisschein, kann mich aber nicht, zum Beispiel durch den Personalausweis, ausweisen. Mir wird deshalb das Angeln untersagt. Ist das korrekt? a) Nein, ich habe doch den Erlaubnisschein bezahlt. b) Nein,

weil ich nicht gegen die im Erlaubnisschein aufgeführten Fangbeschränkungen verstoßen habe. c) Ja, denn ein Erlaubnisschein enthält kein Paßbild, und er ist nicht übertragbar. Ich muß mich deshalb bei einer Kontrolle als Erlaubnisscheininhaber ausweisen können.
a ❏ b ❏ c ❏

456. Sie beabsichtigen, ein Gewässer, welches dem Fischereigesetz unterliegt, zu pachten. Was sollten Sie beachten? a) Der Pachtvertrag bedarf der Schriftform und einer Laufzeit von mindestens zwölf (Bayern zehn) Jahren und z.T. auch der Zustimmung der unteren Fischereibehörde. b) Ich achte nur auf den Pachtpreis. c) Der Pachtvertrag sollte zunächst nur auf zwei Jahre abgeschlossen werden. Bis dahin können Sie sich einen guten Überblick über den Fischbestand im Gewässer verschaffen.
a ❏ b ❏ c ❏

457. In den meisten Bundesländern hat der Gesetzgeber Fischereirechte zu Fischereibezirken zusammengefaßt. Den Bezirken übergeordnet sind die Fischereigenossenschaften. Welche Bedeutung haben diese Fischereigenossenschaften? a) Sie ziehen Beiträge ein und geben die Fangzeiten bekannt. b) Sie verwalten den Fischereibezirk gemäß ihrer Satzung, schließen Pachtverträge ab und erteilen die Fischereierlaubnis. c) Fischereigenossenschaften vermarkten Ihre Fischfänge.
a ❏ b ❏ c ❏

458. Unter welchen Voraussetzungen können Sie den staatlichen Fischereischein erwerben? a) Sie treten einem Verein bei. b) Sie gehen zu Ihrer örtlichen Kommunalbehörde mit einem Lichtbild und dem Nachweis einer speziellen fischereilichen Ausbildung (z.B. Fischerprüfung) und beantragen den staatlichen Fischereischein. Sie müssen mindestens 14 Jahre (in einigen Bundesländern zwölf Jahre) alt sein. c) Den staatlichen Fischereischein erhalten Sie in Angelgeschäften.
a ❏ b ❏ c ❏

459. Gibt es einen Grund, warum ich beim Angeln zum Erlaubnisschein zusätzlich stets den Fischereischein (Niedersachsen auch Personalausweis) mit mir führen soll? a) Nein, das ist typisch für unsere Bürokratie. b) Ja, weil aus dem Erlaubnisschein ohne Paßbild für die Fischereiaufsicht nicht

6. Frage und Antwort

erkennbar ist, daß ich auch der Erlaubnisscheininhaber bin. c) Nein, für Vereinsmitglieder ist das nicht notwendig, weil sie regelmäßig ihre Beiträge zahlen.
a ❏　　　　　b ❏　　　　　c ❏

460. Sie beschaffen sich für ein Gewässer einen Erlaubnisschein. Welche Angaben muß er unbedingt enthalten? a) Vollständigen Namen des Inhabers, Unterschrift des Fischereiberechtigten, genaue Bezeichnung der Gewässerstrecken, für die die Erlaubniserteilung gilt, Gültigkeitszeitraum und Fangbeschränkungen. b) Im Erlaubnisschein muß nur der Name des Erlaubnisscheininhabers stehen. c) Im Erlaubnisschein sind nur die Fangbeschränkungen aufzuführen.
a ❏　　　　　b ❏　　　　　c ❏

461. Während des Angelns werde ich von jemandem angesprochen, der sich als Fischereiaufsichtsperson zu erkennen gibt. Wie habe ich mich zu verhalten? a) Ich sage ihm, daß er mich beim Angeln nicht stören soll. Er kann später wiederkommen. b) Ich bin verpflichtet, mich auszuweisen, ihm den Erlaubnisschein, die Fanggeräte und den Fang vorzuzeigen. c) Ich gehe weg, weil ich mich belästigt fühle.
a ❏　　　　　b ❏　　　　　c ❏

462. Dürfen Sie am Gewässer beim Angeln von anderen Personen kontrolliert werden? a) Ja, jeder ist berechtigt, meinen Fang zu kontrollieren. b) Nein, ausschließlich die Polizei hat das Recht, Sie zu kontrollieren. c) Ja! Polizei, Personen, die sich als Fischereiaufseher zu erkennen geben und Fischereiberechtigte haben das Recht, mich beim Angeln zu kontrollieren.
a ❏　　　　　b ❏　　　　　c ❏

463. Gehe ich zum Angeln, habe ich grundsätzlich einen Erlaubnisschein und einen Ausweis mitzuführen. Können zum Beispiel Vereine oder Fischereiberechtigte verlangen, daß weitere Papiere mitgeführt werden müssen? a) Nein, das kann niemand von mir verlangen. b) Es reicht nur der Besitz eines Erlaubnisscheines. c) Ja, so kann beispielsweise zusätzlich das Mitführen von Fanglisten verlangt werden.
a ❏　　　　　b ❏　　　　　c ❏

464. Kann Ihnen eine erteilte Fischereierlaubnis (Erlaubnisschein) wieder entzogen werden?
a) Ja, wenn ich gegen Fischereigesetze, Fischereiverordnungen oder Fangvorschriften verstoße, kann mir die Erlaubnis entzogen werden. b) Nein, ich habe ja dafür bezahlt. c) Nein, Erlaubnisscheine gelten stets für ein Jahr.
a ☐   b ☐   c ☐

465. Kann Ihnen der staatliche Fischereischein, der je nach Bundesland für ein Jahr oder auch bis auf Lebenszeit erteilt wird, wieder entzogen werden?
a) Nein, da ich zum Erhalt des Scheines eine fischereiliche Ausbildung vorweisen kann. b) Bei schweren Verstößen gegen die Fischereigesetze und Verordnungen kann Ihnen der staatliche Fischereischein wieder entzogen werden. c) Nein, denn Sie haben für den staatlichen Fischereischein eine Gebühr bezahlt.
a ☐   b ☐   c ☐

466. Sie haben für sich einen Erlaubnisschein zum Angeln erstanden. Da ein dringender Termin dazwischen kommt, geben Sie den Erlaubnisschein Ihrem Freund, damit er angeln gehen kann und der Schein nicht verfällt. Ist das zulässig? a) Ja, denn niemand hat dadurch einen Schaden. b) Ja, weil es egal ist, wer die Fische fängt. c) Nein, das ist nicht zulässig. Die Fischereierlaubnis ist nicht übertragbar.
a ☐   b ☐   c ☐

467. Einige der aufgezählten Geräte sind für den Fischfang verboten, das sind: a) Blinker, Krautblinker und Pilker. b) Sprengstoffe, Betäubungsmittel, Speere, reißende und einklemmende Fanggeräte. c) Paniermehl, Anisöl und Reiheröl.
a ☐   b ☐   c ☐

468. Einige der aufgeführten Stoffe und Geräte sind für den Fischfang verboten! Das sind: a) künstliche Fliegen und Plastikköder. b) Gifte, Harpunen, Schlingen und Schußwaffen. c) lebende Maden, Fliegen und Würmer.
a ☐   b ☐   c ☐

6. Frage und Antwort

469. Als Angler gehe ich mit Tieren um. Ist das Angeln aus reiner Freude am Fischfang und am Drill zu vertreten, wenn ich den Fang anschließend nicht verwerten will? a) Nein, Fischfang gilt nur dann als sinnvoll, wenn der Fisch für Mensch oder Tier zum Verzehr bestimmt ist. b) Ja, weil Angeln mich entspannt. c) Ja, das ist sehr sinnvoll, denn einmal gehakte Fische beißen nicht ein zweites Mal.

a ❑ b ❑ c ❑

---

470. Als Angler habe ich das Recht, Fische zu fangen und sie im vorgeschriebenen Rahmen mitzunehmen, wenn ich den Fang sinnvoll verwerte. Was ist als sinnvolle Fangverwertung anzusehen? a) Ich grabe den Fisch im Garten ein. Das ist guter Dünger. b) Ich schenke den Fisch meinem Nachbarn, da er sehr gern Fisch ißt. c) Einige Fische nehme ich zur Madenzucht, den Rest werfe ich auf den Komposthaufen oder in die Mülltonne.

a ❑ b ❑ c ❑

---

471. Ihnen ist in der Schonzeit ein Zander an die Angel gegangen. Wie verhalten Sie sich richtig? a) Ich töte den Fisch vorschriftsmäßig, weide ihn aus und packe ihn ein. b) Ich löse den Fisch vorsichtig vom Haken und setze ihn sofort zurück. c) Ich setze den Fisch in einen Setzkescher und frage später den Fischereiberechtigten, ob ich den Fisch zum Essen mitnehmen darf.

a ❑ b ❑ c ❑

---

472. Ich habe reichlich Fische gefangen. Da ich nur wenige zum Essen benötige, hältere ich den gesamten Fang, um später die größten Fische auswählen zu können. Ist das erlaubt? a) Ja, das ist erlaubt. b) Nein, das ist nur außerhalb der Laichzeiten erlaubt. c) Nein, das ist verboten. Nach dem Tierschutzgesetz dürfen Tiere nicht unnötigem Streß ausgesetzt werden. Die Hälterung im Setzkescher ist für Fische Streß und kann zusätzlich zur Verletzung ihrer Schleimhaut führen, was ihren späteren Tod bedeuten kann.

a ❑ b ❑ c ❑

---

473. Heute gehe ich zum Angeln. Da ich keine Fische benötige, setze ich alle gefangenen Fische wieder zurück. Ist das erlaubt? a) Nein, das ist nicht erlaubt. Auch Fische empfinden Schmerzen, wenn sie gehakt werden. Nur die Freude am Angeln gilt nicht als vernünftiger Grund zum Fischfang. b) Natürlich ist das erlaubt. Dafür habe ich ja meine Angelerlaubnis.

Gesetzeskunde

c) Ja, das ist erlaubt, denn den gefangenen Fischen macht das nichts aus, wenn sie zurückgesetzt werden.

a ❑   b ❑   c ❑

474. Ich sitze mit einem lebenden Köderfisch an der Angel auf Hecht an. Passanten bemerken den lebenden Köderfisch und drohen mit einer Anzeige wegen Verstoßes gegen das Tierschutzgesetz. Muß ich mit einer Bestrafung rechnen? a) Nein, es wurde schon immer mit lebenden Köderfischen geangelt. b) Ja, wenn ich ein Wirbeltier, und dazu gehören Fische, unnötigen Qualen aussetze, verstoße ich gegen das Tierschutzgesetz. c) Nein, ich erkläre den Passanten, daß sich Hechte nur mit lebenden Köderfischen fangen lassen.

a ❑   b ❑   c ❑

475. Fische reagieren empfindlich auf elektrischen Strom. Sie beschaffen sich deshalb ein Elektrogerät zum Fischfang, um ein Gewässer auf seinen Fischreichtum hin zu untersuchen. Dürfen Sie das? a) Ja, wenn ich dafür eine besondere Genehmigung von der Bezirksregierung erhalten habe und eine entsprechende Ausbildung nachweisen kann. b) Ja, Elektrofischen darf jeder Fischereiberechtigte. c) Ja, denn ich will keine Fische zum Verzehr mitnehmen.

a ❑   b ❑   c ❑

476. Dürfen Elektrogeräte zum Fischfang eingesetzt werden? a) Grundsätzlich darf auch mit Strom gefischt werden. b) Die Elektrofischerei muß behördlich genehmigt werden. c) Elektrofischen muß vom Vereinsvorsitzenden genehmigt werden.

a ❑   b ❑   c ❑

477. Für Hechte gelten gesetzliche Schonzeiten und Mindestmaße, die nicht nur wegen der Laichzeit (natürliche Vermehrung) unbedingt eingehalten werden müssen. Können sie durch die Fischereiberechtigten sogar noch erweitert werden? a) Nein, das ist nicht zulässig. b) Die Ausweitung der Mindestmaße und Schonzeiten ist nur in Privatgewässern zulässig. c) Ja, wenn der Fischereiberechtigte es für erforderlich hält, können Schonzeiten und Mindestmaße zu Gunsten der Fische ausgeweitet werden.

a ❑   b ❑   c ❑

6. Frage und Antwort

478. In Niedersachsen dürfen Lachse und Meerforellen geangelt werden, obgleich sie unter besonderem Schutz stehen. Ist diese Behauptung richtig?
a) Nein, das ist falsch. Lachse und Meerforellen sind ganzjährig geschützt.
b) Ja, das ist richtig. Lachse und Meerforellen dürfen aber nur dort unter Beachtung der Schonzeiten und Mindestmaße gefangen werden, wo sie als Besatz in das Gewässer eingebracht worden sind. c) Ja, diese Bestimmung gilt aber nur für untermaßige Fische.
a ❏   b ❏   c ❏

---

479. Der Gesetzgeber sieht in vielen Gewässern Fisch- und Laichschonbezirke vor. Welche Bedeutung kommt diesen Gewässerbereichen zu?
a) Das ist eine zusätzliche Hegemaßnahme. Die Fische sollen sich dort auf natürliche Weise vermehren und für den Fortbestand ihrer Art sorgen.
b) Das ist unnötig, da alle Angler und Fischer von sich aus schon auf Laichzonen der Fische Rücksicht nehmen. c) So will der Gesetzgeber verhindern, daß die Fische beunruhigt werden.
a ❏   b ❏   c ❏

---

480. Wie erkenne ich als Angler Fisch- oder Laichschongebiete?
a) Das Wasser ist in Schongebieten besonders klar. b) Schongebiete weisen stets kiesigen Grund auf. c) Schongebiete sind durch Bojen und/oder Schilder gekennzeichnet und sollten im Erlaubnisschein zusätzlich erwähnt sein.
a ❏   b ❏   c ❏

---

481. Auf einer durch Hochwasser überschwemmten Wiese entdecken Sie große Fische. Das Wasser läuft bereits von der Wiese in den Fluß, für den Sie das Fischereirecht besitzen, zurück. Dürfen Sie auf dieser Wiese die Fische fangen und in den Fluß zurücksetzen? a) Nein, die Fische stehen dem Wiesenbesitzer zu. b) Nein, es bleibt abzuwarten, wohin die Fische schwimmen wollen. c) Ja, als Fischereiberechtigter des Flusses darf ich diesen Fischen nacheilen (Fischnacheile), sie fangen und in den Fluß zurücksetzen, solange eine Wasserverbindung zwischen Fluß und überschwemmter Wiese besteht.
a ❏   b ❏   c ❏

Gesetzeskunde

482. Auf einer durch Hochwasser überschwemmten Wiese entdecken Sie große Fische. Das Wasser ist aber bereits so weit abgelaufen, daß zu dem Fluß, für den Sie die Fischereierlaubnis besitzen, keine Verbindung mehr besteht. Dürfen Sie die Fische fangen und mitnehmen? a) Nein, da keine Verbindung mehr zum Gewässer besteht, für das ich die Fischereierlaubnis besitze, muß ich die Fische in der überschwemmten Wiese lassen. Die Fische stehen jetzt dem Besitzer der Wiese zu. b) Ja, die Fische müßten sonst verenden. c) Ja, eine so günstige Gelegenheit, reichlich Fische zu fangen, muß man als Angler nutzen.

a ❑   b ❑   c ❑

483. In meinen Vereinsgewässern gibt es keine Welse (Waller). Da ich allzugerne auf Welse angeln würde, beschaffe ich mir Welse vom Fischzüchter und setze sie in das Vereinsgewässer. Ist das zulässig? a) Ja, das ist zulässig, weil dem Verein dabei keine Kosten entstehen. b) Nein, das ist verboten. Ich habe nicht das Recht, Besatzmaßnahmen selbst ohne Absprachen durchzuführen. c) Ja, das ist zulässig, weil ich so für die Arterhaltung der Welse sorge.

a ❑   b ❑   c ❑

484. Ich möchte zum Angeln an den Fluß. Da es aber Regen geben wird, fahre ich mit dem Auto über die Wiese bis direkt ans Ufer. So kann ich mich bei Regen ins Auto setzen und bleibe trocken. Durfte ich mit dem Auto die Wiese befahren? a) Ja, das ist nicht weiter schlimm. b) Ja, denn ohne Schirm werde ich beim Angeln naß. c) Nein, das ist verboten, da auf der Wiese unter anderem das Gras zerstört wird.

a ❑   b ❑   c ❑

485. Um mein Angelgewässer zu erreichen, muß ich über eine Wiese gehen, die mir nicht gehört. Ist das erlaubt? a) Nein, das ist nicht erlaubt. b) Ja, ich darf mich am Rand der Wiese auch zur Erntezeit zum Wasser begeben (Uferbetretungsrecht). c) Ja, das ist erlaubt. Ich kann so oft über die Wiese laufen und sie mit einem Auto befahren, wie ich es für nötig erachte.

a ❑   b ❑   c ❑

Fischerprüfung

6. Frage und Antwort

486. Beim Blinkern versperrt ein Zaun mit hübschem Garten meinen Weg. Ich stehe vor einem eingezäunten Hof mit einem Haus. Darf ich die eingezäunte Hofstelle betreten? a) Ja, denn ich möchte angeln. b) Ja, ich habe das Fischereirecht und das Uferbetretungsrecht. c) Nein, das Uferbetretungsrecht gilt nicht für eingefriedete (eingezäunte) Grundstücke.
a ❏　　　　b ❏　　　　c ❏

487. Ein Weidezaun versperrt meinen Weg zum Angelplatz. Darf ich den Weidezaun übersteigen? a) Ja, Weiden zählen nicht zu eingezäunten Hofstellen (Uferbetretungs-/Uferbenutzungsrecht). b) Nein, deshalb ist die Weide ja eingezäunt. c) Nein, das Vieh auf der Weide könnte wild werden und ausbrechen.
a ❏　　　　b ❏　　　　c ❏

488. Kann eine Kommune das Betreten bestimmter Uferbereiche zum Angeln verbieten? a) Nein, die Gemeinde muß die Angelei in allen Bereichen zulassen. b) Ja, die Gemeinde kann zum Schutz oder auch für Sicherheit und Ordnung das Betreten bestimmter Uferbereiche verbieten. c) Nein, solche Verbote darf eine Gemeinde nur ortsfremden Personen erteilen.
a ❏　　　　b ❏　　　　c ❏

489. Ich will meinen Angelplatz wechseln. Dazu muß ich unmittelbar an einem Gewässer entlanggehen, für das ich kein Fischereirecht habe. Darf ich mit meinen gebrauchsfertigen Ruten an diesem Gewässer vorbeigehen? a) Natürlich, ich will ja darin nicht angeln. b) Nein, es ist verboten, mit gebrauchsfertigen Ruten an ein Gewässer zu gehen, für das ich keine Fischereierlaubnis habe. c) Ja, aber nur, wenn ich zügig vorbeigehe und nicht stehen bleibe.
a ❏　　　　b ❏　　　　c ❏

490. In den Bundesländern Niedersachsen, Bremen, Hamburg, Schleswig-Holstein und Mecklenburg-Vorpommern wird nach Binnengewässern und Küstengewässern unterteilt. Welche Gewässer zählen zu den Küstengewässern? a) Zu den Küstengewässern zählen Nord- und Ostsee im Hoheitsbereich der Bundesrepublik Deutschland mit allen Meeresbuchten und Flußeinmündungen bis zu festgelegten Stellen. b) Die Nord- und

Gesetzeskunde

Ostsee innerhalb der Fünfzigmeilenzone zählen zu den Küstengewässern.
c) Nord- und Ostsee zählen vollständig zu den Küstengewässern.
a ❏   b ❏   c ❏

491. Gelten in den Küstengewässern besondere Bedingungen? a) Nein, es gelten die gleichen Bedingungen wie in den Binnengewässern. b) Ja, für die Küstengewässer gelten die besonderen Bedingungen der Küstenfischereiordnungen. c) Für die Küstengewässer gelten keine besonderen Vorschriften.
a ❏   b ❏   c ❏

492. Besteht für Sie als Angler in den niedersächsischen Küstengewässern Fischereischeinpflicht? a) Nein, in den niedersächsischen Küstengewässern ist das Angeln frei. c) Ja, es besteht Fischerschein- und Erlaubnisscheinpflicht. c) Nein, nur Gastangler müssen den Fischereischein vorweisen können.
a ❏   b ❏   c ❏

493. Müssen Sie beim Angeln in den Küstengewässern Schleswig-Holsteins den Fischereischein mit sich führen? a) Ja, für diese Gewässer besteht Fischereischeinpflicht. b) Nein, es besteht für die Küstengewässer Schleswig-Holsteins keine Fischereischeinpflicht. c) Es besteht Fischereischeinpflicht für alle Angler, die keinem Angelverein angehören.
a ☑   b ❏   c ❏

Die richtigen Antworten

1a/ 2b/ 3a/ 4c/ 5a/ 6b/ 7c/ 8b/ 9b/ 10b/ 11c/ 12a/ 13c/ 14b/ 15c/ 16c/ 17a/ 18c/ 19c/ 20a/ 21b/ 22a/ 23b/ 24a/ 25b/ 26c/ 27b/ 28b/ 29a/ 30a/ 31c/ 32b/ 33a/ 34a/ 35c/ 36b/ 37b/ 38a/ 39a/ 40c/ 41a/ 42b/ 43a/ 44a/ 45b/ 46c/ 47b/ 48c/ 49b/ 50a/ 51b/ 52c/ 53c/ 54a/ 55a/ 56b/ 57b/ 58c/ 59b/ 60a/ 61c/ 62a/ 63b/ 64c/ 65a/ 66a/ 67b/ 68a/ 69a/ 70c/ 71b/ 72a/ 73c/ 74a/ 75c/ 76c/ 77a/ 78b/ 79c/ 80c/ 81a/ 82a/ 83b/ 84a/ 85c/ 86a/ 87b/ 88a/ 89c/ 90b/ 91a/ 92c/ 93a/ 94c/ 95b/ 96a/ 97c/ 98b/ 99c/ 100a/ 101b/ 102a/ 103b/ 104a/ 105c/ 106a/ 107b/ 108c/ 109c/ 110a/ 111a/

112a/ 113a/ 114b/ 115a/ 116c/ 117b/ 118a/ 119b/ 120b/ 121b/ 122a/ 123c/ 124b/ 125a/ 126b/ 127c/ 128a/ 129c/ 130c/ 131b/ 132a/ 133c/ 134a/ 135c/ 136c/ 137a/ 138a/ 139c/ 140b/ 141a/ 142a/ 143c/ 144b/ 145a/ 146c/ 147b/ 148c/ 149a/ 150c/ 151c/ 152b/ 153b/ 154a/ 155a/ 156b/ 157a/ 158c/ 159b/ 160a/ 161c/ 162c/ 163a/ 164a/ 165b/ 166b/ 167c/ 168b/ 169b/ 170a/ 171c/ 172b/ 173c/ 174c/ 175a/ 176b/ 177c/ 178b/ 179a/ 180a/ 181a/ 182c/ 183c/ 184a/ 185a/ 186b/ 187b/ 188c/ 189a/ 190b/ 191a/ 192c/ 193a/ 194a/ 195c/ 196b/ 197c/ 198a/ 199b/ 200c/ 201a/ 202b/ 203a/ 204c/ 205a/ 206b/ 207a/ 208c/ 209b/ 210b/ 211c/ 212a/ 213c/ 214a/ 215b/ 216b/ 217c/ 218b/ 219a/ 220a/ 221a/ 222c/ 223b/ 224c/ 225a/ 226b/ 227c/ 228a/ 229b/ 230b/ 231a/ 232c/ 233b/ 234b/ 235b/ 236c/ 237a/ 238a/ 239c/ 240b/ 241c/ 242a/ 243c/ 244a/ 245b/ 246a/ 247c/ 248b/ 249a/ 250b/ 251c/ 252b/ 253b/ 254c/ 255b/ 256a/ 257c/ 258a/ 259b/ 260a/ 261a/ 262a/ 263c/ 264a/ 265c/ 266b/ 267a/ 268a/ 269c/ 270b/ 271a/ 272c/ 273c/ 274a/ 275c/ 276c/ 277a/ 278c/ 279a/ 280b/ 281a/ 282c/ 283c/ 284a/ 285a/ 286b/ 287c/ 288b/ 289a/ 290c/ 291a/ 292a/ 293b/ 294a/ 295b/ 296c/ 297b/ 298a/ 299b/ 300c/ 301c/ 302b/ 303a/ 304b/ 305b/ 306c/ 307c/ 308b/ 309a/ 310a/ 311c/ 312a/ 313c/ 314c/ 315a/

316a/ 317c/ 318a/ 319c/ 320b/ 321a/ 322b/ 323a/ 324a/ 325a/ 326a/ 327c/ 328b/ 329a/ 330b/ 331c/ 332a/ 333c/ 334a/ 335a/ 336b/ 337c/ 338a/ 339b/ 340b/ 341a/ 342c/ 343b/ 344b/ 345c/ 346b/ 347a/ 348b/ 349c/ 350a/ 351c/ 352a/ 353b/ 354b/ 355a/ 356c/ 357a/ 358c/ 359b/ 360a/ 361a/ 362c/ 363b/ 364a/ 365b/ 366a/ 367c/ 368a/ 369c/ 370c/ 371a/ 372b/ 373a/ 374a/ 375b/ 376a/ 377c/ 378c/ 379b/ 380b/ 381c/ 382a/ 383b/ 384c/ 385a/ 386b/ 387b/ 388a/ 389b/ 390c/ 391c/ 392a/ 393a/ 394c/ 395c/ 396a/ 397a/ 398b/ 399b/ 400c/ 401a/ 402c/ 403b/ 404b/ 405a/ 406a/ 407a/ 408b/ 409c/ 410a/ 411c/ 412c/ 413c/ 414a/ 415a/ 416c/ 417b/ 418a/ 419c/ 420b/ 421b/ 422a/ 423a/ 424c/ 425c/ 426a/ 427c/ 428c/ 429a/ 430c/ 431b/ 432c/ 433c/ 434c/ 435a/ 436b/ 437b/ 438b/

439a/ 440b/ 441c/ 442a/ 443a/ 444b/ 445c/ 446b/ 447c/ 448c/ 449b/ 450b/ 451c/ 452c/ 453b/ 454c/ 455c/ 456a/ 457b/ 458b/ 459b/ 460a/ 461b/ 462c/ 463c/ 464a/ 465b/ 466c/ 467b/ 468b/ 469a/ 470b/ 471b/ 472c/ 473a/ 474b/ 475a/ 476b/ 477c/ 478b/ 479a/ 480c/ 481c/ 482a/ 483b/ 484c/ 485b/ 486c/ 487a/ 488b/ 489b/ 490a/ 491b/ 492a/ 493a

Literatur-Verzeichnis und weiterführende Literatur

Aichele, Dietmar, - Was blüht denn da?, - Kosmos, Stuttgart 1979
Amlacher, Erwin, Dr.rer.nat.habil. - Taschenbuch der Fischkrankheiten, Fischer Verlag, Jena 1972
Blinker, Fischerprüfung, Sonderheft Nr.47, Jahr Verlag, Hamburg
Blinker Sonderhefte: Der Aal, Barsch, Schleie, Der Hecht, Karpfen, Zander, Wels, Forellen, Rotauge, Dorsch, - Jahr Verlag, Hamburg
Brumund-Rüther/Bahns/Wege, - Lachs und Meerforelle in Deutschland, VDSF, Offenbach 1991
Cerny,W./Drchal, K. - Welcher Vogel ist das?, Kosmos, Stuttgart 1984
Engelhardt, Wolfgang, Prof. Dr., - Was lebt in Tümpel, Bach und Weiher?, Kosmos, Stuttgart 1977
Flügel, H.-J. Prof. Dr., Möhn, Edwin, Prof. Dr., - Fische und andere Wassertiere Mitteleuropas, Verlag Das Beste GmbH, Stuttgart 1988
Gaumert, Detlev, - Kleinfische in Niedersachsen, Heft 4, Landesamt für Wasserwirtschaft, Hildesheim 1986
Gebhardt/Ness, - Fische, BLV Verlag, München 1990
Großes Lexikon der Tierwelt, Verlag Helmut Lingen, Köln, o.Jahresangabe
Helmker, F./Gaumert, D., - Aktuelle Beiträge zum Fischartenschutz in Niedersachsen, Landesamt für Ökologie, Hildesheim 1994
Hofmann, J., - Die Flußkrebse, Parey-Verlag, Hamburg 1985
König, Claus, Dr., - Vögel Mitteleuropas, Verlag Das Beste GmbH, Stuttgart 1988
Ludwig, Herbert W., - Tiere unserer Gewässer, BLV Verlag, München 1989
Nowak, Blab & Bless, - Rote Liste der gefährdeten Wirbeltiere in Deutschland, Kilda-Verlag, Bonn-Bad Godesberg 1994
Pohlhausen, Henn, - Lachse in Teichen, Seen, Flüssen und Bächen, Parey-Verlag, Hamburg 1978
Reichenbach-Klinke, H.-H., - Bestimmungsschlüssel zur Diagnose von Fischkrankheiten, Fischer Verlag, Stuttgart 1975
Streble, H. /Krauter, D. - Das Leben im Wassertropfen, Kosmos, Stuttgart 1974

Fotos:

Bayerische Landesanstalt für Fischerei (S. 51, 59, 74); Beck, R. (S. 56); CWSL (S. 252); Eggers, Jan (S. 201); Eipeltauer, Norbert (S. 65); Frei, Herbert (S. 24, 51); Hannig, Wilhelm (S. 54); Hansen, Jens P. (S. 86, 88, 2 x S. 99); Jagusch, Heinz (S. 63); Millman, M. (S. 94); Portrat, Olivier (S. 99); Pruß, Thomas (2 x S. 84); Schmidt, Rudolf (S. 46, 72, 99); Schulz, Helge (S. 169); Volgmann, Otto (S. 93); alle anderen Fotos vom Autor

Index

Aal 16, 25, 29, 31, 35, 37, 39
Aalmutter 83
Aalquappe 18, 36, 42, 82, 174
Achsrollen 102
Aerobe 126
Afterflosse 13, 16-17
AFTMA 113
Aitel 66
Aktionskennzahlen 98
Aland 63, 65
Albino 63
Algen 126, 130
Allgemeine Fischkunde 9
Altwasser 178
Amerikanische Rotwangenschildkröte 157
Amöben 130
Amphibien 152
Anaerobe 127
Angelerlaubnisentzug 186
Angelschnur 103
Armleuchteralgen 141
Äsche 41, 58
Äschenregion 174
Atmung 34
Augen 29
Augendrehreflex 42
Außenparasiten 42
Bachflohkrebs 133, 151
Bachforelle 30, 41, 52, 174
Bachneunauge 84, 174
Bachsaibling 57
Bachschmerle 78
Bakterien 25, 126
Bandwürmer 36
Barbe 22, 25, 39, 40, 70
Barbenregion 174
Barsch 16, 23, 26, 29, 37
Barteln 13, 25, 28, 32, 64, 78-79, 82
Bartfaden 93
Bartgrundel 78
Bauch 11
Bauchflossen 16, 20

Bauchständig 20
Bebleiung 107
Berufsfischer 187
Betretungsrecht 191
Biber 188
Binsengürtel 181
Biomasse 127
Biotop 121
Bisam 171
Bißanzeiger 106
Bitterling 75, 144
Blankaal 47
Bläßhuhn 166
Blattfußkrebse 131
Blaufelchen 40, 59
Blei 71, 107
Blicke 73
Blinker 32, 66, 109
Blut 35
Blutkreislauf 34
Bodenform 13, 87
Bodenzone 35
Brachsen 71
Brachvögel 161
Brackwasserregion 176
Brandungsangeln 110
Brassen 12, 16, 17, 22, 39-40, 71, 176
Brassenregion 175
Brassensee 181
Breitkopfaal 46
Brennessel 133-134
Brustflossen 13, 16, 17, 20
Brustständig 20
Brutpflege 80
Butterkrebs 95
Chlorophyll 131
Conger 47
Coregonen 59
Coregonenseen 183
Cypriniden 16-17, 21, 26, 32, 61
Darm 36
Darmatmer 79
Dehnung 103
Döbel 21, 66, 174

Donaubereich 57, 82
Doppelwandspulen 101
Dornhai 37, 87
Dorsch 18, 20, 22, 25, 29, 30, 36, 40, 92, 110
Dorschartige 92
Dottersackstadium 41
Double Taper - DT 113
Dreistachliger Stichling 80
Drill 102
Drillingshaken 106
Düngung von Zuchtteichen 131
E-Fischerei 190
Edelkrebs 94
Einsetzen 191
Eintagsfliegen 146
Einteilig 37
Einzelhaken 106
Eisvogel 165
Eizahlen 37
Elben 91
Elritze 21, 28, 76
Else 91
Elze 69
Endständig 21
Enten 163
Erdkröte 155
Erlaubnisschein 187
Erlen 133
Europäische Sumpfschildkröte 157
Eutroph 183
Fadenmolch 155
Fangfertiges Gerät 191
Fangplatz 44
Fangstatistik 28, 189
Färbung 11, 27, 42, 44
Farbzellen 27
Felchen 28
Ferntastsinn 29-30, 81
Fettflosse 15, 18, 52, 56
Feuersalamander 156
Finte 91
Fischadler 169
Fischbesatz 191

Fischerprüfung 315

Fischegel	42, 142
Fischereiaufsicht	189
Fischereiberechtigte	187
Fischereigesetze	160
Fischereischein	186, 193
Fischereischeinentzug	186
Fischerprüfung	186
Fischfeinde	11
Fischkörper	10
Fischkrankheiten	41
Fischnacheile	190
Fischotter	172
Fischsterben	43, 192
Fischtreppen	179
Flagellaten	130
Fledermäuse	170
Fleischgräten	15
Fliegenangelei	112
Fliegenrollen	102
Fliegenruten	112
Fliegenschnur	113
Fließgewässer	173
Flohkrebse	174
Floß	106
Flossen	9, 15-16, 28, 42
Flossensaum	19
Flossenskelett	15
Flossenstellungen	16
Flösseln	20, 92
Flott	106
Flunder	89
Flußaal	19, 45
Flußbarsch	18
Flußbricke	85
Flußkrebs	94
Flußneunauge	85
Forellen	14, 37, 39, 42
Forellenbarsch	51
Forellenregion	173
Forellen- und Saiblingsseen	183
Fortpflanzung	20, 39
Freiwasser	13, 180
Freiwasserlaicher	39-40
Freiwasserzone	135
Freßfeinde	11
Froschlöffel	133-134, 175
Froschlurche	153
Frühjahrslaicher	40
Gallenblase	36
Gänse	163
Geflochtene Spezialschnüre	96
Gehirn	33
Gehör	32
Geißeltierchen	130
Gelbaal	47
Gelbrandkäfer	150
Geltungsbereich	188
Gemeiner Wasserschlauch	140
Gerätekunde	96
Geruchssinn	29, 31
Geschlechtsorgane	37
Geschmacksknospen	32
Geschmackssinn	32
Geschwüre	42
Gesetzeskunde	186
Gesichtssinn	29
Gespließte Ruten	96
Gestalt	10
Gewässergrund	12
Gewässerkunde	118
Gewässerpacht	188
Gewässertypen	173
Gewässerwart	43
Gezeitenstrom	176
Giebel	62
Gift	20
Glanzzellen	27
Glasaal	9, 46
Glasfiber	96
Gleichgewichtsorgan	32
Gleitposen	107
Glotzaugen	42
Goldbrasse	72
Goldfisch	62-63
Goldorfe	63
Grasfrosch	153
Gräten	14
Graugans	164
Graureiher	162
Greifvögel	168
Greßling	71
Groppe	76, 174
Grundel	71
Grundfischen	110
Gründling	13, 22, 25, 28, 40, 71
Grundwasser	120
Grünfrosch	154
Guaninkristalle	27
Gumpen	173
Güster	39, 73
Haftlaicher	65, 80
Hahnenfuß	140, 174
Haie	9, 87, 102
Haken	105
Hakengrößen	106
Hakenlöser	111
Hakenspitzen	105
Halbbrasse	73
Hälterung	190
Hartstrahlen	18, 20
Hasel	66
Häsling	66
Haubentaucher	167
Hauptschnur	104
Hausen	87
Hechelzähne	25, 82
Hecht	12, 22-23, 26, 29, 31, 36-37, 39, 41, 81
Hecht-Karpfen-Schleien-Seen	181
Hege und Pflege	10, 29, 184
Hering	9, 22, 25, 30, 90
Heringsartige	90
Herz	35
Herzstich	34
Hochrückig	12, 62
Hochseeangeln	110
Hohlglasruten	96
Hornhecht	91
Huchen	39, 57
Hundszähne	23
Hüpferlinge	131
Hypophyse	33
Igelkolben	75, 134
Insekten	145
Insektenfresser	170
Insektenlarven	174
Jagdrecht	188
Jamisonhaken	105
Jigs	109

Kabeljau	92	Köhler	18, 40, 94	Lurche	47, 152
Kalmus	133-134	Körperbau	10	Magen	36
Kammolch	155-156	Körperbereiche	10	Maifisch	91
Kammschuppen	26	Körperform	12, 14, 28	Makrele	12, 20, 37, 40, 92
Kanäle	178	Kranich	163	Maränen	28
Kapselrollen	101	Krankheit	11, 23	Maul	21
Karabiner	108	Kratzer	36	Maulformen	21
Karausche	62	Krauses Laichkraut	139	Maulstellungen	28
Karpfen	14, 17, 23, 25, 37, 39-41, 61	Kraut	13	Meeraal	47
		Krautbänke	181	Meerforelle	39, 52, 176, 179
Karpfenfische	61	Krautlaicher	39, 81, 139	Meerneunauge	85
Karpfenlaus	42, 152	Krebse	22, 94, 188	Metamorphose	145, 153
Katzenwels	82	Krebspest	95	Mikroorganismen	126
Kaulbarsch	18	Krebsschere	142	Milan	169
Kaulquappen	153	Kreuzotter	158	Milch	37
Kaviar	87	Kriebelmücken	149	Milchner	37
Kehlständig	20	Kriechtiere	157	Milz	36
Kevlar	96	Kunstfliegen	112	Mimikry	149
Kieferlose	84	Kunstköder	109	Mindestmaß	111, 190
Kiefermäuler	84	Küstenfischerei	192	Minzen	134
Kiemen	34, 42	Lachs	9, 39, 54, 176, 179	Moderlieschen	75
Kiemenblättchen	34, 42	Lachsartige	52	Monofile	96, 103
Kiemenbogen	34	Laichausschlag	28, 71	Moor	124
Kiemendeckelknochen	27	Laichfärbung	28, 30, 80	Möwen	168
Kiemenkrebs	42	Laichgrube	21	Mücken	147
Kiemenreusen	34	Laichhaken	56	Mühlkoppe	37, 76
Kieslaicher	39	Laichkräuter	175	Multirollen	97, 101
Kiesseen	183	Laichkrautgürtel	135, 138	Muschelkrebse	131
Kleine Maräne	59	Laichkrautzone	181	Muscheln	22, 25, 47, 143-144, 188
Kleinkrebse	25, 151	Laichplätze	39, 179		
Kleinstlebewesen	126	Laich- und Fischschonbezirke	190	Muskulatur	15
Kleintierfresser	46			Nährstoffgehalt	124
Klima	121	Laichwanderungen	39, 54, 153	Nahrungskreislauf	127
Knochenfische	9			Nase	22, 39, 69
Knochenschilde	80	Laichzeit	27, 40	Näsling	69
Knorpel	9	Landmolche	155	Naßfliegen	112
Knorpelfische	9, 87	Larven	25, 47	Naßschnüre	113
Knoten	104	Laube	76	Nerfling	65
Knotenfestigkeit	103	Lebensraum	9, 12	Neunaugen	37, 84, 188
Kohlenhydrate	127	Lebensweise	12	Nieren	38
Kohlefaser	96	Leber	36, 82	Nottinghamrolle	97, 102
Kolk	173	Lederhaut	25, 27	Nymphen	112
Kontrollen	189	Lederkarpfen	61	Oberständig	22
Kopf	10	Leitlinien	186	Oligotroph	183
Koppe	25	Leng	20	Orfe	65
Koppelfischerei	189	Libellen	145	Otter	188
Kormoran	167	Lichteinfall	10	Paarungsrad	145
Köcherfliegen	147	Limerickhaken	105	Pachtverträge	189

Parasiten	55	Rüsselmaul	23, 71	Schnüre	103
Perlfisch	28	Rußnase	73	Schnurfangbügel	101, 103
Petrifleck	62	Ruten	97	Schnurführungsringe	99
Petrijünger	9	Rutenaktion	98	Scholle	88
Pfeilform	13, 81	Rutte	20, 25, 82	Schonzeit	41, 190
Pfeilkraut	133-134, 175	Sägestrahl	19, 62	Schrätzer	18, 50
Pflanzliches Plankton	130	Salamander	155	Schuppen	25, 28
Pflichten	188	Salmoniden	12, 16, 17, 20-21, 26, 31, 52	Schuppenkarpfen	61
Pflugscharbein	25, 52, 56			Schwäne	163
Photosynthese	127	Salzgehalt	120	Schwanz	11
Pilkangeln	110	Salzwasser	119	Schwanzfäden	146
Pilker	110	Sargasso-Meer	46	Schwanzflosse	17
Plankton	129	Sargassosee	37, 39	Schwanzlurche	153, 155
Plättchenhaken	105	Sauergräser	134	Schwarzbarsch	51
Plattfische	10, 13, 19, 88, 110	Sauerstoff	9	Schwarzstorch	162
		Sauerstoffgehalt	121	Schwebefliegen	149
Plötze	69	Sauerstoffmangel	23	Schwimmblase	37
Posen	106	Sauerstoffzehrung	122	Schwimmblätter	140
Privatgewässer	187	Säugetiere	170, 188	Schwimmblattpflanzen	22, 138, 181
Quappe	82	Säuregrade			
Quellmoos	141, 173	(pH-Werte)	10, 123	Schwimmendes	
Rädertierchen	130	Schallblasen	154	Laichkraut	139
Rallen	166	Schellente	165	Schwimmenten	164-165
Rapfen	39, 70	Schellfisch	20, 22, 40	Schwimmer	106
Rattenschwanzlarve	149	Schermaus	171	Schwimmvögel	163
Rechte	188	Schied	70	Seeforelle	54
Regenbogenforelle	41, 57	Schildkröten	157	Seelachs	94
Reiher	161	Schilfgürtel	135-136	Seerose	138
Reiherente	165	Schilfrohr	136	Seerosengürtel	135, 138
Riechgruben	31	Schimmelpilze	25	Seetypen	181
Ringelnatter	159	Schlammbeißer	79	Seitenlinie	27-28, 30
Rochen	9	Schlammpeitzger	79	Seltene Barscharten	50
Rogen	37	Schlangen	157	Sichling	65
Rogner	37	Schlangenform	13	Signalglöckchen	108
Rohrdommel	161, 162	Schlangenförmig	85	Sinnesorgane	29
Röhrenwürmer	143	Schlangenwurz	135	Skelett	14
Rohrkolben	136	Schleie	17, 21, 22, 25, 29, 39-40, 64	Sommerlaicher	40
Rollen	100			Sommerringe	27
Rotauge	21, 30, 69	Schleimhaut	25	Sonnenbarsch	51
Rotfeder	39, 69	Schleppangeln	101	Sonnentierchen	130
Rücken	11	Schleusen	179	Speisefisch	9
Rückenflosse	17, 16, 19	Schlundknochenzähne	25	Spezielle Fischkunde	44
Rückenschwimmer	150	Schmerlen	25, 78, 174	Sphagnum	124
Ruderfußkrebse	131	Schnäpel	60	Spiegelkarpfen	61
Rumpf	11	Schnecken	22, 25, 47, 143	Spinner	66, 109
Rundmäuler	84	Schneider	74	Spinnfischen	110
Rundschuppen	26	Schnurbremse	101	Spitzkopfaal	46
Rundstahlhaken	105	Schnurbruch	23, 100	Sportfischerprüfung	186

Sprotte	22	Tonseen	183	Wasserratte	171
Stachelstrahlen	18	Torf	124	Wasserschierling	135
Stahlvorfächer	105	Torpedoförmig	12	Wasserschwertlilie	135
Stationärrollen	97, 101	Tragkraft	103	Wasserskorpion	151
Steckrute	98	Trockenfliegen	112	Wasserspitzmaus	170, 188
Steigaale	46	Trockenschnüre	113	Wasserstern	140, 174
Steinbeißer	79	Trüsche	82	Wassertemperatur	9, 122
Steinbutt	89	Tubifex	143	Wasservögel	161
Steinfliegen	146	Tümpel	180	Wasserwanzen	151
Steinpeitzger	79	Tunkköder	110	Watvögel	161
Stelzvögel	161	Twister	109	Wehre	179
Sterlet	87	Übergangsformen	14	Weichtiere	143
Stichlinge	37, 80	Uferbefestigung	132	Weiher	180
Stint	39, 60	Uferbetretungsrecht	191	Weißstorch	162
Stockente	165	Ufergehölz	132	Wels	16, 23, 25, 29, 32, 35, 40, 82
Stopper	107	Uferzone	135, 180		
Störche	161	Ukelei	76	Widerhaken	105
Störe	87	Umsetzen	191	Wildkarpfen	61
Strandkrabbe	95	Unterfangkescher	110	Wimpertiere	130
Streamer	112	Unterständig	22	Winterlaicher	40, 82
Streber	18, 51	Verbauung	179	Winterringe	27
Strömung	10, 12	Verbotene Fangmethoden	190	Wirbel	108
Substratlaicher	39	Verordnungen	186	Wirbelsäule	9, 11, 15, 33
Süßwasser	119	Verpilzung	25, 42	Wittling	18, 20, 22, 93
Süßwasserschnecken	143	Vögel	160, 188	Wobbler	109
Symbiose	75, 144	Vollglasruten	96	Wollhandkrabbe	95, 176
Symptome	42	Vollzirkulation	123	Wühlmaus	171
Tafelente	165	Vorfach	105	Wühlratte	171
Tagebaurestlöcher	183	Wachstumsringe	27	Würfelnatter	157
Tagesgrade	40	Waldstorch	162	Wurfgewicht	98
Talsperren	184	Waller	82	Würmer	25, 142
Tarnung	11	Wanderfische	39	Wurmhaken	105
Tauchenten	164-165	Waschbär	172	Wurmstar	42
Tauchpflanzen	139	Wasser	118	Zähne	23
Tauchschaufel	109	Wasserassel	152	Zährte	22, 73
Taumelkäfer	150	Wasserbiene	151	Zander	12, 18, 23, 26, 29, 37, 39
Teichhuhn	166	Wasserblüte	130		
Teich- und Wasserlinsen	142	Wasserflöhe	131	Zersetzer	127
Teichmolch	155-156	Wasserfrosch	154	Ziege	65
Teichmuschel	75, 144	Wasserhuhn	166	Zingel	18, 51
Teichrose	138, 174	Wasserkäfer	149	Zobel	74
Teichsimsen	137	Wasserknöterich	138	Zope	21, 73
Teleskopaugen	63	Wasserläufer	149	Zuckmückenlarven	176
Teleskoprute	96, 98	Wassermolche	155	Zweiteilig	37
Temperatursinn	31	Wasseroberfläche	22	Zwergstichling	81
Thunfisch	92, 102	Wasserpest	139, 174	Zwergwels	82
Tiefenzone	135, 180	Wasserpflanzen	10, 121, 131, 135	Zwillingshaken	106
Tierisches Plankton	130